《语言学研究新视野文库》 唐承贤 主编

中央高校基本科研业务费专项科研项目资助，No. NR2013050

唐承贤 ◎ 著

第二语言习得研究的语言学视野

Linguistic Insights into Second Language Acquisition Research

中国出版集团

世界图书出版公司

广州·上海·西安·北京

U0683685

图书在版编目（CIP）数据

第二语言习得研究的语言学视野 / 唐承贤著 . — 广州：
世界图书出版广东有限公司，2014.12
ISBN 978-7-5100-7286-4

Ⅰ . ①第… Ⅱ . ①唐… Ⅲ . ①第二语言—研究
Ⅳ . ① H003

中国版本图书馆 CIP 数据核字（2015）第 001902 号

第二语言习得研究的语言学视野

责任编辑　宋　焱
出版发行　世界图书出版广东有限公司
地　　址　广州市新港西路大江冲 25 号
http:// www.gdst.com.cn
印　　刷　虎彩印艺股份有限公司
规　　格　710mm×1000mm　1/16
印　　张　16.5
字　　数　275 千
版　　次　2014 年 12 月第 1 版　2019 年 4 月第 3 次印刷
ISBN　978-7-5100-7286-4/H・0891
定　　价　50.00 元

前　　言

　　第二语言习得广义上是指除母语之外的任何一种语言学习。从这个意义上说，中国人学习汉语之外的其他任何一种语言都可以称为第二语言习得。当今，随着全球化进程的不断加快，中国与世界各国的经济和文化交往愈来愈频繁，越来越多的人开始或将要学习第二语言，以便更好地投身到国际交流之中，中国已经成为世界上最大的第二语言习得国家。因此，研究第二语言习得不仅具有重要的理论意义，而且对我国的第二语言教与学也具有十分重要的现实意义。

　　第二语言习得研究早在四十多年前就已成为一门独立的学科。虽为一门独立学科，但第二语言习得研究却明显呈现跨学科性，涉及语言学、心理学、心理语言学、社会学、社会语言学、教育学等（Seliger & Shohamy 1989: 1），其中语言学与第二语言习得的关系最为密切，具有互利共生的联系。一方面，语言学理论可以起到引领第二语言习得研究的作用，并为第二语言习得实践提供有益的指导；另一方面，第二语言习得的研究结果反过来也可以支持或否定相关的语言学理论。本书正是以此为切入点，从语言学的三大流派（结构主义语言学、生成语言学和认知语言学）中着重选取了各自领域中的一些重要理论或假说，如标记理论、普遍语法、语言注意理论、原型理论、隐喻理论、认知语法、构式语法和根本性区别假说等，通过演绎或归纳的方法，较为全面客观地论述和分析了这些语言学理论的基本思想和主要内容，并从我国的第二语言习得视角探讨了它们对中国语言学习者习得第二语言的启示作用。

　　本书共有 15 章。第 1 章为导论，简要回顾了第二语言习得研究的发展历史，并概述了语言学与第二语言习得的关系。第 2—4 章为本书的第一部分，主题为标记理论与第二语言习得研究，具体讨论的是标记理论的含义、标记确定的标准、标记转移现象、英语有生名词的标记特征分析和阐释、关于英语"介词随伴"和"介词后吊"

结构的标记值判定以及标记理论对第二语言习得中的习得顺序、学习困难和母语迁移等问题的诠释。

第5—8章为本书的第二部分，主题是普遍语法与第二语言习得研究，具体讨论的内容包括普遍语法的本质、普遍语法的表征层次、α 移位、X 杠理论、θ 理论、投射原则、邻接原则、格理论、管辖理论和约束理论、普遍语法框架下第二语言习得的逻辑问题、普遍语法的可及性问题、普遍语法的原则和参数验证以及普遍语法对中介语语法发展的解释。最后纵览了 Bley-Vroman（1989）针对成人第二语言习得特点所提出的"根本性区别假说"，并就这一假说的产生背景、主要思想、最新发展以及由它所引发的思考进行了探讨。

第三部分包括6章（第9—14章），主题为认知语言学与第二语言习得研究。这一部分首先讨论了认知语言学的基本思想和 LCCM 理论框架下的词义建构，然后概述了认知语言学的几个重要理论：语言注意理论、原型理论、隐喻理论、认知语法和构式语法，同时就这些理论在第二语言习得中的可能应用进行了有益的探讨。

第15章是本书的最后一章，主要对本书三个部分的内容进行了回顾，同时对相关理论及其应用研究的发展做出了探试性的展望。

本书是作者根据自己给英语专业硕士研究生讲授"语言学"和"第二语言习得"这两门课程的多年经验，同时结合国外在这两个方面的先进研究成果和国内第二语言习得研究的现状，在自己长期研读和探试性研究的基础之上经过长期凝思和梳理后撰写而成，旨在给我国第二语言教学和第二语言习得研究提供一些有益的参考。

在本书撰写过程中，作者得到南京航空航天大学外国语学院领导的热情鼓励和大力支持，本书出版时获得南京航空航天大学科技部提供的经费资助，在此一并致以诚挚的谢意！由于作者水平有限，书中错误在所难免，敬请读者和专家不吝指正。

唐承贤

2014 年 10 月于南京

目　录

第1章 导　　论

1.1　引　　言

第二语言习得（Second Language Acquisition，简称 SLA）广义上是指除母语之外的任何一种自然语言的学习（Doughty & Long 2003: 3；Ellis 1994: 11-12；Ellis & Barkhuizen 2005: 3；Gass & Selinker 2001: 5；Larsen-Freeman & Long 1991: 6；Ritchie & Bhatia 1996: 1），包括自然环境和课堂教学环境下的第二语言学习（Second Language Learning，简称 SLL）。在学术界使用 SLA 还是 SLL 是有区别的。Krashen（1981: 1）早对"学习"（learning）和"习得"（acquisition）做过区分：前者指获取语言知识的有意识过程，而后者指获取语言知识的无意识过程。尽管如此，在国外第二语言习得研究文献的标题中使用 SLA 的学者似乎要比使用 SLL 的学者多很多。例如：Ellis（1994）的巨著《第二语言习得研究》在书的最后列出了一个长达 62 页之多的参考文献，其中标题里含有 SLA 的著述（包括论文集、硕博论文和研究报告）大约有 50 部，而题目中出现 SLL 的著作只有 15 部左右。论文情况的反差则更大：题目中使用了 SLA 的论文多达 660 余篇，而使用 SLL 的论文大约只有 85 篇。据此，本书沿用"第二语言习得"来泛指母语习得完成之后任何一种自然语言的学习活动，不区分"学习"和"习得"，也不区分"外语"和"第二语言"[1]，但需特别论述时除外。

1.2　第二语言习得研究回顾

自从人类有了文明，不同的民族之间便开始了各种交往活动，第二语言学习及

---

[1]　严格意义上说，"外语"指学习者在母语环境中且常在课堂上所学的一门非母语语言，除课堂外，学习者很少有机会与所学语言的母语者面对面交流；"第二语言"指学习者在非母语环境中、或在课堂上、或在自然语言环境下所学的一门非母语语言，课堂外学习者有大量的机会与所学语言的母语者进行面对面的交流。

其思想就在这样的交流过程中不知不觉地形成了。Larsen-Freeman 和 Long（1991: 5）认为，自古以来人们对第二语言习得就感兴趣。Thomas（2004: 12）也指出："人们对第二语言学习的认识最早可以追溯至 4 世纪奥古斯丁[1]（354—430）对自己努力学习希腊语的思考……这些形成于不同时期不同地域的思想表明人们对第二语言学习的兴趣和思考有着悠久的历史。"

然而，第二语言习得研究作为一门独立学科的历史并不长，大约始于 20 世纪 60 年代末（Ellis 1994: 1）或 70 年代（Cook 1993: 8），其主要标志是错误分析（Error Analysis）的兴起，这意味着语言教学研究的重心已从教学方法转向了学习过程。那为什么会出现这种根本性的转变呢？

自 19 世纪末至 20 世纪上半叶，由于联合国官方语言数量的增加，国与国之间的旅游、贸易、科技文化交流的发展以及学校教育的民主化等，欧美大陆上的英、法、德、美等国兴起了一场声势浩大的语言教学改革运动，目的是要将现代教育理念注入到大、中、小学的教育之中，把现代语言从与古代语言的比较中逐步解放出来，并果敢地实施语言教学方法的改革。（Stern 1983: 98）尤为突出的是第二次世界大战时期的美国，当时美国为参加第二次世界大战而实施了战时语言强化培训计划（1941—1943），这对当时以及战后的美国乃至世界其他国家的语言教学思想都产生了重大影响。需要指出的是，在这一计划中，语言学和心理学等方面的专家学者为解决语言教学中所存在的问题发挥了领导者的作用。

著名语言学家 Fries（1945: 9）指出：最有效的语言教材是基于对所学语言的科学描写，并将这种描写与对学习者母语的科学描写进行比较。他的学生、语言学家 Lado（1957: 58-59）在此基础上进一步提出：母语的语法结构往往会迁移至外语中，学习外语是否困难主要源于此；两种语言中的那些不同结构将会产生困难。由此产生了对比分析（Contrastive Analysis），即对学习者的母语和所学语言进行比较，从而发现两种语言的异同点。两种语言的相同之处不仅不会产生困难，而且还会促进语言学习，此为正向迁移（positive transfer）。只有不同之处才是产生困难的根源，即所谓的负向迁移（negative transfer）或干扰（interference），而且差异越大困难也就越大，这就是"对比分析假说"（Contrastive Analysis Hypothesis）。这一假说给

---

[1]　（希波的）圣奥古斯丁，基督教哲学家，拉丁教父的主要代表，罗马帝国北非领地希波（今在阿尔及利亚境内）教区主教。（陆谷孙 1996：105）

语言教师的启示是，他们可以通过比较学习者的母语和所学语言，找到它们的相同点和不同之处，确定学习困难并加以解决，从而提高语言教学的效果。

需要指出的是，Lado 的语言学思想没有脱离美国结构主义的传统，可追溯至 Bloomfield（1933）的短语结构句法或直接成分分析。（Cook 1993: 12）结构主义语言学注重句子、从句和短语的层级关系以及各层级上语言单位的排列关系，因而为对比分析提供了语言学基础。此外，对比分析假说也从行为主义心理学那里获得了强大的支撑，因为当时统治美国语言教学领域的是 Skinner（1957）的行为主义学习论。根据行为主义学习论，语言学习与其他任何形式的学习一样都是习惯形成的过程（habit-formation process），即任何学习形式都是基于外部刺激（stimulus）与内部反应（response）之间的联系，并在不断地肯定性强化后固化为一种习惯。就第二语言习得而言，学习者的目的就是要克服自己已有的母语习惯，以便习得新的语言习惯；而要实现这一目标学习者则需要关注语言难点（即两种语言的不同之处），不断地模仿、操练和背诵，直至达到自动化（automaticity）的程度，从而形成新的语言习惯。

到了 20 世纪五六十年代，正当结构主义语言学和行为主义心理学大行其道之时，在语言学界和心理学界一场具有深远意义的革命正悄然发生。在语言学界，Chomsky（1957）发表了《句法结构》，这标志着生成语言学的诞生。生成语言学与结构主义语言学重视对母语者语料的表层描写背道而驰，强调的是人类语言的规则制约性（rule-governed）和创造性（productive）。在心理学界，Piaget 的认知发展心理学正逐步替代了 Skinner 的行为主义心理学。（Mitchell & Myles 2004: 32）更为重要的是，Chomsky（1959）针对 Skinner（1957）的《言语行为》所发表的经典评论严厉批驳了行为主义学习论。这些革命性的思想在语言教学领域几乎彻底颠覆了以结构主义语言学和行为主义心理学为根基的对比分析的教学思想。大量的实证研究（如 Alatis 1968；Cook 1969；Duskova 1969；Gradman 1971 等）结果表明：对比分析只能预测到学习者所犯语言错误中的一小部分，很多错误都是对比分析无法预测到的，有时对比分析所预测的语言错误甚至根本没有出现在学习者的语言之中。

另一方面，语言教师也发现两种语言中的不同结构并非一定难学，而相同或相似的结构也不一定就易学。有时语言困难还会呈单向性，即在 A、B 语言的一些差异中，母语为 A 语言的学习者学习 B 语言时会有困难，而母语为 B 语言的学习者学习 A 语言时却没有困难。最典型的例子就是 Eckman（1977）调查了英国人学习第二语言德语和德国人学习第二语言英语的情况，重点对英德两种语言中清浊音对立（voice contrast）进行了调查和研究，结果发现在英语中清浊音对立可出现在词首、词中和词尾，而德语中清浊音对立只能出现在词首和词中，不能出现在词尾，词尾只出现清爆破音。这样，德国人学习英语时发词尾的浊爆破音就有困难，而英国人学习德语时发词尾的清爆破音却很容易。由此不难看出，对比分析这一方法也面临着很多问题难以得到解决的窘境，因而语言教学工作者和研究者就不得不将目光转向语言学习者，尤其是学习者语言以及其中的语言错误，这种由对比分析向错误分析的转变标志着第二语言习得研究的真正开始。

错误分析是研究和分析第二语言学习者语言中的错误。对学习者的语言错误进行研究和分析不仅具有理论意义而且也具有实际意义。Corder（1967: 167-168）指出了三个方面的意义：第一是教学意义，学习者的语言错误向教师表明哪些方面他们还没有学会或掌握；第二是研究意义，学习者的语言错误可以证明他们是如何学习语言的，即他们使用的学习策略；第三是学习意义，学习者可通过自己所犯的语言错误（主要是通过教师对自己语言错误的信息反馈）来发现目的语（target language，即学习者正在学习的语言）的规则。

错误分析的基础是学习者的中介语（interlanguage）。中介语这一概念是 Selinker（1972）首先提出的。唐承贤（1997：46）认为："中介语指的是语言学习者在学习第二语言时所拥有的一种独立的语言系统，这种语言系统在结构上既不是学习者的母语也不是目的语，而是介于两者之间。"由此可见，中介语是第二语言学习者的一种独特的语言系统，因此它既不能根据母语也不能按照第二语言予以描写，而是要依据自身的特点来进行分析，这就大大推动了中介语研究的发展。根据 Ellis 和 Barkhuizen（2005: 54-55）的观点，中介语研究主要集中于以下八种基本假设：

（1）学习者的中介语主要是由隐性语言知识组成；

（2）学习者的中介语知识与母语者的语言系统一样，也构成一个独立的系统；

（3）学习者的中介语具有可渗透性（permeable），即不完整性和不稳定性，故新的语言形式会很容易融入其中；

（4）学习者的中介语具有过渡性（transitional），即学习者不断地重构自己的中介语语法；

（5）学习者的中介语具有多变性（variable），即在中介语的任一发展阶段学习者都可能会使用不同的形式来表达同一语法结构，且这种多变性偶尔表现随意，但多数情况下呈系统性；

（6）学习者的中介语是一般学习策略（如母语迁移、过度概括等）的产物；

（7）学习者可能会通过交际策略（如求助或释义）来弥补自己中介语知识的不足；

（8）学习者的中介语可能会石化（fossilize），即停滞不前，达不到母语者的完备语法。

支撑错误分析的是 Chomsky 的生成语言学理论。Chomsky 的生成理论之核心思想是人拥有天赋的语言习得机制（Language Acquisition Device），通过这一机制人可以从语言输入中推导出语言规则，学习者一旦习得这样的规则就能创造和理解无数新的话语（utterance）。因此，Chomsky 认为语言习得不是习惯形成过程（即行为主义学习论的思想），而是规则形成过程（rule-formation process）。同理，第二语言习得也是规则形成过程。第二语言学习者通过语言输入对目的语的规则建立假设，然后通过自己的语言输出来验证这些假设。如果他们的中介语中所使用的规则与目的语相符则会得以保存下来；如果不符（即出现错误），这些规则则会逐步得以修正以便最终趋同于目的语的语法规则。

总之，错误分析给我们提供了一个全新的视角：语言学习者已不再是语言输入的被动接受者，而是积极的行动者，积极处理语言输入，建立和验证假设，同时不断地将自己的语言应用和目的语进行比较，适时地予以修正和完善，最终达到完备的目的语语法。然而，错误分析也因其存在着许多局限性而受到不少批评和指责，其中最大的局限性是错误分析只看到学习者失败的一面而无视学习者成功的一面，因而不能准确地反映第二语言习得的全貌。于是，第二语言习得研究转向了学习者的语言应用分析（Performance Analysis）。语言应用分析是研究和分析学习者的总体语言使用情况，既包括学习者的语言错误更包括学习者的正确语言使用，因而弥补了错误分析的不足。语言应用分析是必需场合分析（Obligatory Occasion Analysis）、频率分析（Frequency Analysis）和功能分析（Functional Analysis）等的总称。

必需场合分析是考查学习者在某一语法特征必须使用的场合下如何准确地使用这一语法特征的一种研究方法。如同错误分析，必需场合分析也需要将学习者使用的语言形式与目的语的标准形式进行比较，以期发现学习者是否完全习得了某一语言形式，进而获得学习者在不同的语言形式或语言特征上的习得顺序（acquisition order）。在第二语言习得研究中最早使用必需场合分析的是 Dulay 和 Burt（1974）在 20 世纪 70 年代开展的词素研究（morpheme studies）。Dulay 和 Burt 通过"双语句法测量"(Bilingual Syntax Measure) 工具研究了在美国学习英语、母语分别为西班牙语和汉语的儿童第二语言学习者使用英语语法词素（如表示时、体、数等词素）的情况，结果发现这些不同母语背景的儿童第二语言学习者在他们的口语数据中所使用的这些语法词素的准确度明显呈现共同的习得顺序（词素使用准确度高就意味着先习得）。这一发现也获得了 Bailey 等人（1974）对课堂环境下不同母语背景的成人英语学习者所开展的类似研究结果的支持。其他一些相关研究（如 Krashen 1977；Krashen et al. 1976；Larsen-Freeman 1975, 1976）也都支持了 Dulay 和 Burt 有关词素习得顺序的研究发现。Krashen（1977）为此提出了英语词素习得的自然顺序，如图 1.1 所示：

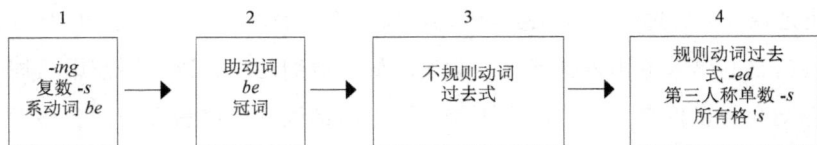

图 1.1　第二语言学习者词素习得的自然顺序

这一顺序基本不受学习者的母语、年龄和习得环境的影响。不过，Larsen-Freeman（1975）的研究发现：这一自然顺序会受到数据类型（即学习者的口头数据和书面数据）的影响。于是，Krashen（1981，1982）在这些研究的基础之上推出了著名的监控模式（the Monitor Model），这一第二语言习得理论一共包含五个基本假设：

（1）习得—学习假设（the acquisition- learning hypothesis）：习得和学习是第二语言学习者语言能力发展的两种不同过程。前者为无意识的，是通过语言进行自然有意义交际的结果，与母语习得相似；后者为有意识的，是课堂环境下学习者关注语言形式和规则的结果。该假设认为，学习不可能转化为习得，即学得的语言知识与习得的语言知识不可能融为一体。

（2）监控假设（the monitor hypothesis）：在第二语言应用时习得的知识系统和学得的知识系统发挥着不同的作用。前者起着发话（initiate utterances）的作用，负责话语的流利性，并直觉判断话语的正确性；后者起着监控作用，对说出的话语进行编辑和修正。不过，监控需要同时满足三个条件方能发挥作用，即语言使用者若想监控自己的语言输出就必须关注语言形式的正确性、有足够的时间并同时具有监控所需的语言知识。三个条件缺一不可。监控假设是用来解释第二语言学习者在习得顺序上的差异，这是因为监控会因人而异。有些学习者会过度使用监控，结果是语言输出的准确性虽然得以提高但流利程度会因此而下降；另外一些学习者则会因更关注自然流畅的有意义交际而过少使用甚至不用监控，致使输出中语言错误增多。此外，监控也会因任务而异，如学习者写作时要比说话时更可能会监控自己的语言输出，因为前者对时间的要求要比后者松。

（3）自然顺序假设（the natural order hypothesis）：该假说认为第二语言规则是按照可预测的顺序习得的，而且这一顺序不受规则的复杂程度或教学大纲安排的顺序影响。自然顺序假设基本上得到了词素研究结果的支持。

（4）输入假设（the input hypothesis）：该假说认为可理解性输入（comprehensible input）是第二语言习得的必要条件。可理解性输入是指语言输入中所包含的形式和结构的难度略高于学习者的当前语言水平，即 Krashen 所说的 i + 1，这样的输入自然会促使习得发生。语言输入太难或太容易都不利于学习者的第二语言习得。

（5）情感过滤假设（the affective filter hypothesis）：第二语言习得的成败取决于学习者的情感因素，如态度、动机、个性等。积极的情感因素，如学习态度端正、动机强、热情高等，将有助于学习者更好地利用语言输入去习得所学语言。反之，消极的情感因素，如态度消极、缺乏自信心或学习动机不强，将起着过滤作用，即成为学习者的心理障碍，阻碍学习者对语言输入的关注和利用，进而影响语言学习的效果。

Krashen 的监控模式一经问世便在理论界和语言教学界饱受争议和批评，详见 Larsen-Freeman 和 Long（1991: 245-249）对该理论的评价。尽管如此，它仍不失为最早探讨第二语言习得的较为完整的理论之一，对随后的理论和实证研究以及第二语言教学，尤其是交际语言教学（Communicative Language Teaching），都产生了深远的影响。

基于必需场合分析的词素研究发现（即英语词素的习得顺序）进一步支持了 Chomsky 的天赋语言习得机制，同时否定了行为主义学习论。然而，词素研究也遭到不少的质疑和批评，主要集中在：①词素使用的准确性顺序等于习得顺序；②词素研究只是研究语言现象中的极小部分；③词素的习得顺序能否真正反映学习者已经知晓这些词素的功能。此外，必需场合分析也有一定的局限性：它是一种共时 / 横向（cross-sectional）研究方法，因而只能描写学习者是否习得了某个语言形式，却不能反映他们是如何习得这个语言形式的。因此，为了克服这种局限性，许多研究者转而使用频率分析来研究学习者语言。

频率分析是研究学习者语言多变性（variability）的一种方法，旨在通过比较不同阶段学习者在同一语法特征 / 结构上所使用的不同语言变体的频率以确定其习得序列（acquisition sequence）或发展序列（developmental sequence）。例如：学习者在正确使用不规则动词过去式之前，可能需要经过三个不同的发展阶段，在每个阶段学习者都可能会使用不同的语言形式来表示不规则动词过去时。以英语不规则动词eat（吃）的过去式 ate 为例：在第一阶段学习者可能会使用该动词的一般现在时形式（即 eat）来表示过去时；在第二阶段学习者可能会使用过度概括，即将不规则动词视为规则动词，因而给不规则动词 eat 加 -ed 来表示它的过去时（即 *eated）；到了第三阶段学习者会给不规则动词加双标记来表示过去时（即 *ated）。因此，频率分析需要对学习者在每个阶段所使用的语言变异形式或结构之频率进行比较和分析，从而获得学习者在某一语法词素或结构使用上的发展情况，以便确定其发展序列。由此可知，频率分析在一定程度上能够揭示学习者中介语循序渐进发展的动态特征，包括学习者在某些语言环境下回避使用某一目的语形式或结构，以及学习者的母语对某些发展阶段的影响，从而对第二语言习得研究具有重要的启示意义。

从理论意义上说，频率分析可用以验证天赋的语言习得机制是否存在或行为主义学习论是否正确。如果频率分析发现不同母语背景和不同环境下的第二语言学习者遵循相同的发展序列 [如 Wode（1978）对英语否定式习得序列的研究、Cancino 等（1978）对英语否定式和疑问句习得序列的研究等]，那么研究结果就支持了第二语言习得的天赋论，即天赋的语言习得机制制约着第二语言习得；反之，研究结果将支持行为主义学习论，即语言习得的环境等外部因素制约着第二语言习得。

频率分析是独立考查学习者语言的一种方法，因而避免了错误分析和必需场合分析因参照目的语的标准来分析学习者语言而犯的"比较谬误"（comparative fallacy）。然而，频率分析是历时的研究方法，因此其局限性十分明显，即比较费时。此外，频率分析只是对学习者中介语多变性的动态描写，并不能解释其产生的原因。

所以，从这个意义上说，频率分析不能替代必需场合分析，只是必需场合分析的有益补充。

以上讨论的错误分析、必需场合分析和频率分析都是考查学习者中介语的语言特征，其指导思想是把语言看做一种形式系统而非功能系统。实际上，语言是用以传递各种意义、实现各种交际功能和意图的，因而语言应被视为一种形式与功能映射的系统。在这个系统中，语言不只是形式与功能一一对应的关系，即一种形式只表达一种功能，如英语复数形式 -s 用以表示"两个或两个以上"之义；也可能是一个形式可用以实现多种功能或意义，如英语 -ing 形式可用以表示"正在发生的动作"或"计划中将要发生的动作"；或者一种功能或意义可由多种语言形式来实现，如"将来发生的动作"可由 shall/will do，be going to do 或 be doing 等形式表示。由此可知，任何只针对学习者中介语的语言形式特征所做的分析都是片面的，不能反映学习者语言发展的全貌，因此需要一种新的分析方法，这就是能够反映形式与功能映射的功能分析方法。

第二语言习得中的功能分析分为形式—功能分析和功能—形式分析两种。前者从语言形式出发分析和确定该形式使用的功能模式，以揭示学习者如何使用语言形式来满足交际需求；后者从功能出发分析和确定用以实现该功能的形式模式，以揭示交际需求如何促进第二语言学习者的中介语发展。由此可知，功能分析的主要动因是学习者的交际需求。然而，学习者的交际需求常常会随着第二语言习得的发展而发生变化。Ellis（1999）认为学习者的这种交际需求一般分为三种：第一种是基本的交际需求，即学习者为达到基本的语用目的而使用非常简单的语言形式之需求；第二种是表达需求（expressive need），即学习者在无交际需求情况下为丰富某个功能表达所需的语言形式之需求；第三种是社会语言需求（sociolinguistic need），即学习者希望在社交场合能够恰当使用目的语的需求。这些不同的交际需求在一定程度上可以解释学习者语言的多变性；学习者为满足自己不同的交际需求而不断地发展自己的中介语，以期达到目的语的标准。

功能分析是建立在语言和语言学习的功能观之上的。功能观认为，语言不是一个形式系统而是表达各种意义的工具。第二语言学习者已通过母语建立了一套功能概念，因此学习第二语言的任务就是要发现用以合适表达这些功能概念的第二语言形式。这意味着学习者在第二语言习得过程中不仅要注意学习实现某一功能的新的语言形式，而且还要注意学习实现同一功能的不同语言形式，包括那些可以实现新功能的已知形式。正如 Huebner（1985）所指出的那样，第二语言学习者的任务就是要在目的语中发现用以表达语义功能或语篇功能所需的语言形式，而学习者的中介语就是一个形式与功能映射的动态发展系统，即随着习得的进展中介语中形式与功能的对应关系会不断地得以调整与重构。

对学习者语言的功能分析虽然克服了之前几种分析的某些缺陷，但它本身也存在着一些局限性，其中之一就是供功能分析的学习者话语往往是孤立的，缺少互动环境，致使一些话语的功能或意义难以解释，因而需要一种新的分析方法，即能够结合话语上下文的话语分析（discourse analysis），或更确切地说，能够反映互动环境的会话分析（conversational analysis）。

会话分析是话语分析的一种，至少涉及两人（如母语者和语言学习者）之间的合作话语（collaborative discourse），因此可向我们提供"会话结构方面的有关知识，如相邻语对（adjacency pair）、话轮替换（turn-taking）、话题（topic）等"（唐承贤 2001：38）。会话分析的意义不仅在于给学习者孤立的话语提供上下文语境，而且还能让我们考查和发现语言学习者通过会话"学会如何进行会话，如何用语言互相交流，并在这样的语言交流中发展句法结构"（Hatch 1978: 409）。这种旨在发展和提高学习者语言水平的合作式语言交流策略通常叫作"语言构架"（scaffolding）：在互动交流中语言学习者依靠对话人的语言帮助来建构自己的句法结构知识。例如：在下面的对话中，儿童通过与母亲的五个话轮转换学会了说"Oh, this an ant"（哦，这是只蚂蚁）。（Richards et al. 1992: 322）

[1] Child: Oh!（哦！）

　　Mother: What?（什么？）

　　Child: This (points to an ant).[这个（手指向一只蚂蚁）。]

　　Mother: It's an ant.（它是蚂蚁。）

　　Child: Ant ...（蚂蚁……）

　　Oh, this an ant.（哦，这是只蚂蚁。）

这种通过输入、输出和互动合作式交际来研究第二语言学习者语言知识和能力的动态发展已逐步成为第二语言习得研究的重要发展趋势。（Block 2003；Lantolf 2000；Lantolf & Thorne 2006；Swain 2000）Block 呼吁第二语言习得需从社会语言学视角加以研究，突出语言的互动性和社会性；Lantolf 和 Thorne 强调从社会文化理论视角研究第二语言习得，认为学习者以语言为媒介的心理活动和社会活动以及"最近发展区"（zone of proximal development）在第二语言习得过程中将扮演着重要角色；Swain 提出"输出假说"（the output hypothesis），并通过合作式对话提升学习者的语言输出质量。

与强调社会环境、语言输入输出和互动合作等外部因素相对的是，第二语言习得研究还从心理语言学视角进行，重视第二语言学习者的认知心理因素。这些因素主要涉及学习的内部机制，即学习者如何习得第二语言以及如何使用自己的资源进行语言交际，如母语知识迁移、通过语言输入重新建构自己的第二语言知识系统、运用已掌握的第二语言知识解决交际中出现的问题等。此外，第二语言习得研究还聚焦学习者的个体差异以及造成个体差异的诸多因素，如年龄、语言学能（aptitude）、动机、个性、认知风格和学习策略等。

总之，第二语言习得研究范围广泛，涉及不同母语背景的学习者为了不同的目的在不同的环境中学习不同的第二语言。（Larsen-Freeman & Long 1991: 7）然而，第二语言习得研究的目标是描写和解释第二语言学习者的语言能力（competence），即学习者的隐性（implicit）语言知识，以及这种语言知识是如何习得的。由于学习者的语言知识通常不能直接观察到，所以第二语言习得研究的主要对象是学习者的语言应用（performance），即学习者语言（Ellis 1994: 13；Ellis & Barkhuizen 2005: 6），这是因为学习者语言是考查第二语言学习者的语言知识和应用能力的主要数据来源，也是了解第二语言习得过程的主要证据。

1.3 语言学与第二语言习得研究

1.2 小节的讨论表明：第二语言习得可以从多种不同视角予以研究，如功能主义视角、心理语言学视角、社会语言学视角、社会文化理论视角等。由于本书主要围绕语言学理论讨论第二语言习得研究，所以本节将简要论述语言学视角下的第二语言习得研究。

众所周知，语言学是研究人类语言本质的一门学科，必须要回答"语言是什么？"这一根本性的问题。同时，语言也是第二语言学习者习得的对象，从这个意义上说，"语言是什么？"这一问题的不同回答不仅反映了不同语言学流派的研究取向，而且对第二语言习得研究也具有重要意义。这是因为语言学可以为第二语言习得研究提供有益的视角。（Cook 1993: 269）换言之，第二语言习得研究可以借鉴各种语言学流派的研究范式和成果来丰富自己的研究领域。

结构主义语言学认为，语言是一个由语音、音位、形态、句法等组成的结构系统，而语言学的主要目标就是要对这样的语言结构系统予以充分的描写和解释。据此，第二语言习得研究就可以对学习者语言或中介语进行充分的结构描写和解释；正因为如此，对比分析（即比较学习者的母语和目的语的异同点）成了早期第二语言习得研究的重要方法之一。

当生成语言学问世之后，语言已不再被视为是一个结构系统而是一个具有无限创造力的规则系统，而第二语言习得研究中的错误分析正是建立在这一理论思想的基础之上的。到了 20 世纪 80 年代，反映 Chomsky 生成语言学核心思想的普遍语法（UG，即原则和参数系统）为 UG 视角下的第二语言习得研究提供了一个很好的参照框架，并在第二语言习得研究中得到了如火如荼的应用（详见本书的第二部分）。

当前盛行的认知语言学一反传统的语言学思想，将语言视为植根于人类对客观现实世界的体验之中，反映人类的感知系统以及人类对空间世界、物质世界和社会的认识。（Tyler 2008: 459）从认知语言学视角研究第二语言习得的论文和著述自 21 世纪初以来便不断涌现。由 Pütz 等人（2001a，b）共同编辑出版的论文集《应用认知语言学》（第一、二卷）从理论和实践两个方面探讨认知语言学在第二语言教和学中的应用；由 Robinson 和 Ellis（2008）共同编辑出版的论文集《认知语言学与第二语言习得手册》分别从认知语义学、认知语法、语言使用或语料库等不同方面讨论认知语言学在第二语言习得研究中的应用可能性；在专著方面，Holme（2009）的《认知语言学与语言教学》从认知的体验性、概念化以及意义和用法等方面探讨认知语言学在语言教学中的应用，Littlemore（2009）的《认知语言学在第二语言学与教中的应用》从识解、范畴化、百科知识、隐喻和转喻、动因、构式语法等角度探讨认知语言学在第二语言教和学中的应用前景，如此等等。显然易见，认知语言学的不同研究范式已对第二语言习得研究产生了重要影响（详见本书的第三部分）。

另一方面，第二语言习得还借用许多其他学科（如心理学、认知科学等）的研究成果对学习者如何习得和使用第二语言的心理过程展开研究。这样的研究为认识语言学习和使用所涉及的心理过程提供了一个独特且重要的视角，同时为揭示语言和心智的本质也提供了重要线索。如果语言学理论要为语言能力和语言学习的心理过程提供实证上准确而又全面的描写，那么研究第二语言如何习得对语言学理论的发展也具有重要的借鉴意义。总之，正如 Ellis（1994: 1-2）所说的那样，"第二语言习得研究与语言学之间已越来越体现出互利共生的（symbiotic）关系，因为第二语言习得研究与语言学各自都在利用对方的研究成果。从这个意义上说，第二语言习得研究已不再是语言学的消费者，而且还是语言学的贡献者。"

1.4 结　语

本书使用的第二语言习得泛指母语习得完成之后的任何一种自然语言的学习。第二语言习得形成于 20 世纪 60 年代末 70 年代初，其主要研究目标是描写和解释第二语言学习者的语言能力或语言知识，以及这种语言知识是如何习得的。第二语言习得研究范围广泛，主要涉及四个方面：一是学习者语言的特征描写，包括错误、习得顺序和发展序列、多变性以及语用特征等；二是学习者的外部因素，包括习得的社会环境、语言输入、互动交流等；三是学习者的内部机制，包括母语知识迁移、通过语言输入重新建构自己的第二语言知识系统、运用已掌握的第二语言知识解决交际中出现的问题等；四是学习者的个体差异以及造成个体差异的诸多因素，如年龄、语言学能、动机、个性、认知风格和学习策略等。（Ellis 1994: 17-18）

第二语言习得可以从多种不同视角予以研究，如功能主义视角、心理语言学视角、社会语言学视角、社会文化理论视角等。本书是从语言学视角探讨第二语言习得及其研究，主要分为三个部分。鉴于以后各章将有详细讨论，这里只做提纲挈领式概述。第一部分是"标记理论与第二语言习得研究"，共有三章，主要讨论标记理论及其语用分析以及在第二语言习得研究中的应用；第二部分为"普遍语法与第二语言习得研究"，共有四章，主要讨论 Chomsky 的普遍语法及其在第二语言习得中的应用研究；第三部分为"认知语言学与第二语言习得研究"，共有六章，重点探讨语言注意理论、原型理论、隐喻理论、认知语法和构式语法以及它们对第二语言习得的启示作用。

第一部分
标记理论与第二语言习得研究

第2章 标记理论及其语用分析 [1]

2.1 引　言

标记理论（markedness theory）是以标记（markedness）概念为基础的，是结构主义语言学用以分析语言系统的一条重要原则。20世纪30年代标记概念由布拉格学派首先提出。这一概念的基本含义是，在两个对立的语言成分中具有某一区别性特征的成分为有标记（marked）项，缺少这一区别性特征的成分则为无标记（unmarked）项。一般来说，有标记项传达信息X，而无标记项未必传达信息X，可以认为传达，也可以认为不传达，或与此无关，即对立分别是"X"和"X＋非X"。对立中的无标记项通常有两种解释：① "零"解释，即无标记项的意义更笼统，对有关的对立信息不置可否，因而可以代表有关对立的整个范畴。② "减"解释，无标记项显示与有标记项相关的信息在此不存在。不过，在特殊语境中无标记项还有"加"解释，即它可以表达与之对立的有标记项的意义。（张建理1999）例如：英语单词host做"零"解释意为"主人"（代表对立的整个范畴），做"减"解释意为"男主人"（与hostess相对），有时也可做"加"解释，意为"**女主人**"，如例 [1] 所示：

[1] Our **host** is very beautiful.（我们的女主人非常漂亮。）

标记理论就是分析和研究语言内部这些对立不对称的现象。继布拉格学派之后，标记理论在生成语言学、语言类型学、功能语法学以及认知语言学等理论的影响下，得到了不断的充实和发展，其研究范围已由原先的音位扩展到了形态、句法、语义、语用、认知、类型学等方面。确定某一语言特征有无标记不仅要看形式标准（语言结构和屈折形态的复杂程度）、分布标准（语言的使用范围和频率），而且还要

---

[1]　本章是根据唐承贤（2003a，2007b）的两篇期刊论文综合而来。

结合语义标准（语义范围的宽泛程度）和认知标准（心理认知上的复杂程度）。标记理论的主要目的就是通过分析语言各子系统中的标记现象来建立语言的标记模式（markedness pattern）。本章拟就标记理论及其相关的几个基本问题——标记理论的含义、标记确定的标准和标记转移现象做一初步探讨，同时运用这一理论对英语有生名词的标记特征进行分析，并对这些特征予以统一解释。

2.2 标记理论的含义

标记理论的基本含义是，相对于有标记成分而言，在语言中无标记成分更为基本，更为自然，更为常用。然而，在不同的语言学流派中，标记理论的含义却不尽相同。

（1）布拉格学派认为，在两个对立的语言成分中具有某一（区别性）特征的成分是有标记的，缺少某一（区别性）特征的成分是无标记的。例如：在 /t/ 和 /d/ 这两个对立的音素中，前者是无标记的，因为 /t/ 没有浊音（voicing）；而后者则因为有浊音而成为有标记。再以英语名词的"数"为例：复数是有标记的，一般要加 -(e)s；而单数为无标记，不加 -(e)s。Croft（1990）认为，布拉格学派的标记理论是绝对的二分模式，即某一语言成分要么为有标记，要么为无标记。

（2）在语言类型学中，标记概念是指语言成分（如屈折变化）的非对称现象。那些普遍性的或多数语言存在的特征为无标记的，而那些为某一语言特有或少数几种语言可见的特征则是有标记的。类型学中的标记理论是建立在跨语言的比较分析之上，所以标记概念已不再是传统意义上（即布拉格学派的标记理论）的绝对概念，而是一个相对概念。以"数"这一范畴为例，类型学的研究发现：大多数语言有"单数"和"复数"，不少语言还有"双数"（dual）和"三数"（trial），一些语言甚至还有"少数"（paucal）。由此可知，"数"这一语法范畴就构成了一个"标记等级"（hierarchy of markedness）：

单数＜复数＜双数＜三数／少数（"＜"表示"标记程度小于"）

根据沈家煊（1997：2）的观点，这个标记等级表示"复数相对于单数是有标记的，相对双数和三数则是无标记的；复数相对于双数的无标记程度要比单数相对于双数的无标记程度低一些"。此外，我们还可以通过 Eckman（1977）给标记概念所下的定义来理解类型学中标记理论的含义。Eckman 从类型学出发将标记概念定义为：某一语言中 A 现象的标记程度要高于 B 现象，如果从跨语言的角度看 A 的存在蕴涵

B 的存在，而 B 的存在却不蕴涵 A 的存在。也就是说，蕴涵项（implican）的标记程度要高于被蕴涵项（implicatum）。这样，上面"数"的标记等级也可以按照蕴涵和被蕴涵的关系写成：

三数／少数 ⊃ 双数（⊃ 表示蕴涵关系）

双数 ⊃ 复数

复数 ⊃ 单数

（3）Chomsky 的标记理论是建立在普遍语法（Universal Grammar）理论之上的。根据普遍语法理论，语法规则可分为核心（core）和边缘（periphery）。核心语法规则是无标记的，这是因为它们与语言普遍性原则相一致；边缘语法规则不符合语言普遍性原则，是各个语言所特有的，因此是有标记的。需要指出的是，在 Chomsky 的标记理论中有标记与无标记语法规则不是绝对的、截然分开的，而是相对的，构成一个标记连续体（markedness continuum）；在这个标记连续体中，核心语法规则与边缘语法规则的标记程度只是个高低问题，且取决于其参数的设定。一般说来，无标记规则的参数设定需要最少证据（evidence），而有标记规则的参数设定则需要大量的证据。基于普遍语法的标记理论不同于布拉格学派或语言类型学的标记理论，前者被视为是人（尤其是儿童）所固有的；而后者是外在的，只存在于现有的人类语言之中。

2.3　标记确定的标准

标记理论的核心是标记概念。那么某一语言特征是有标记还是无标记该如何确定呢？

最早提出标记理论的布拉格学派确定对立成分有无标记的标准是基于组合关系上的复杂程度（syntagmatic complexity）、聚合关系上的复杂程度（paradigmatic complexity）以及分布范围（distribution）。（Newmeyer 1998）具体地说就是：组合关系上的复杂程度指表示无标记项的语素数量少于或等于表示有标记项的语素数量，也就是说无标记项在组合关系上更简单；聚合关系上的复杂程度是指无标记项的屈折变化形式要多于有标记项，或无标记项出现在更多的结构类型中，也就是说无标记项在聚合关系上更复杂；分布范围指的是无标记项在口语和笔语语篇中出现的频率要高于有标记项。

这几条标准在随后的语言学理论中得以应用和发展，具有代表性的是语言类型学。语言类型学的创始人 Greenberg 曾于 1966 年提出 13 条标准，其中 5 条是音位（phonological）标准，8 条是形态句法（morphosyntactic）标准。（引自 Croft 1990：71-72）

5 条音位标准是：

（1）中和环境下实现的是无标记项而非有标记项；

（2）在语篇中，无标记项出现的频率高于或等于有标记项；

（3）无标记项在音位环境中的分布范围大于或等于有标记项；

（4）无标记项的音位变体多于或等于有标记项；

（5）无标记特征拥有的音素数量多于或等于有标记特征。

8 条形态句法标准为：

（1）有标记项实现的语素数量多于或等于无标记项；

（2）无标记项的屈折变化形式多于或等于有标记项；

（3）在某些环境中，无标记项可兼指有标记项和无标记项，即无标记项用作超范畴（supercategory）；

（4）在语境中和的环境中只出现无标记项；

（5）无标记项的语素变体或屈折变化多于或等于有标记项；

（6）无标记项的语法变化范围大于或等于有标记项；

（7）（只用于语法范畴"数"）无标记"性"的复数形式可兼指阳性和阴性；

（8）在语篇中，无标记项出现的频率高于或等于有标记项。

在这 13 条标准中我们不难看出有些标准有重叠，如音位标准中的第 1 条和形态句法标准中的第 4 条，或音位标准中的第 2 条与形态句法标准中的第 8 条等。因此，Croft（1990）将这 13 条标准归并成四大类：

（1）结构（structural）标准：一个语法范畴中表示有标记项的语素数量多于或等于无标记项。例如：在词法上，英语名词单数为无标记，而复数一般为有标记，要加 -(e)s（这条标准也适应汉语，因为汉语中名词的单复数一般都不加标记）；在句法上，英语比较结构中原级为无标记，比较级为有标记，一般要加 -er；在音位上，结构标准是指有标记音素的发音姿势要多于无标记音素，如 /p/ 为无标记，/b/ 为有标记，因为 /b/ 比 /p/ 多一个浊音特征。

（2）行为（behavioral）标准有 2 条：

1）屈折（inflectional）标准：这是一条形态（morphological）标准，即在词的形态上无标记项的屈折变化多于或等于有标记项。例如：英语代词第三人称的单数有三种形式（he, she, it），而复数只有一种形式（they），因此前者为无标记，后者为有标记。在音位上，屈折标准相当于无标记音素的变体多于有标记音素，如英语中鼻腔辅音数量要少于口腔辅音，这说明鼻腔辅音为有标记，口腔辅音为无标记。

2）分布（distributional）标准：这是一条句法标准，即在句法中无标记项能够出现的句法环境多于或等于有标记项。例如：英语中几乎所有的及物动词都可用于主动态和被动态 [个别及物动词除外，如 rumor（谣传）只能用于 be rumored（据谣传）]，但也有一些及物动词只能用于主动态而非被动态。Quirk 等（1985）称这些动词为"中间动词"（middle verb），如 lack（缺乏），resemble（与……相似），suit（适合）等。英语可以说 [2a]，但不能说 [2b]。

[2]（a）He lacks confidence.（他缺乏信心。）

（b）*Confidence is lacked by him.（* 信心被他缺乏。）

因此，就英语及物动词而言，主动态是无标记的，被动态是有标记的。在音位上，这条标准指无标记音素可出现的音位环境多于或等于有标记音素。例如：德语中 /t/ 可出现在词首、词中和词尾；而 /d/ 只能出现在词首和词中，却不能出现在词尾。这再次证明 /t/ 为无标记，/d/ 为有标记。

（3）频率 (frequency) 标准：从语篇与跨语言角度看，无标记项的出现频率高于或等于有标记项。例如：在词的形态上，单数出现的频率高于复数。在句法上，主格比宾格出现的频率高，而宾格又比与格出现的频率高。从跨语言角度看，世界上使用 SOV（主宾谓）词序的语言要多于使用 SVO（主谓宾）的语言，而使用 SVO 的语言又多于使用 VSO（谓主宾）的语言。（Tomlin 1986）在音位上，根据 Hyman（1975）的观点，无标记音素在语篇中出现的频率要高于有标记音素，如 /s/ 的出现频率要高于 /z/。

（4）中和值（neutral value）标准：在某些中和（指对立消失）的语言环境中只出现无标记项。也就是说，无标记项用作超范畴，既表示无标记项，亦表示有标记项。例如：man 在意义上包括"男性"和"女性"。在音位上，总是无标记音素出现在中和的音位环境中，而非其对立的有标记音素。以英语中词首的辅音丛为例：当第

一个音素为 /s/ 时，第二个音素总是无标记的 /p/、/k/ 或 /t/，而非有标记的 /b/、/g/ 或 /d/。英语中有 spade（锹），skate（溜冰鞋）和 state（国家），但没有 *sbade, *sgate 和 *sdate。Croft（1990）认为，能够用中和值标准解释的情况也可以用分布标准来解释，因此这条标准可以归并到行为标准下的分布标准中去。这样类型学中确定标记的标准只剩三类。根据这三类标准，一个无标记项比起一个有标记项所拥有的语素数量少，屈折变化多，分布广，频率高。Croft（ibid）认为，在这三类标准中，结构标准适应范围较窄，主要用于形态句法；而另两类标准的适应范围相对要宽，不仅包括形态句法而且还包括音位。然而，需要指出的是，这三类标准基本上是针对语言的表层结构，而不涉及语言的底层结构，即语义。为此，Crystal（1991）提出了语义标准，即在成对的词汇项中，语义更具体的（specific）为有标记项，如在 dog/bitch（母狗）中，bitch 因其具体的性别而成为有标记；英语中可以说 a male（公）/female（母）dog，但却不能说 *a male bitch（语义矛盾）或 *a female bitch（语义重复）。

Goodluck（1991），Thornborrow 和 Wareing（1998）等还试图将语言的规范程度作为判断有无标记的标准；遵循语言规范的为无标记项，偏离语言规范的为有标记项。例如：

[3]（a）He was fast asleep.（他在酣睡。）

（b）Fast asleep he was.（*酣睡他在。）

[4]（a）War broke out.（战争爆发。）

（b）Peace broke out.（和平突然降临。）

[5]（a）天长地久

（b）天尝地酒

在以上三组示例中，[3a]、[4a] 和 [5a] 都是规范的语言表达形式，因此是无标记的；而它们对应的 [3b]、[4b] 和 [5b] 则不大规范，因此是有标记的。[3b] 违背了规范的英语词序，将表语前置，以突出被前置部分的信息。[4b] 不符合规范的语言搭配，因为通常的说法是 War broke out（战争爆发），这表示和平是长久的，战争是短暂的；而 [4b] 则正好表示相反的情形，即战争不断，和平难求。这句话用于描写冲突不断的中东是再恰当不过了。[5b] 是借用同音异形改写成语的一句宣传某品牌酒的广告词，其用意十分明显。这些非规范的语言形式不仅日常会话中有，就连文学、广告中也用。使用者一般是为了引起听众或读者的注意，达到一种特殊的语言效果，或表达一层

特别的含义。（Baker 1992；Thornborrow & Wareing 1998）

最后需要提及的是 Chomsky 的标准。这一标准是从母语习得的角度确定某一规则是否有标记；无标记规则（通常是属于核心语法规则）习得时不需要或很少需要证据，而有标记规则（通常属于边缘语法规则）习得时则需要大量的证据。

上述这些标准虽然是在不同的时期提出，侧重点也有所不同，但对我们理解标记理论的含义、了解标记理论的发展、应用和研究标记理论无疑都是十分有益的。

2.4　标记转移现象

我们知道语言是为人类服务的，随着人类社会的进步，语言也在发展。因此，标记也会随着语言的发展以及在人类使用语言的过程中发生转移。标记转移现象（markedness shift）可以从两个角度去理解：一个是从共时的（synchronic）角度，另一个是从历时的（diachronic）角度。从共时角度看，标记转移是指某一特定场合下标记在语言使用中所发生的变化或转移，通常是从无标记项向有标记项的转移，如例 [6] 所示：

[6]（a）SVO（主谓宾）为无标记词序

I can't recommend this book.（我不能推荐这本书。）

（b）OSV（宾主谓）为有标记词序

This book I can't recommend.（这本书我不能推荐。）

如果说话人使用无标记词序的 [6a] 句，那就不存在标记转移，因为这是人们通常使用的词序；如果说话人使用有标记词序的 [6b] 句，那么，这就产生了标记转移，因为这句话表达了一种特殊的"对比"含义，即"这本书我不能推荐，但别的书我是可以推荐的"。再比如，讲笑话通常是出于幽默，因此笑话与幽默一般是联系在一起的，Scollon 和 Scollon（1995）称为笑话的"无标记同现"（unmarked co-occurrence）。但是，有时候人们讲笑话不是出于幽默，而是为了侮辱他人，此乃笑话的"有标记同现"（marked co-occurrence）。由此可知，共时层面上的标记转移是一种短暂的交际行为，人们在交际时通过这种共时上的标记转移，给所使用的语言增添一层特殊的含义，以达到某种交际目的。

从历时的角度看，标记转移是指在语言发展的历史进程中标记发生的变化情况，通常是先前有标记的形式转变成现在的无标记形式，或者是先前无标记的形式转变成现在的有标记形式。例如：根据 Trask（1996）的观点，英语中过去表示位置"在……之前"只有 before 一词，因此，其使用频率高，是表示该位置的无标记形式。后来出现了 in front of，也表示"在……之前"，这个新出现的形式因其使用频率不高而成为有标记形式。但是，随着这个有标记形式的使用频率不断增加，标记发生了转移：先前有标记的 in front of 成为无标记形式，而过去为无标记的 before 却因其使用频率下降成了有标记形式。所以，现在表示位置"在……之前"时常用 in front of，而不用 before。例如：如要表达"我家房前有棵苹果树"这一汉语句子，那我们只能说 [7a]，而不能说 [7b]。

[7]（a）There is an apple tree in front of my house.

（b）*There is an apple tree before my house.

Before 现在只用于极少数场合，如 The man was brought before the judge（那个男子被带到法庭上）。由此不难看出，历时层面上的标记转移不同于共时层面上的标记转移；它是一种逐渐而缓慢的转变过程，不是短暂、爆发式地一蹴而就。

然而，历时层面上的标记转移绝非总是由先前有标记的形式转变成现在的无标记形式或者由先前的无标记形式转变成现在的有标记形式。有时候标记转移会出现：有标记形式和无标记形式的标记性都会逐渐增强，以至于有标记形式最终可能会从语言中消失。Trask（1996）曾以英语中的介词随伴现象（pied piping，如 [8a] 所示）和介词后吊现象（preposition stranding，如 [8b] 所示）为例来说明这种标记转移。

[8]（a）For whom did you get the present?（你为谁买的礼物？）

（b）Who did you get the present for?（* 谁你买礼物为？）

在英语中介词随伴现象和介词后吊现象长期并存；前者一直是有标记的，而后者则始终为无标记形式。[1] 在英语的发展过程中，介词随伴现象的标记性并未下降，相反则变得越来越强。也就是说，其使用频率越来越低，近乎要从英语中消失。相比之下，介词后吊现象则一直保持着无标记性，且其无标记性有越发增强之势。如果这种趋势继续发展下去，那么不远的将来介词后吊现象就会完全替代介词随伴现象。

从上述两种标记转移的现象来看，共时层面上的标记转移是基础，历时层面上的标记转移是由共时层面上的标记转移逐渐发展而来，因为随着时间的推移，某一共时层面上标记已经转移的形式（例如有标记形式），一旦被人们所接受并得到广

---

[1]　关于英语中介词随伴现象和介词后吊现象的标记值判定问题，请参见第 3 章的论述。

泛使用，那么这个有标记形式就会成为无标记形式。如果英语有标记词序 OSV 的使用频率越来越高，而 SVO 词序用得越来越少，其结果就是英语的基本词序将会发生根本性的变化——由 SVO 变成 OSV。

2.5　英语有生名词的标记分析与诠释

标记对立（即有标记和无标记的对立）具有普遍性，存在于语言分析的各个层面，因此，研究语言的标记现象对揭示语言内部的结构和规律、发现跨语言的共性有着重要意义。本节拟在标记理论的框架下对英语名词范畴中的有生名词（animate nouns）进行标记分析，并试图从人类活动、社会习俗、文化观念、自然和认知倾向等常规对其标记特征的成因进行统一诠释。

2.5.1　英语有生名词的标记分析

英语有生名词是指有生命的人和动物这类名词，其标记特征与性相关联。性是一个语法范畴，一般分为自然的性和语法的性。前者指现实世界中有生命的人和动物的性别，而后者与性别无关，只表示句子内词与词之间的语法关系。世界上许多语言都有明显的语法标记来区分名词的性，如法语用 un/le 来表示阳性，une/la 来表示阴性；德语有 der/das/die 来区分阳性 / 中性 / 阴性名词。

英语名词的性是指自然的性，即有生命的人和动物这类名词的性：阳性或阴性。根据 Quirk 等（1985）的观点，英语有生名词的性是一种隐性的语法概念；除了一部分名词的性有派生形态区分标记 [如 lion/lioness（雄狮 / 母狮）等] 外，绝大多数名词的性是根据词汇意义所表示的自然性别划分的，如 brother/sister（兄 / 妹），boy/girl（男孩 / 女孩）等。另外，英语中还有相当一部分有生名词不区分性别，而是表示"通性"（dual gender），如 acrobat（杂技演员），bird（鸟），cat（猫），child（儿童），deer（鹿），frog（青蛙），horse（马），monkey（猴），pig（猪），sheep（羊），spouse（配偶），worker（工人）等。以下是对这几类有生名词所做的标记分析。

（1）以形式标记区分性别的英语有生名词。英语中一部分有生名词是以形式标记来区分阳性和阴性的，其中绝大多数是阳性名词为无标记项、阴性名词为有标记项，即阴性名词通常在其相应的阳性名词之后加上 -ess, -ine 或 -ette 等后缀形式，如 host/hostess（男主人 / 女主人），hero/heroine（男英雄 / 女英雄），usher/usherette（男引座员 / 女引座员）等。但是，英语中也有少数有生名词并非如此，而是阴性名词为无标记项、阳性名词为有标记项，即阳性名词在其相应的阴性名词之后加一后缀形式，如 bride/bridegroom（新娘 / 新郎），widow/widower（寡 / 鳏）等。这种现象被称作"标记颠倒"（markedness reversal）。

以形式标记区分阳性和阴性的英语有生名词大致可分为两类：

第一类是，凡符合形式标准的有生名词也符合分布、语义以及认知标准。也就是说，形式上无标记的有生名词在分布、语义和认知上也都是无标记的；而形式上有标记的有生名词在分布、语义和认知上也都是有标记的，如 host/hostess, lion/lioness, tiger/tigress（雄虎 / 母虎）等。前者在认知上更为简单，其语义比后者的宽泛，通常可以包含后者，因此能出现的语境范围要比后者广。例如：英语可以说 [9a]，但不能说 [9b]。

[9]（a）Our hosts tonight are Mr. and Mrs. Hill.（我们今晚的主人是 Hill 夫妇。）

（b）*Our hostesses tonight are Mr. and Mrs. Hill.（* 我们今晚的女主人是 Hill 夫妇。）

这部分有生名词表现出的标记关系是，有标记项肯定了信息 X，而无标记项对信息 X 既不肯定也不否定，即无标记项做"零"解释。

第二类是，有生名词符合形式和认知标准，即无标记项没有形式标志而有标记项有形式标志，因此认知上有标记项比无标记项复杂，体现出 X 与非 X 的标记关系。但这些有生名词并不符合分布和语义标准，即它们在分布和语义上没有无标记和有标记之分，体现的标记关系不是 X 与非 X 的对立，而是 X 与 Y 的均等对立。也就是说，无标记项的语义不能做"零"解释（即不包含有标记项的语义），因此可出现的语境范围不比有标记项广。这类有生名词有 bride/bridegroom, count/countess（男伯爵 / 女伯爵），prince/princess（王子 / 公主），waiter/waitress（男招待 / 女招待）等。

（2）以词汇意义区分性别的英语有生名词。英语中另一部分有生名词不是以形式标记而是以语义标记来区分性别的。因此，这部分有生名词仅从形式上是看不出阳性或阴性来，必须依靠词汇意义来加以区分。在这部分名词中指人的有 boy/girl, brother/sister, father/mother（父 / 母），husband/wife（夫 / 妻），king/queen（国王 / 女王），man/woman（男 / 女），monk/nun（和尚 / 尼姑），uncle/aunt（叔叔 / 婶婶）等；指动物的有 boar/sow（公猪 / 母猪），buck/doe（雄鹿 / 母鹿），bull/cow（公牛 / 母牛），cock/hen（公鸡 / 母鸡），dog/bitch, drake/duck（公鸭 / 母鸭），gander/goose（公鹅 /

母鹅），ram/ewe（公羊 / 母羊），stallion/mare（公马 / 母马）等。

这类以词汇意义区分性别的有生名词，除 man/woman, dog/bitch 以及表示家养动物 / 家禽的几对名词外，都表现出 X 与 Y 的均等对立关系。其中指人的这些语义对立的词汇中，阳性名词因男性在社会角色中的支配作用而成为无标记项，对立的阴性名词则成为有标记项。这种关系也体现在语言数据中，即指称男性的词在语言使用时要优先于指称女性的词，如 boys and girls, father and mother, husband and wife, sons and daughters（儿女）等。

在以上动物类有生名词中，像 bull/cow, cock/hen, drake/duck, gander/goose 等这部分表示家养动物 / 家禽的对立词汇，其标记关系并不像 lion/lioness, tiger/tigress 等对立的动物类有生名词那样，即雄性动物是无标记项，雌性动物为有标记项；而是标记关系出现了颠倒，即雌性动物为无标记项，雄性动物为有标记项。这种标记颠倒产生的原因是，在实际生活中雌性动物 / 家禽饲养得多，雄性动物 / 家禽饲养得少，后者只是为了繁殖才饲养。（Lyons 1977: 308）

像 boar/sow, buck/doe, ram/ewe, stallion/mare 这类动物有生名词，虽然它们表现出语义上的性别对立，但从分布和语用上却没有标记对立，因为人们通常在表达这些动物时更倾向于使用它们各自的通性名词，如 deer (buck/doe), horse (stallion/mare), pig (boar/sow), sheep (ram/ewe) 等。这些名词因其不区分性别而成为无标记项，只有在需要区分性别时才使用括号内明确的性别标记词。

至于 man/woman, dog/bitch 等这类有生名词的标记特征，在语义上 man 和 dog 为无标记项，而 woman 和 bitch 为有标记项；因为前者的语义比后者的宽泛，dog 通常可以包含 bitch 的语义，而 man 在表示"人类"之意时也包含了 woman 的词义，因此前者能出现的语境范围要比后者广。根据 Lyons（1977）的观点，语义上的标记是一个程度问题，即在标记对立关系中有些成分的无标记程度要高于或低于另外一些成分的无标记程度。像 dog/bitch, man/woman 等这类对立词汇，dog 的无标记程度要高于 man 的无标记程度，因为 dog 的语义一般都包含 bitch，而 man 的语义则通常不包含其对立的 woman。例如：英语可以说 [10a]，但通常却不能说 [10b]。

[10]（a）That dog over there is a bitch.（那边的那条狗是只母狗。）

（b）*That man over there is a woman.（* 那边的那个男子是个女人。）

（3）不区分性别的英语通性有生名词。在英语有生名词中还有相当一部分是不区分性别的，即表示通性。它们既可以指阳性也可以指阴性。英语通性有生名词包括两类：一类指人，如 artist（艺术家），cook（厨师），customer（顾客），doctor（医生），driver（司机），enemy（敌人），friend（朋友），guest（客人），librarian（图书管理员），novelist（小说家），parent（父母），person（人），professor（教授），singer（歌手），speaker（说话人），student（学生），teacher（教师），visitor（访问者），writer（作家）等，其中大多数是由动词或名词等词类派生而来，且多数与职业相关。另一类指动物，如 cattle（牲畜），chicken（鸡），deer（鹿），elephant（象），fox（狐狸），goat（山羊），horse（马），panther（豹），pheasant（野鸡），rabbit（兔），robin（知更鸟），seal（海豹），whale（鲸），wolf（狼）等，其中除少数为高等动物（higher animals）外，大多数为低等动物（lower animals）。通性名词因为无性别区分以及能兼指阳性和阴性，所以体现出性别标记的消失或"中和"（neutralization），如例 [11] 所示：

[11] My father is a bad cook, but my mother is really a good cook.（我的父亲是个厨艺差的厨师，但我母亲真的是个厨艺棒的厨师。）

正因为如此，通性名词的标记特征为无标记，而无标记词项代表了相关对立的整个范畴。

英语通性有生名词中有一部分为语义关系中的上义词（hypernym），并在语言中拥有相应的表示性别差异的下义词（hyponym），如 child (boy/girl), deer (buck/doe), spouse (husband/wife) 等。还有一部分通性名词虽然在语义关系中为上义词，但在语言中却没有相应的表示性别差异的下义词，如 customer, elephant, professor 等。不过，Lyons (1977：309) 指出，人类语言具有很强的生成能力，通过组合修饰（syntagmatic modification）手段可以产生明确的下义关系词语。Quirk 等（1985：317）也明确指出，任何一个有生名词（除了那些已有明显性别区分的有生名词外）的性别差异都可以用相关的性标记词语（gender marker）来表示。性标记词语 male/female 几乎可用以区分所有通性有生名词的性别，如 a male/female artist（bird/cat/doctor/elephant/frog/monkey/whale/worker 等）。此外，还有一些性标记词语如 boy/girl, buck/doe, bull/cow, cock/hen, dog/bitch, he/she 等也可用来区分相应的通性有生名词的性别：boy/girl 用以区分未成年者或未婚者的性别，如 a boy/girl acrobat（friend/student 等）；buck/doe 用以区分 rabbit 等动物的性别，如 a buck-rabbit/doe-rabbit 等；

cock/hen 用以区分 bird, pheasant, robin 等鸟类动物的性别，如 a cock-bird/hen-bird 等；bull/cow 用以区分 elephant, seal, whale 等大型哺乳动物的性别，如 a bull-elephant/cow-elephant 等；dog/bitch 常用以区分与狗有亲缘关系的动物 fox, wolf 等的性别，如 a dog-fox/bitch-fox 等；he/she 常用以区分与人类有密切关系的动物，尤其是家养动物 cat, dog, goat 等的性别，如 a he-cat/she-cat 等。

2.5.2　英语有生名词标记特征的阐释

通过 2.5.1 小节对英语有生名词的标记特征分析我们不难看出其基本规律：①大多数有生名词的阳性为无标记项，阴性为有标记项；②少数有生名词出现标记颠倒：阴性为无标记项，阳性为有标记项；③通性有生名词均为无标记项。那么，英语有生名词为什么会表现出这些标记特征呢？

沈家煊（1999：191）在论述反义词（包括与性别有关的名词反义词）的不对称现象时指出，这类词的标记模式只能从"常规"（normalities）来予以解释。所谓常规是"在人们的意料之中，无须用词语表示出来就可以领悟到，只有违反常规的才须特意表示出来"。沈家煊所指的常规中有人类活动、社会习俗、文化观念、自然和认知倾向等因素在起作用。

英语中大多数有生名词的阳性为无标记项、阴性为有标记项，这多半是因为在人类的认知与体验中"阳性"代表着"强壮"或"权利"，对同类的"阴性"有着"控制"或"支配"作用，这种信念自然会在社会习俗、文化观念和人类语言中留下深深的印记。（Battisttella 1990；桂诗春 1988；王铭玉 2004）例如：人类社会通常是以男性为中心。英语中一般动物的名称也是雄性为无标记项、雌性为有标记项。

少数有生名词的阴性为无标记项、阳性为有标记项也与人类活动和社会习俗等常规相关。英语中雌性的 cow, duck, goose, hen 等是无标记项，而雄性的 bull, cock, drake, gander 等则是有标记项。因为农夫多饲养雌性动物／家禽，所以动物／家禽为雌性就成了常规。英语中 bride 是无标记项、bridegroom 为有标记项是因为西方的社交礼节为"女士优先"，所以英语中常规的表达是 bride and bridegroom 而非 *bridegroom and bride。这种常规也可见于英语中的另外一些表达法，如 ladies and gentlemen（女士们先生们）等。这种解释与 Cooper 和 Ross（1975）关于英语中一些约定俗成的名词短语的解释相一致；他们认为在这些约定俗成的名词短语中优先的顺序为：无标记的＞有标记的。此外，英语中 widow 为无标记词而 widower 为有标记词也可从女性的平均寿命一般长于男性的平均寿命这一自然倾向 / 常规得到解释。

通性有生名词为什么是无标记项？一方面，指人的通性有生名词多与职业有关，而多数职业是男性和女性都可以担任，因此它们无须区分性别，如 acrobat, civil servant（公务员），teacher 等。然而，由于社会分工的不同以及某些职业所表现出性别特征的差异，部分通性有生名词已经有了明确的性别特指，而要表示相反的性别则需要使用相应的性标记词语。例如：英语中的 nurse 虽然可以用于从事护士这一职业的男性和女性，但社会事实是从事这一职业的人通常为女性，因此 nurse 指女性是无标记的，而要表达"男护士"则要说 male nurse。（Battisttella 1990: 24）英语中的 model（模特儿），secretary（秘书）等也和 nurse 一样通常指女性，如果要指男性则要说 male model/secretary。与此相反，英语中的 athlete（运动员），judge（法官），senator（参议员）等为男性担任，如出现相反的情况就需要特别说明，如 woman athlete（女运动员），lady senator（女参议员）等。（桂诗春 1988；沈家煊 1999）由此可见，英语中表示职业的通性有生名词的标记指派是人类活动和社会习俗等常规在起作用的结果。

另一方面，有些通性有生名词，尤其是部分动物类通性有生名词有其相应的区分性别的下义词，如 child (boy/girl), parent (father/mother), sheep (ram/ewe) 等，而其他动物类通性有生名词，如 butterfly（蝴蝶），pheasant, robin, snake（蛇）等却没有相应的区分性别的下义词。这种现象可以从人类的认知倾向这一常规予以解释：人类对越熟悉的事物往往越能感知其内部差异，并在语言中体现出来；反之则不然。

Comrie（1986）指出，无标记形式表达的是人们所期待的意思，而有标记形式表达的则不是人们所期待的意思，这与人类经验中更常见更自然的现象是相对应的。Comrie 的这种观点与沈家煊"常规"的解释有异曲同工之处。不过，沈家煊更倾向于用人们心理上的偏向常规来对标记模式做出统一解释：凡是符合这个常规的是认知上的"默认值"（default value），是无标记项；反之则为有标记项，因此可以说，整个标记理论都是建立在认知基础之上的。（沈家煊 1997：8）从认知语言学的角度来看，人类语言是人类的认知对世界经验进行组织的结果（赵艳芳 2000），而自然界中的常规与人类经验中的常规和人类认知上的常规都是相通的。从这个意义上来说，语言中的标记现象（包括这里论述的有生名词的标记特征）似乎可以从现实世界中的标记现象得到解释，而各种各样的常规实际上就是现实世界中各种标记现象的映射，因而可能就是人类语言中标记模式的一个重要成因。

2.6　结　　语

英语有生名词表现出的标记特征不只是英语所特有，而是一种跨语言的共性现象。Witkowski 和 Brown（1983）就曾指出，词汇标记的一个重要特点就是词汇的标记值在各语言中是相同的，因此，影响词汇标记值指派的因素在各语言中也多少是一致的。就有生名词而言，汉语也有与英语相似的标记特征：以形式标记区分性别，如舅 / 舅母、姑 / 姑父等；以词汇意义区分性别，如爸 / 妈、鳏 / 寡等；没有性别区分的通性词语，如人、老师、鸡、鸭、鹅、马、牛、羊等。汉语中具有前两种标记特征的词数量比较少，而第三种情况则比较普遍，尤其是动物类词汇。

在中国文化中，男性是处于支配地位的（西方文化也基本如此），这在汉语语料中体现为男性词汇优先于女性词汇（英语也基本相同），如"男女"（man and woman）、"父母"（father and mother）、"夫妇"（husband and wife）、"夫妻"（man and wife）等。即便是那些女性词汇优先于男性词汇的英语表达式，如 bride and bridegroom, ladies and gentlemen, widow and widower 等，在汉语中也仍然是男性词汇要优先于女性词汇：新郎新娘、先生们女士们、鳏寡等。不过，英汉这种不同词序仍符合跨语言词序的标记模式：无标记项优先于有标记项。由此可见，词汇的标记现象研究不仅对个别语言的个性研究而且对跨语言的共性研究都有着十分重要的意义。

本章对标记理论的含义、标记确定的标准、标记转移现象的讨论以及对英语有生名词标记特征的分析和解释使我们清楚地看出：一方面，标记理论的基本框架是建立在标记概念这一基础之上的，运用标记理论分析和研究人类语言时也正是以标记概念为基准，而标记理论的目标就是要通过对人类语言进行跨范畴、跨语法的标记分析和研究以建立（跨）语言的标记模式，从而更好地揭示人类语言的本质。另一方面，语言中的各种标记现象并非是语言本身的自然发展之结果，其真正的成因是人类通过语言在自然界和社会生活各个方面的体验活动之结果。

第 3 章　英语"介词随伴"和"介词后吊"结构的标记值判定 [1]

3.1　引　言

在英语中与格（dative）是指某一行动的接收者，即某个及物动词所要表示的间接宾语关系，通常是由介词 for, to 或 with 等来引导与格。例如：

[1]（a）William sent a memo to Isabel.（William 给 Isabel 寄去一张便条。）

（b）William bought a present for Isabel.（William 为 Isabel 买了一件礼物。）

[1a] 中的与格部分为 to Isabel（给 Isabel），其引导词是介词 to（给，向）；而 [1b] 中的与格部分是 for Isabel（为 Isabel），其引导词是介词 for（为）。

英语与格问句（dative questions）是句中带有 wh- 词的与格部分前置的结果，但在这样的与格部分前置时，介词可随 wh- 词一同前置，也可不与 wh- 词一同前置而留在原来的位置；前者叫作"介词随伴"（pied piping，以下简称 pp），而后者则被称为"介词后吊"（preposition stranding，以下简称 ps），分别如下面的例 [2] 和例 [3] 所示：

[2]（a）To who(m) did Cathy give a book?（Cathy 把一本书给了谁？）

（b）Who(m) did Cathy give a book to?（* 谁 Cathy 把一本书给了？）

[3]（a）The man to whom Cathy gave the book was Kevin.（Cathy 给予书的那个人是 Kevin。）

（b）The man who Cathy gave the book to was Kevin.（* 那个人 Cathy 给予书的是 Kevin。）

---

[1]　本章是根据唐承贤（2010）的期刊论文发展而来。

在以上两组句子中，[2a] 和 [3a] 使用的是 pp 结构，而 [2b] 和 [3b] 使用的则是 ps 结构。由此可知，pp 和 ps 须出现在涉及 wh- 词移位和介词是否一同随其前置的结构中。

3.2　问题的提出

对带有 pp 和 ps 这两种句法现象除了英语句法界的共时和历时研究外，第二语言习得研究也从 20 世纪 80 年代起开始予以关注和研究，其中最著名的两项研究是由 Mazurkewich（1984b）和 Bardovi-Harlig（1987）开展的。

Mazurkewich 对 45 名母语为法语和 38 名母语为伊努伊特语的第二语言学习者习得英语与格问句中 pp 和 ps 这两种结构的先后顺序进行了研究；Bardovi-Harlig 是在 Mazurkewich 的研究基础上对来自 15 个不同母语背景的 95 名第二语言学习者习得英语与格问句和关系从句中涉及 pp 和 ps 这两种结构的先后顺序进行了类似的研究。在这两项研究中，Mazurkewich 和 Bardovi-Harlig 都认为，英语中像 [2a] 和 [3a] 这样带有 pp 结构的句子为无标记，而带有 ps 结构的句子则为有标记，其主要理论依据是 van Riemsdijk（1978）根据 pp 结构在世界语言中比较普遍而 ps 结构则较为罕见这一跨语言事实所做的标记判定（以下简称为 van Riemsdijk 的跨语言频率标准）。另外，Mazurkewich 的研究还将 Allen（1980）关于古英语的与格问句中必须使用 pp、且使用 pp 的时间要比使用 ps 早的报道作为判定 pp 为无标记、ps 为有标记的证据（以下简称为 Allen 的历时标准）。这两项开创性的研究因其在第二语言习得研究领域中已被广泛引用（如 Ellis 1994: 422-423；Gass & Selinker 2001: 60；Spolsky 1989：127；White 1986a：312-314，1989：121-126；蒋祖康 1999：97；刘建伟和蔡金亭 2006：44-45 等）而产生了较为深远的影响。然而，她们给 pp 和 ps 所做的标记值判定完全违背了这两种结构在英语中的使用事实：ps 在英语中的使用极为普遍，尤其是在英语口语中；而 pp 在英语口语中几乎听不到，只是在正式的书面语中才鲜有出现。（White 1989: 123；Takami 1992：7；Trask 1996：141-142）根据 Givón（1995：28）的频率分布标准——无标记范畴出现的频率要高于有标记范畴，英语中的 pp 和 ps 在语言使用上所呈现出的这种频率差异决定了 ps 为无标记、pp 为有标记。因此，我们认为，Mazurkewich 和 Bardovi-Harlig 依据 van Riemsdijk 的跨语言频率标准以及 Allen 的历时标准来判定英语 pp 和 ps 的标记值显然不妥。对此我们将从标记判定的频率标准、历时层面上的标记转移、标记颠倒及其语境制约以及 Mazurkewich 和 Bardovi-Harlig 各自的实证研究四个方面予以论述。

3.3　标记判定的频率标准

如何判定两个对立语言成分的标记值呢？就这一问题国内外的学者提出了许多不同的判定标准：Lyons（1977：305-311）从词汇分析的角度区分了形式、分布和语义三条标准；Croft（1990: 72）从跨语言的角度区分了结构、行为、频率以及中和值四条标准（详见 2.3 节）；Givón（1995：28）从功能的角度提出了结构、频率分布和认知三条标准；沈家煊（1999：32-34）在综合传统和现代标记理论的基础上提出了组合、聚合、分布、频率、意义和历时六条标准。尽管各位学者提出的标准不尽相同，但其中有一条标准却较为一致，这就是频率标准。一般意义上，频率标准可理解为：无标记项在一个有代表性的语言样本中出现的频率要高于其对立的有标记项。

Greenberg（1966：65）和 Croft（1990: 84）都认为频率标准是最基本的标准，且具有普遍的应用价值。[1] 根据 Croft（1990: 85）的观点，频率标准分为文本频率标准和跨语言的频率标准，其定义分别为：

> 文本频率：如果有标记项以一定数目的频率出现在某个文本的样本中，那么无标记项至少以相同数目的频率出现在这个文本的样本中。

> 跨语言的频率：如果有标记项在某一语言样本中能够出现在一定数目的语言中，那么无标记项在同一语言样本中至少可以出现在相同数目的语言中。

显然易见，文本频率标准是建立在某一语言文本中的频率之上，其目的通常是用以确定某一语言内对立成分的标记值（Battistella 1990）或用以发现某一语言内对立成分标记值的变化情况（Lightfoot 1991）；而跨语言的频率标准是建立在世界各语言或多语言样本中的频率之上，其目的是用以发现对立成分的跨语言标记模式（Croft ibid）。

---

[1]　许多学者（Andrews 1990: 137-139；Battistella 1990: 38；Beck 2002: 22；Newmeyer 1998: 134）认为频率标准并不可靠，其主要理由是频率标准强调的是形式而忽略了语义。我们认为，就 pp 和 ps 这两种结构而言，它们的区别只是形式上的，即只与介词前置或后吊有关，并不涉及语义上的差异。因此，我们认为频率标准对 pp 和 ps 这两种结构而言是完全合适的。

一般来说，跨语言的频率标准所确定的标记模式与个别语言的文本频率标准所确定的标记值是一致的。例如：在 "格" 这一语法范畴上所建立的跨语言的标记模式是，主格为无标记、宾格为有标记。这一标记模式与俄语等语言的文本频率所确定的主、宾格标记值是相吻合的。但也有语言在 "格" 这一语法范畴上所显示出的标记值与跨语言的标记模式并不一致，如英语，其文本频率表明：宾格为无标记，主格为有标记（Battistella 1990: 148），这显然有悖于跨语言的标记模式。那么，我们应该如何看待这两种标准所反映出的不一致的标记结果呢？[1]

Battistella（1990: 57）沿用了 Trubetzkoy 的观点，认为在标记评价时要区分标记的普遍性和语言特有的标记值并指出："给具有普遍性的标记关系定义时不要依据个别语言，因为语言特有的标记值是根据个别语言系统的事实来指派的。"（Battistella 1990: 61）换言之，跨语言的标记普遍性是建立在对世界各语言或多语言的标记分析的基础之上，而不是依据某一种语言的标记分析结果来确定的。反之，个别语言特有的标记值是根据该语言的具体标记情况而不是根据跨语言的标记普遍性予以指派的。从这个意义上说，跨语言的标记普遍性是使用跨语言的频率标准确定的结果，而语言特有的标记值是使用个别语言的文本频率标准判定之结果；两者如果不同可以并存，但不能相互替代。[2]

就英语 pp 和 ps 的标记值判定而言，如果采用跨语言的频率标准，那就意味着 pp 为无标记、ps 为有标记，因为跨语言的事实是：pp 在世界语言中非常普遍，而 ps 则较为罕见。这是 pp 和 ps 的跨语言的标记模式，或者说，这是 pp 和 ps 在世界语言中所表现出来的标记普遍性。在 Battistella（1990: 148）看来，这种标记普遍性只能反映跨语言的标记事实，而不能代表个别语言所特有的标记值。因此，在判定英语 pp 和 ps 结构的标记值时，我们只能根据这两种结构在英语中的使用频率来加以确定。

综上所述，评价跨语言的标记普遍性的标准与评价语言特有的标记值的标准是不同的；前者可使用跨语言的频率标准来实现，而后者则通过个别语言的文本频率标准来达到。就 pp 和 ps 的标记值判定而言，它们的跨语言标记值判定显然不符合

---

[1] Battistella（1990：148）的观点是，当标记的普遍性和语言特有的标记值不一致时，两者可以并存，即允许跨语言的标记模式与语言特有的标记值不同，如允许跨语言层面上 pp 为无标记 ps 为有标记，而英语中 ps 为无标记 pp 为有标记。

[2] Battistella（1990：157）认为，在分析某一语言时，语言特有的标记关系就要取代跨语言的普遍标记关系。

英语中 pp 和 ps 结构的标记事实，因此，这种跨语言的标记值判定就不能被强加到英语 pp 和 ps 结构的标记值判定上。这就如同 Battistella（1995: 58）在论述标记的使用功能时所举的一个例子：在美国，道路的右侧是无标记的（即汽车靠右行驶）；而在英国以及许多其他国家，道路的左侧是无标记的（即汽车靠左行驶）。因此，在美国过马路时，无标记行为是先看左边；而在英国以及许多其他国家过马路时，无标记行为则是先看右边。如果英国人在美国过马路时还是遵照在自己国家过马路时的无标记行为的话，那么后果肯定不堪设想。同理，在判定语言特有的标记值时我们必须遵循个别语言的标记事实，而不能套用跨语言的标记判定标准。由此可见，Mazurkewich 和 Bardovi-Harlig 依据 van Riemsdijk 的跨语言频率标准来判定英语 pp 和 ps 结构的标记值显然是不合适的。

3.4　历时层面上的标记转移

语言是人类交际的工具。随着人类社会的不断进步，人类所使用的语言也会不断地发展。因此，语言中的标记值也会发生变化，这就是标记转移（markedness shift）。Labov（1994）认为，在语法各层面上的语言变化似乎都与其使用的相对频率有关；当使用频率增加，标记性就会下降；当使用频率下降，标记性就会增加。

标记转移发生在两个层面上：一个是共时层面，另一个是历时层面。共时层面上的标记转移通常是从无标记项向有标记项转移。"人们在交际时通过这种共时上的标记转移，给所使用的语言增添一层特殊的含义（如对比），以达到某种交际目的。"（唐承贤 2003a：20）

历时层面上的标记转移呈现两种趋势：一种趋势是有/无标记性向各自相反的方向发展，即先前的有标记形式转变成后来的无标记形式，或者是先前的无标记形式转变成后来的有标记形式；另一种趋势是有/无标记性同向发展，即"有标记形式和无标记形式的标记性都会逐渐增强，以至于有标记形式最终可能会从语言中消失"（唐承贤 ibid）。Trask（1996: 141-142）曾以英语中的 pp 和 ps 为例来说明这种标记转移。Trask 认为，英语中的 pp 和 ps 这两种形式长期并存、互相竞争，但 pp 一直是有标记形式，而 ps 始终为无标记形式。在英语发展的历史进程中，pp 的有标记性并未下降，反而变得越来越强，其使用频率越来越低，近乎要从英语中消失；而与此相反，ps 则一直保持着无标记性，且其无标记性有越发增强之势。如果这种趋势持续发展下去，那么在未来的英语中我们很可能只会看到 ps 结构而见不到 pp 结构。

　　从标记转移在历时层面上所呈现出的两种趋势来看，Mazurkewich（1984b）在其研究中引用 Allen（1980）有关古英语的与格问句中 pp 的使用时间要比 ps 早，以此作为判定 pp 为无标记、ps 为有标记的标准是站不住脚的。这么说不是否认古英语中 pp 为无标记、ps 为有标记的标记值判定，因为这种标记值判定反映了古英语中 pp 和 ps 这两种语言结构的标记事实，因此是正确的。但关键是，这种依据古英语的事实所判定的标记值是不足以作为判定现代英语中 pp 和 ps 结构的标记值的依据。原因很简单：语言是发展的，而语言中的标记值也会随语言的发展而发生变化：要么有/无标记性向各自相反的方向转移，要么有/无标记性同向增强，标记值根本不可能从古英语到现代英语始终保持不变。古英语中无标记的 pp 形式要么变成现代英语中的有标记形式，要么其无标记性在现代英语中进一步增强；而古英语中有标记的 ps 形式要么变成现代英语中的无标记形式，要么其有标记性在现代英语中进一步增加。那么，现代英语中的 pp 和 ps 结构究竟发生了哪一种标记转移呢？事实上，在现代英语中，pp 在口语中几乎听不到，只有在正式的书面语中才鲜有出现；而 ps 的使用却极为普遍，尤其是在口语中。根据文本频率标准，这一事实无疑表明：古英语中的无标记 pp 结构已变成现代英语中极为罕见的有标记形式，而古英语中的有标记 ps 结构已变成现代英语中极其普遍的无标记形式。

　　在前面讨论历时层面上有/无标记性同向发展时，我们曾引用过 Trask 的观点：长期以来，英语中的 ps 一直为无标记形式，而 pp 则始终为有标记形式，且各自的标记性在不断地同向增强，即 ps 的无标记性变得越来越强，pp 的有标记性也在持续增加，以至于 pp 有可能从英语中消失。根据 Trask 的这一推断我们有理由认为，古英语中的 pp 和 ps 结构的标记转移很可能是在中古英语时期就已完成。这样，古英语中的无标记的 pp 就变成了中古英语中的有标记形式，而古英语中的有标记的 ps 则变成了中古英语中的无标记形式。因此到了现代英语时期，pp 和 ps 结构的标记性就如同 Trask 所说的那样在同向增强。

表 3.1　英语 pp 和 ps 结构的标记发展趋势

	古英语	中古英语	现代英语
介词随伴（pp）	无标记	有标记	有标记性增强
介词后吊（ps）	有标记	无标记	无标记性增强

因此，根据历时层面上的标记转移，英语中的 pp 和 ps 结构的标记发展趋势大致可用表 3.1 予以概括。当然，从古英语到现代英语 pp 和 ps 结构的实际标记转移可能不一定与表中所反映的时期完全吻合，或许古英语中 pp 和 ps 结构的标记转移可能是在中古英语的末期或现代英语的早期完成。但无论如何，一个不可否认的事实是，从古英语到现代英语，pp 和 ps 结构的标记值一定是发生了变化。语言的标记转移规律告诉我们：古英语中的 pp 和 ps 结构的标记值绝不可能代表现代英语中的 pp 和 ps 结构的标记值。

3.5　标记颠倒及其语境制约

3.4 节讨论了历时层面上的标记转移，如果有 / 无标记性向各自相反的方向发展，那么其结果势必就是标记发生颠倒，即先前的有标记形式转变成后来的无标记形式，或者是先前的无标记形式转变成后来的有标记形式。这是因为语言是发展的，而语言中的标记值同样不可能固定不变。由此可见，Mazurkewich 和 Bardovi-Harlig 依据 Allen 一成不变的历时标准来判定英语 pp 和 ps 结构的标记值显然站不住脚。另一方面，从 3.3 节讨论的文本频率标准和跨语言频率标准的结果来看，英语 pp 和 ps 结构的标记特征并未遵循这两个结构在跨语言样本中所反映出来的标记模式。换言之，相对于 pp 和 ps 结构的跨语言标记模式英语中的这两个结构发生了标记颠倒。而 Mazurkewich 和 Bardovi-Harlig 所依据的 van Riemsdijk 的跨语言频率标准显然忽视了这种标记颠倒现象，因此，运用这样的标准来判定英语 pp 和 ps 结构的标记值同样是不可接受的。

很明显，文本频率标准与跨语言频率标准所导致的不同标记值的判定和历时层面上的标记转移这两种情形都涉及标记颠倒，而且更重要的是，标记颠倒将影响人们对语言形式标记值的判定。因此，本节将简要讨论标记颠倒及其语境制约。

从前面的讨论中我们可以看出，标记颠倒是指标记值发生了反向变化，即原来的无标记值变成了现在的有标记值，或原来的有标记值变成了现在的无标记值。标记颠倒是语言变化（不论是共时层面还是历时层面）的结果。语言变化是常态，因此，标记颠倒也是语言中的常见现象，可以发生在语言的各个层面上并且受到一定的语言文化语境的制约。

在音位层面上，音位特征的标记值常常依据同现特征的语境而出现颠倒，即在

一种音位语境中是有标记的而在另一种音位语境中则是无标记的。Battistella（1990:
54）把这种语境称为"同现语境"（simultaneous context）。同现语境下出现的标记
颠倒的例子如，清浊音（voiceless/voiced）对立中区别性特征 [＋浊音]（指声带振动）:
在发元音和响音时属于无标记特征，但在发辅音时则属于有标记特征（是区分清浊
辅音的重要标记特征）；清音相对于元音和响音是有标记特征，但相对于清辅音是
无标记特征。标记颠倒也出现在 Battistella（1990: 54）所称的"相邻语境"（sequential
context）中。例如：辅音 /t/ 孤立地看总是属于无标记的，但若出现在与 /d/、/l/ 或另
一 /t/ 相邻的场合，那么 /t/ 则被分析为有标记的。（Battistella 1990: 55）

　　在词汇层面上，大多数英语有生名词的标记模式是：阳性为无标记项、阴性为
有标记项。然而，英语中也有少数有生名词的阴性为无标记项、阳性为有标记项。
例如：英语中雌性的 cow, duck, goose, hen 等是无标记项，而雄性的 bull, cock, drake,
gander 等则是有标记项；英语中还有 bride，widow 等阴性有生名词为无标记项，而
其对应的 bridegroom，widower 等阳性有生名词则为有标记项；在表示职业的英语有
生名词中，多数职业是男性和女性都可以担任，因此无须区分性别，但由于社会分
工的不同有些职业已明显表现出性别特征，如英语中 model, nurse, secretary 等职业
通常为女性担任，因而指女性是无标记的；而 athlete, judge, senator 等职业多为男
性担任，因而指男性则为无标记的。制约这些有生名词标记颠倒的因素是与人类社
会活动和文化习俗息息相关的。

　　在语法层面上，标记颠倒也比比皆是。有一种标记颠倒与有生命 / 无生命（animate/
inanimate）对立相关，并取决于名词（短语）是作主语还是作直接宾语。根据
Battistella（1990: 59）的观点，主语的典型特征是其"施事性"（agentive）或"意愿性"
（volitional），因此，"有生命"是主语的无标记特征；直接宾语常常是受动词影响
的"受事"（patient），所以"无生命"就是直接宾语的无标记特征。例如：

　　[4]（a）A man opened the door.（一个男子打开了门。）

　　　　（b）The door opened.（门打开了。）

　　[4a] 的主语是 a man（一个男子），符合"有生命"特征，因而是无标记的；直
接宾语 the door（这扇门）显然具有"无生命"特征，同样为无标记。然而，[4b] 的
主语 the door 原是 [4a] 的直接宾语，只具有"无生命"特征而不具有作为主语所应
有的"有生命"特征，所以自然属于标记颠倒现象。再比如，英语中有关数的标记

模式是单数为无标记、复数为有标记。但是，那些表示以"对"（pair）自然出现的指称对象的名词却显示出完全相反的标记模式，即复数为无标记而单数为有标记。例如：binoculars（双筒望远镜），boots（长统靴子），earrings（耳环），glasses（眼镜），gloves（手套），shoes（鞋子），shorts（短裤），slippers（拖鞋），socks（短袜），spectacles（眼镜），stockings（女用长筒袜），trousers（裤子）等词一般都是以复数形式出现才为自然，因而是无标记形式；否则就不自然，为有标记形式。这类标记颠倒是人类社会现实生活语境的反映，是受社会文化习俗语境制约的。

在语义层面上，上述几个层面（音位层面除外）上的标记颠倒都涉及语义。词汇层面上所举的职业词汇例子都涉及指称对象的性别，而词汇的指称对象自然与语义密切相关。"护士"指女性，要指男性则要说"男护士"；"法官"通常为男性，而指女性则要说"女法官"；"幼师"一般为女性担任，而要指明男性则须说"男幼师"。语法层面上所说的名词的"有/无生命"特征自然属于语义特征，因此语法层面上的标记颠倒同样与语义关联；而语义层面上的标记颠倒常常是现实世界对语言结构影响的结果。显而易见，标记颠倒可以发生在语言的各个层面上，而且是语言使用变化的产物，但标记颠倒绝不是无理据的，而是要受制于不同的语境。因此，语言形式的标记值判定就不能不考虑语境的制约作用；否则，类似于 Mazurkewich 和 Bardovi-Harlig 在英语 pp 和 ps 结构的标记值判定上所犯的错误将不可避免。

3.6 Mazurkewich 和 Bardovi-Harlig 的实证研究

在 3.2 节我们提到了 Mazurkewich（1984b）和 Bardovi-Harlig（1987）开展的两项实证研究。下面我们就这两位学者的研究结果来考察 pp 和 ps 结构的标记性问题。

Mazurkewich 对 45 名母语为法语（简称 F 组）和 38 名母语为伊努伊特语（简称 I 组）的第二语言学习者习得英语与格问句中 pp 和 ps 这两种结构的先后顺序进行了研究。研究采用的是实验组加控制组的方法：实验组分为 F 组（平均年龄 18 岁）和 I 组（平均年龄 17 岁），每组根据完形考试成绩又分为初级组、中级组和高级组；控制组为两个，第一控制组是平均年龄 12.3 岁的七年级学生，而第二控制组是平均年龄 15.6 岁的十年级学生。研究工具采用的是书面测试形式，要求受试对测试句（均为陈述句）中的划线部分提问。测试句共有四类，其中包括干扰类。由于另外两类与我们这里要讨论的问题相关性不大，所以我们只选择前两类来说明，分别如例 [5] 和例 [6] 所示：

[5]（a）Peter threw a football <u>to Phillip.</u>（Peter 把一只足球扔给 Phillip。）

（b）Diane baked a cake <u>for Nicole.</u>（Diane 为 Nicole 烤了一只面包。）

[6]（a）Peter threw <u>Phillip</u> a football.（Peter 扔给 Phillip 一只足球。）

（b）Diane baked <u>Nicole</u> a cake.（Diane 拷给 Nicole 一只面包。）

例 [5] 涉及第一类测试句,与格名词（短语）出现在由 to 或 for 引导的介词短语中;例 [6] 涉及第二类测试句,与格名词（短语）出现在双宾语结构的第一个宾语位置上。这两类测试句得到的结果 [1] 分别如例 [7] 和例 [8] 所示:

[7] 带有有标记的 ps 结构的与格问句

（a）Who(m) did Peter throw a football to?（* 谁 Peter 扔一只足球给?）

（b）Who(m) did Diane bake a cake for?（* 谁 Diane 烤了一只面包为?）

[8] 带有无标记的 pp 结构的与格问句

（a）To who(m) did Peter throw a football?（给谁 Peter 扔了一只足球?）

（b）For who(m) did Diane bake a cake?（为谁 Diane 烤了一只面包?）

Mazurkewich（1984b: 124）对实验组和控制组进行测试所获得的像例 [7] 和例 [8] 这样的结果分别如表 3.2、表 3.3、表 3.4 和表 3.5 所示:

表 3.2　对 Peter threw a football <u>to Phillip</u> 的测试结果分布（%）

	控制组 I	控制组 II	F 实验组			I 实验组		
	（N=6）	（N=6）	初（N=23）	中（N=7）	高（N=15）	初（N=12）	中（N=8）	高（N=18）
有标记	76.5	53.4	5.0	14.3	18.7	46.7	42.5	49.5
无标记	16.7	43.3	27.0	22.9	40.0	11.6	17.5	25.8

表 3.3　对 Peter threw <u>Phillip</u> a football 的测试结果分布（%）

	控制组 I	控制组 II	F 实验组			I 实验组		
	（N=6）	（N=6）	初（N=23）	中（N=7）	高（N=15）	初（N=12）	中（N=8）	高（N=18）
有标记	83.3	66.6	4.3	5.7	16	33.3	62.5	40.4
无标记	6.7	20.0	14.1	8.6	18.7	8.3	12.5	18.0

[1]　Mazurkewich（1984b）原来的测试结果一共分为六类。由于其他几类与我们要讨论的问题相关性不大,所以我们只选取了前两类（即有标记和无标记）予以说明。因此,每个表格中的纵向百分比之和并不等于 100%。

表 3.4 对 Diane baked a cake <u>for Nicole</u> 的测试结果分布（%）

	控制组 I	控制组 II	F 实验组			I 实验组		
	（N=6）	（N=6）	初（N=23）	中（N=7）	高（N=15）	初（N=12）	中（N=8）	高（N=18）
有标记	70.0	63.3	5.9	2.9	12.0	36.6	55.0	39.4
无标记	16.7	16.7	30.7	28.6	42.7	10.0	15.0	25.8

表 3.5 对 Diane baked <u>Nicole</u> a cake 的测试结果分布（%）

	控制组 I	控制组 II	F 实验组			I 实验组		
	（N=6）	（N=6）	初（N=23）	中（N=7）	高（N=15）	初（N=12）	中（N=8）	高（N=18）
有标记	76.6	70.0	3.4	5.7	9.4	41.6	62.5	41.6
无标记	6.7	16.7	14.7	11.4	21.4	5.0	7.5	21.4

　　需要指出的是，Mazurkewich 在自己的研究中认为带有 pp 结构的与格问句为无标记，如例 [8] 所示；而带有 ps 结构的与格问句则为有标记，如例 [7] 所示；同时，她的研究目的是要证明这样一种理论假设：无标记项的习得先于有标记项。根据以上四个表格中的数据，Mazurkewich 竟然得出这一假说得以验证的结论，其主要依据就是母语为法语的实验组使用 pp 结构的百分比大大超过 ps 结构使用的百分比，以及母语为伊努伊特语的实验组使用 pp 结构的百分比随着语言水平的增加而增加。实际上，这样的结论是站不住脚的。首先，法语和汉语一样与格问句不允许 ps 结构，只允许 pp 结构，因此，母语为法语的实验组结果完全可以理解为是母语迁移造成的。（Kellerman 1985；White 1986a）其次，如果真的是无标记项的习得先于有标记项，那么母语控制组为什么没有遵守这一原则（母语组的 ps 结构使用百分比要远远高于 pp 结构的使用百分比）呢？这显然不合乎逻辑。再者，母语为伊努伊特语的实验组在这两个结构的使用百分比上也与母语控制组十分相近，这样的结果也没有支持 Mazurkewich 的结论。为什么会出现这样的情况？唯一的答案就是，Mazurkewich 对 pp 和 ps 结构的标记值的判定是错误的；只有颠倒过来，即将 ps 结构判定为无标记、pp 结构判定为有标记，那么，Mazurkewich 的研究结果就可以得到完全自然而合理的解释：母语为伊努伊特语的实验组如同母语控制组是完全遵守无标记项的习得先于有标记项这一原则，而母语为法语的实验组之所以没有遵守这一原则是因为母语迁移使然。

　　Bardovi-Harlig 是在 Mazurkewich 的研究基础上对来自 15 个不同母语背景（主要

是没有或不显示 ps 结构特征的阿拉伯语、汉语、马来语、韩语、日语等）的 95 名第二语言学习者习得英语与格问句和关系从句（如 3.1 节的例 [2] 和例 [3] 所示）中涉及 pp 和 ps 这两种结构的先后顺序进行了类似的研究。Bardovi-Harlig 与 Mazurkewich 一样也认为，pp 结构为无标记、ps 结构为有标记。该研究的目的是要发现这两种结构的习得顺序以及造成这种习得顺序的原因。研究结果显示，有标记的 ps 结构习得要先于无标记的 pp 结构，即便是那些母语没有或不显示 ps 结构特征的第二语言英语学习者也是这样。Bardovi-Harlig 将这样的结果解释为是 ps 结构在英语中高频率出现而产生的突显性（salience）使然。ps 结构在英语中出现频率高且具有突显性，从而使那些母语中没有或不显示 ps 结构特征的第二语言学习者也能够成功习得这一结构，这足以说明：ps 结构是无标记形式，而其对应的 pp 结构因其在英语中出现频率极低而成为有标记形式。Bardovi-Harlig 的实验结果进一步支持了 Battistella（1990: 57）的观点："有时某一语言的事实会压倒跨语言的自然性，这样对某一语言对立形式的（标记）评价就会与跨语言的评价标准不同。"

3.7 结 语

以上我们从标记判定的频率标准、历时层面上的标记转移、标记颠倒及其语境制约以及 Mazurkewich（1984b）和 Bardovi-Harlig（1987）各自的实证研究结果四个方面对 Mazurkewich 和 Bardovi-Harlig 给英语 pp 和 ps 结构的标记值所做的判定进行了较为充分的讨论。我们认为，Mazurkewich 和 Bardovi-Harlig 对英语 pp 和 ps 这两种结构所做的标记值判定不能成立。一方面，她们的标记值判定所依据的 van Riemsdijk 的跨语言频率标准是判定跨语言的标记普遍性的标准，因而不能用以判定某一语言特有的标记值。根据 Battistella（1990: 61）的观点，语言特有的标记值只能依据个别语言的事实予以指派。所以，英语 pp 和 ps 结构的标记值必须依据这两个结构在英语文本中的实际使用频率予以判定，而不能套用跨语言的频率标准。

另一方面，Mazurkewich 关于 pp 和 ps 结构的标记值判定所依据的 Allen 的历时标准只能反映这两种结构在古英语文本中的使用情况，而不能代表这两种结构在现代英语文本中的使用事实。这是因为语言的标记值不是固定不变的，而是随语言的发展发生标记转移。正如 Battistella（1990: 67）所说："因为不同的语言系统对概念和范畴具有不同的评价，所以语言的标记值不论是在跨语言层面上还是在历时层面上都会发生变化。"因此，在评价个别语言的标记值时，我们不能依据跨语言的标记评价标准而是要按照个别语言在特定时期所特有的标记事实来确定其标记值。

此外，标记颠倒不仅是某一语言的常见现象，而且在历时层面和跨语言层面上也都可能会屡见不鲜。实际上，现代英语中 pp 和 ps 结构之所以成为有标记和无标记是因为这两种结构在历时层面和跨语言层面上都发生了标记颠倒，而标记颠倒的发生是要受各种语境制约的。因此，任何语言形式的标记值判定都是不能忽视这些语境制约因素而为之的。在第二语言习得研究中，无标记形式的习得要先于有标记形式的习得这一理论假设得到了许多实证研究的支持（详见4.2节的论述），包括本章3.6节讨论的 Mazurkewich 和 Bardovi-Harlig 有关 pp 和 ps 结构的这两项实证研究；这是因为语言中无标记形式相对于有标记形式更为基本、更为常见，所以更容易被注意到和习得。

第4章　标记理论在第二语言习得研究中的应用 [1]

4.1　引　　言

标记理论是 20 世纪 30 年代由布拉格学派的两位语言学大师 Trubetzkoy 和 Jacobson 创立的。这一理论的核心是标记概念，它是指语言中的一种对立和不对称现象；两个对立的语言成分中具有某一区别性特征的是有标记的（marked），而缺少这一区别性特征的则是无标记的（unmarked）。例如：在 /t/ 和 /d/ 这两个对立音素中，前者是无标记的，因为 /t/ 缺少一个带有声带振动的区别性特征"浊音"（voicing）；后者则因为包含了这一区别性的浊音特征而成为有标记。

继布拉格学派之后，许多语言学家，如 Chomsky（1981），Croft（1990），Givón（1995），Greenberg（1966）等，都对标记理论开展了广泛而深入的研究，从而充实和发展了这一理论。标记理论的研究范围也由当初主要集中在音位方面扩展到了形态、句法、语义、语用、认知、类型学等方面；标记模式也由原来对立的二分模式发展成为多分模式，即有无标记是个程度问题，同时原来一个范畴的标记模式变成现在的两个或多个范畴相互关联的标记模式。（沈家煊 1997）此外，确定一个范畴有无标记的标准不仅要从语言的结构、屈折变化、分布和使用频率等方面来看，而且还要结合跨语言比较、语义范围的宽泛程度和认知复杂程度等方面。（唐承贤 2003a）一言以蔽之，标记理论的发展是与其广泛的应用分不开的。

20 世纪七八十年代，标记理论开始应用于第二语言习得研究，旨在帮助解释和揭示第二语言习得这一复杂过程的本质。本章探讨的是标记理论对第二语言习得顺序、第二语言的学习困难以及第二语言习得中母语迁移等问题的预测和解释，以揭示这一理论在第二语言习得研究中的成就与不足。

---

[1]　本章是根据唐承贤（2005）的期刊论文发展而来。

4.2 标记理论与第二语言习得顺序

第二语言学习者的语言发展就总体而言是系统而有序的。针对这样的有序性第二语言习得研究给予了不同的解释，诸如自然顺序、语义句法复杂程度、感知突显性（perceptual salience）、功能透明性（functional transparency）、语言输入频率、语言处理制约因素（processing constraints）（Larsen-Freeman & Long 1991）等说法。标记理论对第二语言习得顺序提出了一种不同的假设，无标记形式或标记程度低的形式的习得要先于有标记形式或标记程度高的形式的习得。标记理论的这一假设是以中介语的发展阶段似乎反映了所学语言结构固有的复杂程度（即它们的标记程度）为基础的，而标记概念是根据 Chomsky 的普遍语法理论予以界定的，即属于核心语法的原则和参数是无标记的，而边缘语法内的特征则为有标记的，且前者的习得要先于后者。因此，在第二语言习得研究中很多学者试图通过实证研究来验证无标记形式的习得要先于有标记形式的习得这一假设。

Wode（1978，1984）通过对母语为德语的第二语言学习者习得英语否定结构的研究发现：在第二语言习得的早期学习者首选的是"动词之前否定"（preverbal negation）模式，即便母语是"动词之后否定"（postverbal negation）模式，这说明第二语言否定式的习得模式是"主语＋否定词＋动词短语"，即动词之前否定。根据 Dahl (1979) 的调查，在世界语言中动词之前否定多于动词之后否定。按照类型学的标记确定标准，动词之前否定相对于动词之后否定为无标记，这就是说，无标记的动词之前否定的习得要先于有标记的动词之后否定的习得。由此可见，Wode 的研究可谓是对标记理论这一假设的佐证。Ellis（1994: 99-100）对多个有关英语否定结构的研究（如 Adams 1978；Butterworth & Hatch 1978；Milon 1974 等）考查后发现：作为第二语言英语的否定式的习得模式（见表 4.1）基本遵循了"先动词之前否定，后动词之后否定"这一习得顺序。

表 4.1　第二语言英语否定式的习得顺序

阶段	描述	示例
1	外部否定	No you are playing here.[不（许）你在这里玩。]
2	内部否定	Mariana not coming today.（Mariana 不今天来。）
3	情态动词之后否定	I can't play that one.（我不能玩那一个。）
4	助动词之后否定	She didn't believe me.（她不相信我。）

　　Mazurkewich（1984a）对母语分别为法语和伊努伊特语的两组第二语言学习者习得英语双宾结构中与格交替（dative alternation）的情况进行了实证研究。所谓与格交替是指与格动词后接的两种不同结构：一种是无标记的 [NP PP] 结构，即与格名词短语出现在介词短语中；另一种是有标记的 [NP1 NP2] 结构，即与格名词短语出现在双宾语结构中的第一个宾语位置上，如例 [1] 和例 [2] 所示：

[1] SV+ [NP PP]（主谓＋[*名词短语　介词短语*]）

　　（a）William sent a memo to Isabel.（William 给 Isabel 寄去一张便条。）

　　（b）William bought a present for Isabel.（William 为 Isabel 买了一件礼物。）

[2] SV+ [NP$_1$ NP$_2$]（主谓＋[*名词短语 $_1$　　名词短语 $_2$*]）

　　（a）William sent Isabel a memo.（William 寄去一张便条给 Isabel。）

　　（b）William bought Isabel a present.（William 买给 Isabel 一件礼物。）

该研究采用的测试句除了有例 [1] 和例 [2] 这样的允许与格交替的句子，同时还增加了一些不允许与格交替的句子，如例 [3] 和例 [4] 所示：

[3]（a）Sam collated the article for Joan.（Sam 为 Joan 校对文章。）

　　（b）*Sam collated Joan the article.（*Sam 校对 Joan 文章。）

[4]（a）They named the child Ben.（他们给小孩取名 Ben。）

　　（b）*They named Ben to the child.（* 他们取名 Ben 给小孩。）

　　Mazurkewich 采用的研究工具为直觉判断，即要求受试（包括两个实验组和两个不同年龄段的母语对照组）判断所给的测试句是否合乎语法 / 可以接受。实验结果显示：两个实验组在包含无标记的 [NP PP] 结构的测试句判断上的表现要好于他们在包含有标记的 [NP$_1$ NP$_2$] 结构的测试句判断上的表现；这说明前者的习得要先于后者，即无标记的 [NP PP] 结构的习得要先于有标记的 [NP$_1$ NP$_2$] 结构。

　　此外，Kellerman（1979）对第二语言的语义习得顺序 [核心词义——如 He broke a cup（他打碎了一只杯子）句子中的 broke——的习得要先于边缘词义——如 He broke her heart（他伤了她的心）句子中的 broke——的习得] 的研究、Gass 和 Ard（1984）对第二语言学习者有关英语进行时的核心功能（如 He's reading now/ 他现在正在读书）与边缘功能（如 He's leaving tomorrow/ 他将于明天动身）的习得顺序（前者的习得要先于后者）的研究等也都在一定程度上支持了无标记形式的习得要先于有标记形式的习得这一假设。还有我们在第 3 章讨论的 Mazurkewich（1984b）

和 Bardovi-Harlig（1987）关于第二语言学习者习得英语 pp 和 ps 这两种结构的实证研究也表明：无标记的 ps 结构的习得要先于有标记的 pp 结构。

在自然语言使用中，无标记现象总是多于有标记现象。（桂诗春 1992）这一事实与无标记形式的习得先于有标记形式的习得这一假设是相吻合的。但是，我们必须看到，标记理论对有标记和无标记的确定标准只是基于语言本身的情况，没有考虑到学习者的个体差异，如动机、兴趣、记忆力、认知能力等，而这些差异很可能会影响学习者对某一语言形式有无标记的判断，进而影响其习得顺序。另外，学习环境、教材、教学方法等对有标记形式和无标记形式的习得顺序也会产生影响。

4.3 标记理论与第二语言学习困难

第二语言学习困难一向是第二语言习得研究所关注的问题。兴起于 20 世纪五六十年代的"对比分析"（Contrastive Analysis）试图通过比较学习者的母语与所学语言之间的差异来预测和解释第二语言学习的难易程度，从而产生了"对比分析假说"（Contrastive Analysis Hypothesis，简称 CAH）。根据这一假说，学习者的母语和所学语言之间的差异等于学习困难，即在这些差异之处学习者容易犯错，而且差异越大困难也就越大；反之，这两种语言之间的相同之处不仅不会产生学习困难，而且还会促进语言学习。

然而，之后的一些实证研究（如 Alatis 1968；Gradman 1971；Richards 1971 等）结果却并不能令人满意。这是因为 CAH 所预测的错误常常没有出现，而实际出现的错误常常又是 CAH 没有预测到的。随后出现的"错误分析"（Error Analysis）试图通过研究学习者所犯的错误来解释第二语言的学习困难，但结果仍不能令人满意。到了 20 世纪 70 年代，标记理论开始应用于第二语言习得研究之中。Eckman（1977）根据标记理论提出了"标记差异假说"（Markedness Differential Hypothesis，简称 MDH），对第二语言学习的困难做出了三种预测和解释：① L2（即第二语言）中那些不同于 L1（即母语）且标记程度更高的区域学习时会有困难；② L2 中那些不同于 L1 且标记程度更高的区域学习时其困难程度等于其标记程度；③ L2 中那些不同于 L1 且标记程度低于 L1 的区域学习时不会有困难。

显然，MDH 与 CAH 都是要预测和解释第二语言学习的困难，但它们之间的最大不同点就是 MDH 不再像传统的 CAH 那样将差异与难学、相同与易学简单地等同起来，而是把学习困难与语言间的差异以及标记程度联系起来，从而能够更好地预测和解释为什么有些差异会造成学习困难，而有些差异则不会造成学习困难，尤其是能够解释为什么有些差异会造成单向性的学习困难，即在 A、B 语言的一些差异中，母语为 A 语言的学习者学习 B 语言时会有困难，而母语为 B 语言的学习者学习 A 语言时却没有困难。最典型的例子就是，Eckman 于 1977 年调查了英国人学习第二语言德语和德国人学习第二语言英语的情况，重点对英德两种语言中清浊音对立（voice contrast）进行了调查和研究，结果发现在英语中清浊音对立可出现在词首、词中和词尾；而德语中清浊音对立只能出现在词首和词中，不能出现在词尾，词尾只出现清爆破音。Eckman 依据类型学的标记确定标准，认为词尾上的清浊音对立的标记程度要高于词中的清浊音对立的标记程度，而词中的清浊音对立的标记程度又高于词首的清浊音对立的标记程度。这样，德国人学习英语时发词尾的浊爆破音就有困难，而英国人学习德语时发词尾的清爆破音就很容易。这是因为英语词尾的浊爆破音是有标记的，而德语词尾的清爆破音则为无标记。

　　MDH 这一假说还依据标记理论来预测和解释第二语言学习的困难程度——第二语言学习的困难程度与其标记程度成正比，即在第二语言中标记程度越高的项目就越难学。Schmidt（1980）的研究就是一个证明；Schmidt 在研究来自五种不同母语背景的第二语言学习者使用英语并列结构的省略情况时发现：在英语三种省略现象中（如表 4.2 所示），学习者使用第一、二类省略情况明显好于第三类（其中学习者使用第一类省略情况又略好于第二类），这说明第三类省略最难。Schmidt 由此推断：动词省略的标记程度要高于主语省略，而宾语省略的标记程度又要高于主语省略和动词省略，因此学习起来最难。

表 4.2　第二语言学习者使用英语并列结构的省略情况（根据 Ellis 1985: 203）

省略类型	示例
1 并列结构中的主语省略	John sang a song and played a guitar.（John 唱歌弹吉他。）
2 并列结构中的动词省略	John plays the piano and Mary the violin.（John 弹钢琴，Mary 拉提琴。）
3 并列结构中的宾语省略	John typed and Mary mailed the letter.（信由 John 打字 Mary 寄出。）

　　此外，Eckman（1985）还借用 Keenan 和 Comrie（1977）关于"可及性等级"（accessibility hierarchy，简称 AH）的研究来进一步支持自己所提出的 MDH 假说。AH 是 Keenan 和 Comrie 根据对世界上 50 多种语言中的名词短语关系化（relativization）

位置（即关系从句建构方式）的研究提出的。AH 等级的主要依据是关系词在关系从句中的位置，而且这些位置之间存在着蕴涵关系，如下所示：

SU（主语）＞DO（直接宾语）＞IO（间接宾语）＞OBL（旁格）＞

GEN（属格）＞OCOMP（比较的宾语）　　　　　　　　　　（4-1）

表达以上这种蕴涵关系的英语关系从句见例 [5]。（引自 Odlin 1989: 100）

[5]（a）The musician **who** played at the concert is from China.（在音乐会上演奏的那位音乐家来自中国。）（关系词在从句中作主语）

（b）The musician **whom** we met at the concert is from China.（我们在音乐会上碰见的那位音乐家来自中国。）（关系词在从句中作直接宾语）

（c）The musician to **whom** we sent the message is from China.（我们将消息发给的那位音乐家来自中国。）（关系词在从句中作间接宾语）

（d）The musician from **whom** we got the message is from China.（我们从其获得消息的那位音乐家来自中国。）（关系词在从句中作旁格 / 介词宾语）

（e）The musician **whose** son played at the concert is from China.（其儿子在音乐会上演奏的那位音乐家来自中国。）（关系词在从句中作属格）

（f）The musician **who** George is taller than is from China.（George 比其个头高的那位音乐家来自中国。）（关系词在从句中作比较的宾语）

根据 Keenan 和 Comrie 的观点，公式（4-1）表示的是一种蕴涵关系：若一种语言在其低位上（如在 IO 位置上）出现名词短语关系化，那么这种语言在 IO 之前的两个位置（分别为 SU 和 DO）上都有名词短语关系化；反之则不然。同时，关系化位置越低，其可及程度就越低；反之其可及程度则越高。根据 Eckman 的解释，公式（4-1）中的符号＞表示前项的标记程度和困难程度小于后项。这样，最高位置上的 SU（主语）的标记程度和困难程度最低，而最低位置上的 OCOMP（比较的宾语）的标记程度和困难程度则最高。这一观点得到了 Hyltenstam（1981）的实证研究的支持。Hyltenstam 按照 AH 的六种不同关系词位置对来自四个不同母语背景的第二语言学习者使用瑞典语关系从句的情况进行了考查，结果发现这些受试使用关系从句时所犯的错误模式与 AH 等级完全吻合，即他们在关系化位置越低位置上犯的错误越多，而在关系化位置越高位置上犯的错误则越少。

那么，在第二语言学习中如何克服有标记形式带来的学习困难呢？Bardovi-Harlig（1987）曾提出，在语言输入中增加有标记形式的出现频率，因为一般来说无标记形式的出现频率要高于有标记形式。由此可见，在语言输入中增加有标记形式的出现频率是克服有标记形式学习困难的一种行之有效的办法。因此，我们在课堂教学中应该针对具体的语言学习难点有重点地予以讲解，并提供一定数量的相应示例，以便给学生增加学习难点的语言输入。同时，要定期或不定期地进行温习以增加这些知识的积淀。

4.4　标记理论与母语迁移

掌握了母语知识的人在学习第二语言时其母语肯定会对第二语言的学习产生影响，这种影响主要表现为"迁移"（transfer）和"回避"（avoidance）。迁移分"正向迁移"（positive transfer）和"负向迁移"（negative transfer）：正向迁移是指母语知识会促进第二语言学习，而负向迁移则意味着母语知识会干扰第二语言学习。回避是指学习者回避第二语言中那些自己感到困难的语言结构，实际上回避也是母语知识干扰所致，可以理解为一种隐性的负向迁移。

从 20 世纪七八十年代开始，研究母语迁移的学者（Eckman 1977；Gass 1979；Kellerman 1979；White 1986a，1987；Zobl 1980 等）发现：影响母语迁移的因素主要有语言因素和非语言因素 [详见唐承贤（2003b）]，其中之一是标记因素，即不同的母语特征是否会被迁移要取决于其标记程度，具体表现为以下两种观点：一是当相应的目的语形式为有标记时，学习者会迁移母语中的无标记形式；二是当相应的目的语形式为无标记而母语形式为有标记时，学习者不会迁移母语中的有标记形式。Ellis (1985: 206) 将标记理论与母语迁移之间的关系概括为表 4.3。

表 4.3　标记理论与母语迁移

母语	目的语	中介语
1　无标记	无标记	无标记
2　无标记	有标记	无标记
3　有标记	无标记	无标记
4　有标记	有标记	无标记

从表 4.3 中所列出的四种情况我们不难看出，上述第一种观点正是表中的第一、二种情况的反映；而上述第二种观点则是表中第三、四种情况的体现。

以上两种观点可以从 4.3 节已经提及的 Eckman 关于英德两种语言中词尾的清浊音对立的调查结果得到支持。德国人因为自己母语的词尾中只有清音（无标记音）而无浊音（有标记音），所以学习第二语言英语时发词尾的清浊音对立就有困难，这种困难正是来自德国人迁移自己母语中无标记的清音；而英国人学习第二语言德语时发词尾清音就没有困难，因为英国人不会迁移自己母语中有标记的浊音。

James（1998: 182-183）还以英国人学习第二语言葡萄牙语时会犯误加主语的错误以及葡萄牙人学习第二语言英语时不会遗漏主语这样的事实说明以上两种观点是正确的。James 认为，葡萄牙语是"无主语语言"（pro-drop language），而英语是"有主语语言"（non-pro-drop language）。从类型学的角度看，无主语现象是有标记的，有主语现象是无标记的。所以，英国人学习葡萄牙语时就会感到困难，从而将母语中无标记的有主语项迁移至中介语中；与此相反，葡萄牙人学习英语时不仅不会迁移有标记的无主语项，而且也不会忘记给英语句子加上适当的主语。

虽然以上两种观点得到了一些研究的支持，但是不少学者对上述第二种观点——当相应的目的语形式为无标记而母语形式为有标记时，学习者不会迁移母语中的有标记形式——提出了异议。White (1986a, 1987) 根据自己的研究提出这样的观点：第二语言学习者不仅会迁移母语中的无标记形式，也会迁移母语中的有标记形式。例如：White（1987）运用语法判断形式对母语为英语的第二语言法语学习者使用双宾语结构（如 [6a] 所示）的情况进行了研究。

[6]（a）Johm gave Fred the book.（Johm 给了 Fred 这本书。）

（b）Johm gave the book to Fred.（Johm 把这本书给了 Fred。）

英语有像 [6a] 这样的双宾语结构，也有像 [6b] 这样的单宾语加介词短语作间接宾语的结构。从跨语言标记标准看，单宾语加介词短语结构为无标记，而双宾语结构为有标记。White 的研究结果发现：这些母语为英语的法语学习者非常乐意迁移英语中有标记的双宾语结构。此外，Zobl (1983) 也认为有标记形式会被迁移，因为当某一个目的语规则为有标记时，学习者就不能轻易通过投射机制 (projection device) 来获得这一规则，所以他 / 她就会依靠自己的母语，并准备迁移母语中某个有标记规则来解决学习问题。不过，Zobl 也指出，一个有标记形式能否被迁移须满足三个条件：生成能力强（productive）、使用频率比较高和不会马上消失（not on the way out）。

中国学生在使用英语时也会迁移汉语中无标记表达式和有标记表达式。例如：

我们常常发现学生在使用英语时经常会忘记给英语复数名词加 -(e)s 或忘记给英语动词过去式和过去分词加 -ed。就这几个表达式而言，汉语都是无标记的，而英语则是有标记的。这说明他们迁移了汉语中的无标记表达式。就迁移汉语中有标记表达式而言，我们从学生在英语口语中经常犯的错误中可见一斑（如例 [7] 中的划线部分所示）。

[7] *<u>Although</u> I tried my best, <u>but</u> I failed the exam.（虽然我尽了最大努力，但是我考试还是没有通过。）

例 [7] 显示，相对于英语表达式"although"，汉语表达式"虽然……但是"要复杂一点。根据语言复杂程度这一标记确定标准，汉语的这一表达式是有标记的。因此，我们可以认为学生在上述这一错误中迁移了有标记的汉语表达式。

由此看来，对第二语言学习者是否迁移母语中有标记形式或规则的判断可能与我们对标记概念的理解有关；有时候我们确实很难判断哪些特征相对于其他一些特征是有标记的还是无标记的。另外，学习者的脑子里可能也有个标记判断标准，Kellerman (1983) 称之为"心理语言标记"(psycholinguistic markedness)。学习者很可能会根据自己对标记的判断来决定迁移什么不迁移什么。

4.5　结　语

本章讨论的是标记理论在第二语言习得研究中的应用。通过以上讨论我们不难看出，标记理论对第二语言习得顺序、第二语言学习困难以及第二语言习得中的母语迁移等问题具有一定的解释力，但这种解释力似乎还不够充分，说明标记理论本身还存在着缺陷，因为第二语言习得不仅仅是学习者学习语言这一行为的体现，而且还与学习者的认知过程有关。由于标记理论只是建立在语言本身的有无标记性的基础之上，很少涉及人们学习和使用语言的认知过程，所以标记理论也就无法充分解释第二语言习得这一复杂过程。尽管如此，标记理论在第二语言习得研究中的应用对我国外语教学，尤其是英语教学，还是具有一定的启示作用。在英语教学中，我们要更多地关注学生学习和使用英语的情况，了解他们对英语中有标记形式和规则的掌握情况，发现其学习困难，以便在课堂教学中有的放矢，适时调整教学计划，合理地增加语言输入，从而帮助他们克服英语学习中的困难，提高教学效果。

与此同时，我们还要通过学生使用英语的情况来了解和发现他们迁移母语的问题。在我国语言教学环境下，学生在应用英语时总是会自觉或不自觉地用汉语进行思维，然后再翻译，因而母语迁移也就不可避免。例如：

[8]*The <u>price</u> of fake goods is very <u>cheap</u>.（假冒商品的价格很便宜。）

[9]*Because of science and technology we no longer suffer from diseases which once <u>deprived many people's lives</u>.（因为科学技术我们已不再遭受那些曾经夺去许多人生命的疾病之苦了。）

[10]*Cars consume gasoline, which <u>needs to spend money to buy</u>.（汽车消耗汽油，而汽油需要花钱买。）

[11]*<u>Who wants to be fit for society</u> <u>must make many friends</u>.（谁想适用社会必须结交很多朋友。）

以上 4 句选自非英语专业，但已通过大学英语四、六级的硕士研究生的英语作文练习，之后我们用这几个句子在另外一个 35 人的班级进行了测试，即给出相应的汉语让他们译成英语，结果发现除例 [10] 只有 2 人犯了相同的错误外，其余几句则分别有 12 人、11 人和 16 人犯了相同的错误（如英汉句子中的画线部分所示）；这些错误明显表明受试受到了汉语的影响。如果我们能够在英语教学中关注学生迁移母语的问题，发现他们迁移母语的特点和规律，那么这对指导我们的英语教学、提高英语教学质量将具有重大的现实意义。

第二部分
普遍语法与第二语言习得研究

第 5 章　普遍语法概述

5.1　引　　言

普遍语法（Universal Grammar，简称 UG）是 Chomsky 生成语法中的核心思想。根据 Chomsky（1995: 14）的观点，生成语法研究的基本关注点是决定和描写母语者的语言能力（competence），因为语言能力是语言应用（performance）的前提和基础。Chomsky 认为，语言能力涉及"语言器官"（the language faculty）的状态，是人脑的一个特定专属模块，并独立于其他心理模块。语言器官具有一系列的认知特点和能力，拥有一个"初始状态"（initial state），并由遗传基因所决定，即它是天赋的（innate）。在儿童早期的正常发育阶段，语言器官需要经过一系列的状态变化、直至达到相对稳定的"恒定状态"（steady state）。此后，这一恒定状态除了词汇外很少发生变化。初始状态是人类共有的状态，而普遍语法正是关于初始状态的理论。

Chomsky 的 UG 思想虽然在他早期的著述中就表现出来，但这一思想的成熟主要体现在 Chomsky 于 20 世纪八九十年代所著的著作中，如《管辖与约束演讲录》（*Lectures on Government and Binding,* 1981）、《语言知识》（*Knowledge of Language,* 1986b）和《最简方案》（*The Minimalist Program,* 1995）等。作为第二部分的导入篇，本章将重点概述 UG 的基本思想、本质以及主要内容。

5.2　普遍语法的本质

在 Chomsky（1986b）看来，UG 代表了语言学研究的焦点转移，即从语言本身转移至语言与心智（mind）的研究。生成语法框架下的 UG 关注的中心问题是语言知识，包括这一知识的本质、起源和使用，具体体现为三个基本问题：①语言知识是什么？②语言知识是如何习得的？③语言知识是如何使用的？虽然这三个问题的侧重点不同，但第一个问题显然是最基本的，因为后两个问题的回答都要以第一个问题的答案为前提。从这个意义上说，UG 是关于语言知识的理论，涉及人类心智的内部结构。（Cook & Newson 1996: 2）但与此同时，UG 也是关于语言习得的理论，因为要想知道语言知识的本质就必须能够解释这样的语言知识究竟是如何产生的。

UG 是由代表各自然语言核心语法的高度抽象原则以及带有一定数目选项（通常为二元选项）并体现出跨语言差异的可变参数组成。（White 2003: 2-3；唐承贤 2007a：182）例如：结构依存原则（Principle of Structure-dependency）和中心词参数（Head Parameter）分别是 UG 中的一个基本原则和参数；前者涉及句子成分若要移位则需取决于句子成分间的结构关系而不是线性序列关系，后者指一种语言的所有短语内中心词的位置始终处在其补语的同一边（或居短语之首，或居短语之尾），如例 [1] 和例 [2] 所示：

[1]（a）Is the man who is tall John?（那个高个头男子是 John 吗？）

　　（b）*Is the man who tall is John?（＊那个男子高个头是 John 吗？）

[2]（a）The car is *in the garage*.（车在车库。）

　　（b）John *likes books*.（John 喜欢书籍。）

例 [1] 说明的是英语复合句变成疑问句时句子结构的变动方式，涉及主句的（助）动词 is（是）移位至句首，因此，[1a] 因遵循了这一结构依存原则而合乎语法；[1b] 则因违反这一原则而不符合语法。例 [2] 旨在说明英语各短语结构的中心词位置居首这一语言事实（这与日语中心词在短语结构中居尾形成了鲜明的对比）：[2a] 涉及介词短语 in the garage（在车库），其中心词介词 in 是位于其补语之前的；[2b] 涉及动词短语 likes books（喜欢书籍），其中心词动词 likes 显然位于该短语之首。

Cook（1997: 250-251）曾将 UG 的原则和参数与道路交通驾驶规则进行了生动的类比。各国的汽车司机都知道在道路上驾车行驶时他们必须遵循靠道路一边行驶的原则，这条驾驶原则并没有具体规定汽车司机靠道路的哪一边行驶；而驾驶的参数将允许英国、日本、新加坡等国的汽车司机靠道路的左边行驶，而美国、中国、法国等国的汽车司机则需要靠道路的右边行驶。这一驾驶参数具有左右两个"值"（values）或两种"设定"（settings）。一旦某个国家选定了道路行驶需靠的边，那么这个国家的驾驶参数值就得以设定，因此，该国的所有汽车司机都要恪守这一选择。这样，各国所遵守的驾驶原则和因国而异的可变驾驶参数就相当于 UG 的原则和参数。

UG 作为与生俱来的语言习得机制自然对儿童母语习得具有制约作用，因为 UG

是儿童接触母语数据（primary linguistic data，简称 PLD）之前的初始状态。儿童通过接触到的 PLD 建构自己的母语词库，将 UG 的参数设定为母语的参数值，以逐步达到母语语法的恒定状态，从而完成母语习得（通常情况下所有母语儿童都能在 5 岁左右完成）。需要指出的是，在母语习得时儿童接触到的语言输入十分有限，有时甚至是有语误的（degenerate），而且这样的有限语言输入也多为"肯定性证据"（positive evidence），很少有"否定性证据"（negative evidence）；即便有，如成人偶尔会纠正儿童不正确的发音或语言表达式，儿童通常少有改正过来的，但儿童展示出的语言知识一般会远超出他们所能接触到的语言输入范围。例如：

[3]（a）John is eager to please.（John 迫切想讨好他人。）

（b）John is easy to please.（他人很容易讨好 John。）

[3a] 和 [3b] 从表层结构上看几乎完全相同，但实际上它们在心理表征上是完全不同的两个结构。根据 Cook（1985: 3）的分析，儿童几乎不可能从成人母语者那里听到例 [3] 这样的两句话，同时，成人也不大可能会对儿童进行这样的比较分析和解释。然而，英语为母语的儿童几乎是在相同的年龄并经过相同的阶段成功地习得像例 [3] 这样的句子结构。如果语言输入或外部因素无法解释儿童为什么能够成功习得母语中这样抽象而又复杂的语言现象，那我们就只能认为是儿童大脑中天赋的 UG 在发挥作用。这种语言输入与儿童习得的母语知识不匹配的现象叫作"刺激贫乏论"（poverty of the stimulus argument），又称为儿童母语习得的"逻辑问题"（logical problem）。

综上所述，在 Chomsky 的眼里，UG 是语言知识的理论，也是（儿童）母语习得的理论；UG 是语言习得机制，也是语言器官。作为语言器官，UG 是人脑中不可或缺的一个部分，具有专属性和天赋性。UG 的专属性集中体现在人类特有的语言功能和语言习得上，与人类其他能力的学习毫无关联；而 UG 的天赋性主要体现为儿童成功习得母语的一致性（uniformity）和无意识性（involuntariness），同时 UG 能帮助所有发育正常的儿童母语者在 5 岁左右成功习得任一自然语言。像人体其他器官那样，UG 这一语言器官在一定的外部环境作用（对 UG 而言这种外部环境作用主要是依靠一定的母语体验）下就会发育成熟，即发展成为一个特定的语言语法。这一语言发展过程是如此之容易，如此之迅速，以至于所有发育正常的儿童都能够在 5 岁左右成功完成，而创造这一奇迹的正是 UG。由此可见，UG 不是一个人的生物属性，而是整个人类的共同生物属性（common biological endowment）。

5.3 普遍语法的主要内容

如 5.1 节所述，Chomsky 的生成语言学思想贯穿于他在各个时期的著述中，而他的普遍语法思想主要体现在他的"管约理论"（Government-Binding Theory）之中。管约理论又被 Chomsky （1995: 29）称为"原则—参数理论"（Principles-Parameters Theory）。尽管 Chomsky 在不断地简化自己的理论框架和思想，但普遍语法的思想内容仍然十分丰富和抽象复杂，因此本节将对这一理论的主要内容做一概述，具体涉及语法的表征层次、α 移位（move α）、X 杠理论（X bar theory）、θ 理论、投射原则（projection principle）、邻接原则（subjacency principle）、格理论（case theory）、管辖理论（government theory）和约束理论（binding theory）。

5.3.1 语法的表征层次

在 UG 框架下，语法的表征层次有 D- 结构（D-structure）、S- 结构（S-structure）、语音式（phonetic form）和逻辑式（logical form）。这几个表征层次可以用图 5.1（根据 White 1989: 19）来表示。

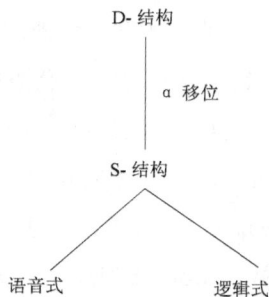

图 5.1　语法表征层次

简言之，D- 结构是句子的底层结构，句中的所有成分都处在原位不动，如 [4a] 所示；S- 结构是指句中成分发生了位置变化后的结构，如 [4b] 所示：

[4]（a）You are seeing **what** at the cinema?（你在电影院看什么？）（D- 结构）

（b）**What** are you seeing at the cinema?（＊什么你在电影院看？）（S- 结构）

语音式是对 S- 结构进行音位和语音操作的层次，从而产生句子的发音；而逻辑式层次表征的是与句子结构相关的各种意义（差别），如 [5b] 和 [5c] 所示：

[5]（a）It's right opposite the church.

（b）It's [right opposite the church].（它在教堂的正对面。）

（c）It's right [opposite the church].（它在教堂对面的右边。）

Chomsky（1986b: 67-68）对语法的四个表征层次的产生及其关系做了概述：D-结构是由短语结构规则生成，然后转换规则（即 α 移位）将 D- 结构转变为 S- 结构；在此过程中原来的语法功能和关系保持不变，但会留下语迹（trace，简写为 t）。音位等规则将 S- 结构转变为语音表征式（包括表层语音范畴），而逻辑式规则则将 S-结构转变成包括辖域和其他属性在内的逻辑表征式。语音式和逻辑式是语言和其他认知系统的接口（interface），并通过语言和这些认知系统的相互作用直接产生发音和意义。

除了这些表征层次外，词库（lexicon）也是语法表征不可或缺的部分。词库是用以填充 D- 结构的，因此与 D- 结构直接关联。词库中存储的词汇包含的信息涉及词汇的句法语类（category）、次语类化（subcategorization）要求、题元属性（thematic properties）、形态和音位结构以及意义。这些词汇信息需要一个运算系统（computational system）来进行选择和整合以产生各种语言表达式。

5.3.2　α 移位

α 移位是 UG 中唯一的具有普遍性的移位规则，它包含了所有的具体移位，如wh- 移位、名词短语移位、介词短语移位等。α 代表的是句中任一被移位的语类。移位是对句子 D- 结构实施的一种操作，但只在 S- 结构中显示出来。因此，移位是表达句子结构之间关系的一种方式。通过移位 D- 结构与 S- 结构之间就形成了一种名曰"移位链"（chain of movement）的关系，而这种移位链具体体现为 α 与 α 移位后所留下的语迹 t 之间的关系。（Cook & Newson 1996: 190-191）例如：

[6]（a）The hospital is **where**?（医院在哪儿？）（D- 结构）

（b）**Where**$_1$ **is**$_2$ the hospital t_2 t_1?（哪儿是医院？）（S- 结构）

例 [6] 表明：由 D- 结构 [6a] 到 S- 结构 [6b] 共发生了两次移位，因而形成了两个移位链。第一次移位发生在 where（在哪儿）这一成分上，即由句尾移至句首，形成的移位链是（where，t_1）；第二次移位发生在句子成分 is（是）上，即由主语之后移至主语之前，形成的移位链为（is，t_2）。需要指出的是，UG 的某些原则（如邻接原则，关于这一原则的制约作用详见 5.3.6 小节）对 α 移位具有很强的制约作用，只允许某些成分移位，且这些成分只能移到某些位置，不能超过一定的距离。

5.3.3　X 杠理论

X 杠理论是制约短语结构的一个理论。D- 结构需要对短语结构做出解释，而这一解释则要通过 X 杠句法理论来完成。X 杠句法通过投射原则（关于投射原则详见 5.3.4 小节）将词库与句法整合在一起，用 Chomsky（1995: 172）的话来说就是"一个 X 杠结构是由从词库中选取的中心词的投射组成"。

　　X 杠理论明确显示了短语内中心词（head）与其指定语（specifier）和补语（complement）之间的等级结构关系。这一理论的基本思想是，不同种类的短语都是其中心词的最大投射（maximal projection），如名词短语（NP）是中心词名词（N）的最大投射，标记为 N″（即 N 双杠）；动词短语（VP）是中心词动词（V）的最大投射，标记为 V″（即 V 双杠）；介词短语（PP）是中心词介词（P）的最大投射，标记为 P″（即 P 双杠）；依此类推。短语的这一等级结构关系可用图 5.2（White 1989: 22）来表示。

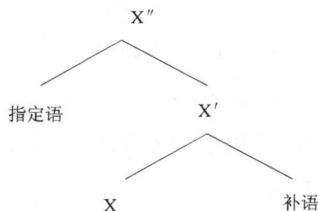

图 5.2　短语结构的 X 杠树形图

　　在图 5.2 中，X 代表任一短语的中心词，如 NP 中的 N、VP 中的 V 或 PP 中的 P 等；它与补语构成 X 单杠层次，而补语与中心词的关系为姐妹关系（sisters）。指定语位于 X 单杠层次之外，但与 X 单杠一同构成 X 双杠层次。由此可见，杠（bar）表示短语结构内的层次。X 杠理论认为，所有类型的短语都需要这样两个结构层次。不仅如此，各语言的所有短语都拥有这两个结构层次，即由中心词和可能的指定语组成的 XP（X 短语）或 X″（X 双杠）层次以及由中心词和可能的补语组成的 X′（X 单杠）层次。（Cook & Newson 1996: 144）例如：

图 5.3　英语名词短语 [7] 的树形图

[7] his fear of the dark（他对黑暗的恐惧）

　　例 [7] 可以用图 5.3（Cook & Newson ibid）来表示。

图 5.3 清晰地表明：该名词短语的两个层次分别为 N ＋ PP（即 fear of the dark）和指定语＋ N′（即 his fear of the dark）。需要注意的是，N′ 层次上的补语是一个可以进行次语类化的介词短语，该短语拥有自己的中心词（of）和补语（the dark）。在指定语—中心词和中心词—补语这两个层次中，Chomsky（1995: 172）认为后者更为基本，因为它与题元关系（thematic relation，即语义关系）直接关联。

5.3.4 投射原则

投射原则是制约不同层次间映射的一条重要原则，它将词库中各词条的特征投射到句子结构上，并规定词项的次语类化以及题元信息要求必须在表征的各个层次（即 D- 结构、S- 结构和逻辑式）上得到满足。因此，投射是连接词库与 X 杠结构的重要手段，而且是由下而上（即由 X′ 向 X″）进行。根据 X 杠理论，中心词 X 代表的是任一短语结构的中心词，如 NP 中的 N 或 VP 中的 V 等；按照投射原则，中心词 X 将首先投射到 X′，然后再投射到 X″，如图 5.4 所示。如果需要投射的是一个动词（即 V），那么该动词的所有词汇信息都要逐层投射到完整的动词短语结构（即 V″）上，如图 5.5 所示。

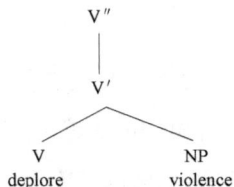

图 5.4　X″ 投射　　　　图 5.5　V″ 投射　　　　图 5.6　次语类化信息投射

一个词汇的次语类化信息也是以相同的方式投射的。如果从词库中选取的动词需要一个补语的话，如 deplore violence（谴责暴力），那么，一个补语的位置就必须要投射到 V″ 结构上，如图 5.6 所示。（Cook & Newson 1996: 166）投射原则规定：这样的次语类化信息以及所有词汇信息和特征在投射到各层次的过程中（不论有无经过转换，也不论经过多少次转换）都将始终保持不变，如例 [8] 所示：

[8]（a）I wonder John found **what.**（我不知道 John 发现了什么。）（D- 结构）

（b）I wonder **what**$_i$ John found **t**$_i$.（＊我不知道什么 John 发现了。）（S- 结构）

例 [8] 中的动词 find（发现）需要后接一个名词短语作为宾语，如 [8a] 这一 D- 结构中的 what（什么）所示；但在经过移位后，这个宾语 what 出现在从句之首，这样就留下一个语迹 t$_i$（与 what$_i$ 同标）以表明原来词汇结构的表征。由此可见，像语迹这样的空语类在投射原则中发挥着重要的作用。

5.3.5　θ 理论

θ 理论是关于句子成分的语义角色（又称 θ 角色或题元角色）指派（assignment）的理论。具体而言，一个句子的所有名词短语都需要一个题元角色，而一个动词需要多少个名词短语就意味着要指派多少个题元角色。题元角色的指派需要遵守一条重要的 UG 原则，即题元准则（θ-criterion）；它规定每个论元（argument）只能带有一个题元角色，而每个题元角色只能指派给一个论元。论元是需要题元角色的名词短语（Chomsky 1986b: 93）。词库中的谓词（predicate）词条包含了论元能带的题元角色，通常表征为 θ 框架（θ-grid）。例如：

[9]（a）dance ＜Agent（跳舞＜施事＞）

　　　John danced.（John 跳舞了。）

　　（b）give ＜Agent, Theme, Goal＞（给＜施事、主题、目标＞）

　　　Tom gave the cheque to his friend.（Tom 把支票给了他的朋友。）

[9a] 中的动词 dance 包含了一个论元，被指派的题元角色是"施事"，即动作的执行者，如例句中的 John 所示；而 [9b] 中的动词 give 则包含三个论元，被指派的题元角色分别为"施事"、"主题"和"目标"。施事是例句中的 Tom，动作"给"的执行者；主题表示动作所移动的事物，即例句中的"支票"；目标表示移动的预期终点，即例句中的"他的朋友"。

题元角色除了前面提及的施事、主题和目标外，通常还包括受事（patient）、体验者（experiencer）和接收者（recipient）。受事指受到行动影响的实体，如 [10a] 中的 a book（一本书）所示；体验者指感受到某种心理状态的实体，如 [10b] 中的 John 所示；接收者是收到某个实体的实体，如 [10c] 中的 Mary 所示。（Radford 1997: 163）

[10]（a）Mary bought **a book**.（Mary 买了一本书。）

　　（b）**John** felt happy.（John 感到幸福。）

　　（c）John got **Mary** a present.（John 给 Mary 买了件礼物。）

题元角色的指派是 θ 理论与 X 杠句法和投射原则相互作用的结果。中心词的词汇属性通常可以决定补语和主语的题元角色指派，但有时候句子主语的题元角色指派则可能由中心词和补语一同来决定。（Cook & Newson 1996: 171）例如：

[11]（a）John broke the window.（John 打碎了窗玻璃。）

（b）John broke his arm.（John 弄折了自己的手臂。）

[11a] 中的动词短语中心词 broke（打碎了）决定着其补语 the window（窗玻璃）的受事题元角色，即窗玻璃受到 broke 的影响而破碎；同时，主语 John 被指派了施事题元角色，即 broke 这一动作的执行者。[11b] 与 [11a] 虽然句式相同，但其解释却有不同，因为通常情况下主语 John 不会主动弄折自己的手臂，相反是无意的受害者，因而中心词 broke 和其补语 his arm（他的手臂）一同作用决定了主语 John 的受事题元角色指派。由此可见，动词的补语变化可能会导致主语的不同题元角色指派。

5.3.6　邻接原则

邻接原则是由制约 wh- 移位的一组邻接条件（subjacency conditions）构成，包括：① wh- 岛制约，禁止 wh- 成分从另一 wh- 短语引导的内嵌句中移出；②复合名词短语制约，禁止组构成分从名词性句子补语或关系从句中移出；③主语条件，不许组构成分从主语中移出；④附接语岛条件（adjunct island condition），不许组构成分从附接语短语中移出。邻接原则是界限理论（bounding theory）的一条主要原则，其基本思想是，一个组构成分的移位必须在一定的界限内进行，每次移位不能越过一个以上的界限节点（bounding node）。换言之，移位是局部的，因此，长距离移位是多个局部移位的结果。例如：

[12]（a）Who$_i$ did $_{IP}$[you say $_{CP}$[t$_i$ that $_{IP}$[this girl danced with t$_i$]]]?（你说这个女孩和谁跳舞了？）

（b）*Who$_i$ did $_{IP}$[you spread $_{DP}$[a rumor $_{CP}$[ti that $_{IP}$[this girl danced with t$_i$]]]]?（你散布谣言这个女孩和谁跳舞了？）

根据 Belikova 和 White（2009: 203）的观点，例 [12] 两个句子中的 wh- 移位（即 who 移位）都是长距离移位，其中 IP（inflection phrase，屈折短语；原来叫句子 S）和 DP（determiner phrase，限定词短语；原来称名词短语 NP）属于界限节点，而 CP（complementizer phrase，标补语短语）则不属于界限节点。在 [12a] 中 wh- 移位是按照邻接原则进行的，即每次只越过一个界限节点（IP），因此该句合乎语法；而在 [12b] 中 wh- 移位在第二次移位时越过了两个界限节点，分别为 DP 和 IP，因而违反了邻接条件，所以该句不符合语法。

根据 Cook 和 Newson（1996: 257）的观点，wh- 成分从动词的补语或补语从句中移出是可以的，但不可以从定语从句或内嵌句的主语位置上移出。例如：

[13]（a）**Who**ᵢ did Mary think that Bill saw **t**ᵢ?（Mary 认为 Bill 看见了谁？）

（b）***Who**ᵢ did you meet a girl that danced with **t**ᵢ?（你遇见了一个与谁跳舞的女孩？）

（c）***Who**ᵢ did Mary think that **t**i saw Bill?（Mary 认为谁看见了 Bill？）

[13a] 之所以可接受是因为 wh- 成分是从动词的补语从句中移出，而 [13b] 和 [13c] 之所以不可接受是因为 wh- 成分分别是从定语从句位置和内嵌句的主语位置上移出的。

此外，在例 [14] 中，[14a] 违反了 wh- 岛制约，[14b] 违反了主语条件限制，以及 [14c] 违反了附接语岛条件制约，所以这些句子都不合乎语法。

[14]（a）***Who**ᵢ did you wonder whether this girl danced with **t**ᵢ?（你想知道这个女孩与谁跳舞了？）

（b）***Who**ᵢ did that this girl danced with **t**ᵢ annoy you?（这个女孩与谁跳舞让你恼火了？）

（c）***Who**ᵢ did you meet this girl after she danced with **t**ᵢ?（这个女孩与谁跳舞后你见到她了？）

5.3.7　格 理 论

传统句法中格的概念涉及句子成分的形态标记和词序，因此，格能够反映句子成分之间的关系。普遍语法框架下的格理论虽然与传统的格相关联，但主要是通过"格过滤"（Case Filter）原则来制约 S- 结构成分的移位。格过滤原则要求所有名词短语都必须有抽象格，空语类（empty category，简称 e）除外。Chomsky（1986b: 74, 1995: 111）认为，一种语言不论有无显性的格形态标记都必须有抽象格。格理论就是通过给名词短语指派抽象格来统一解释各种不同的移位现象。（Cook & Newson 1996: 223）

除了所有格以及代词需要体现格之外，英语可以说是没有格的语言，但这并不意味着英语没有抽象格。在格理论中，抽象格与题元角色有些相似：在一定的结构关系限制下题元角色通常需要一些成分给另外一些成分指派，即谓词要在姐妹关系（sisterhood）限制下给论元指派题元角色。同理，抽象格也需要在特定的结构关系限制下由一些成分给另外一些成分指派，如宾格（Accusative Case）总是指派给动词宾语的，所以动词就是指派宾格的成分；而旁格（Oblique Case）是指派给介词宾语的，因此介词就是指派旁格的成分（Chomsky 1986b: 74）；主格（Nominative Case）则限制在有定从句（finite clause）的主语位置，并由句中动词的屈折范畴的一致关系（agreement 或 AGR）来指派（Cook & Newson 1996: 225）。

格理论区分结构格（Structural Case）和固有格（Inherent Case）。名词短语根据其在 S- 结构中的位置所指派的格属于结构格（如主格和宾格）；而在 D- 结构上给谓词论元指派的格则属于固有格，如英语所有格。（Chomsky 1986b: 193）

格理论的核心是格过滤原则。如前所述，格过滤原则规定所有名词短语（空语类除外）都必须有抽象格。格过滤原则可以强制一个名词短语从一个无格（Caseless）位置向一个格标记（Case-marked）位置移位。（Chomsky 1986b: 73）例如：

[15]（a）e seems [John to be happy]（似乎 John 幸福）

　　（b）John seems [t to be happy]（John 似乎幸福）

[15a] 为 D- 结构，不定式短语前的名词短语 John 处在无格位置。根据格过滤原则，所有名词短语都必须有格。因此，在向 S- 结构（即 [15b]）转换时 John 必须遵循格过滤原则移位至句首，并在原来的位置上留下语迹 t。

此外，格过滤原则还会阻止状语出现在动词及其宾语之间，具体体现为"格邻接原则"（Case Adjacency Principle）。该原则规定格指派成分必须与格被指派成分（Case Assignee）相邻。格邻接原则是一条参数化的原则，因为它不适应所有语言。例如：

[16]（a）J'aime beaucoup la France.

　　（b）*I love very much (the) France.

　　（c）* 我爱非常法国。

　　（d）I love France very much.

　　（e）我非常爱法国。

很显然，法语没有遵守格邻接原则，因为 [16a] 中的副词 beaucoup（非常）插在动词与其宾语之间而没有产生不合乎语法的句子。然而，英语和汉语则要遵守这条原则（分别如 [16d] 和 [16e] 所示），否则就不合乎语法。表达与 [16a] 相同语义的英语句子 [16b] 和汉语句子 [16c] 之所以不可接受是因为它们都违反了格邻接原则。

5.3.8　管辖理论

管辖（government）是 UG 理论中的一个重要概念，是以"成分统领"（constituent command 或 c-command）为基础。所谓成分统领或 c- 统领是，当且仅当统制（dominate）α 的第一个分支接点也统制 β 时，α 就 c- 统领 β（White 1989: 25），如图 5.7 所示：

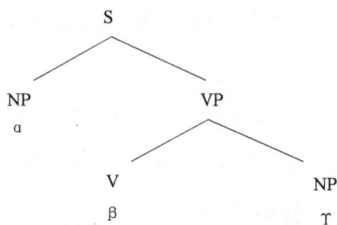

图 5.7　αc- 统领 β 树形图

从图 5.7 可以看出，统制第一个分支节点 NPα 的是 S，S 也同时统制 Vβ 和 NPϒ。因此，α 既 c- 统领 β 亦 c- 统领 ϒ。正如 Chomsky（1986b：162）所指出的那样，"α c- 统领不包含在 α 域内的一切成分"。然而，β 和 ϒ 并不 c- 统领 α，因为第一个统制它们的分支节点 VP 并不统制 α，但它们之间相互 c- 统领。

根据 White（1989：25）的观点，α 若要管辖 β，那 α 就必须要 c- 统领 β，而且 α 和 β 必须位于同一最大投射中，它们之间不能再有一个最大投射介入，如图 5.8 所示：

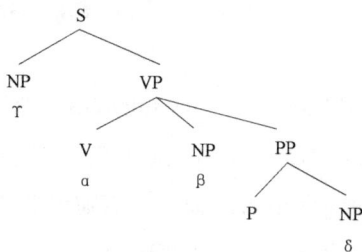

图 5.8　α 管辖 β 树形图

图 5.8 显示：动词 α 管辖名词短语 β，因为前者 c- 统领后者，而且动词 α 与名词短语 β 都处于同一最大投射（即 VP）中，它们之间也没有其他最大投射介入。然而，动词 α 不管辖名词短语 ϒ，因为前者并不 c- 统领后者，而且还有一个最大投射 VP（动词短语）介入它们之间。此外，动词 α 也不管辖名词短语 δ，因为它们之间也有一个最大投射 PP（介词短语）介入，即便动词 αc- 统领名词短语 δ，而且它们也同处于最大投射 VP 中。

管辖实际上是在主管词（governor）与受管成分（governed）之间所建立的一种句法关系。一般担当主管词的是各短语的中心词，如名词、动词、形容词、介词等；而受管成分则为各短语的补语成分。管辖关系是单向的，通常为右向，如动词管辖其宾语；管辖也有左向的，如 INFL（inflection，关于时态和一致关系的屈折变化）

管辖其主语。这种管辖关系意味着主管词会决定受管成分所取的（抽象）格的形式。例如：

[17] He likes her very much.（他非常喜欢她。）

根据管辖关系，例 [17] 中的动词 likes（喜欢）管辖其宾语，所以该宾语 her（她）只能取宾格形式，而不能取主格形式；与此相反，句子的主语因受到 INFL 管辖和影响而只能取主格形式 He（他），不能取宾格形式。这种管辖与格指派关系被 Chomsky（1981）称作"格指派原则"（Case Assignment Principle）。根据此原则，只有主管词才能给受管成分指派格，如例 [17] 所示。然而，对那些非有定从句（non-finite clause）的主语指派宾格则属于格标记例外现象，常由标补词（complementizer）for 或一个可选性 TP（tense phrase，时态短语）补语的动词负责 (Cook & Newson 1996: 243)，如例 [18] 所示：

[18]（a）**For me to win a prize** would be unlikely.（我获奖会没有可能。）

（b）They were anxious **for her to believe their story**.（他们急盼她能相信他们的说法。）

（c）No one **believed him to be very talented.**（没有人相信他很有才能。）

管辖理论中的一条重要原则是"空语类原则"（Empty Cetegory Principle），它涉及语迹的严格管辖（proper government）。该原则规定：当且当 α 管辖 β 并且 α 是一词汇中心词（如名词 N、动词 V、介词 P 等）或 α 是一同标（coindexed）语类（即先行词），α 才严格管辖 β。（White 1989: 27）例如：

[19]（a）Who$_i$ do you think (that) Mary met t$_i$ yesterday?（你认为 Mary 昨天遇见谁了？）

（b）Who$_i$ do you think t$_i$ arrived yesterday?（你认为谁是昨天到的？）

（c）*Who$_i$ do you think that t$_i$ arrived yesterday?（*谁你认为是昨天到的？）

[19a] 涉及 wh- 成分从内嵌句的宾语位置上移出，标补词 that 的出现与否并不影响 wh- 成分的移出，因为根据空语类原则语迹 t$_i$ 受中心词动词 met（遇见）的严格管辖，因此 [19a] 没有问题。然而，当 wh- 成分从内嵌句的主语位置上移出（如 [19b] 和 [19c] 所示）时，情况就不同了。标补词 that 必须缺席，这样移位后留下的语迹 t$_i$ 才受到严格管辖，因此 [19b] 合乎语法；否则，标补词 that 的出现挡住了 wh- 成分从内嵌句的主语位置上移出的路线。换言之，语迹 t$_i$ 因违反了空语类原则而不受严格管辖，

所以 [19c] 才不合乎语法。

5.3.9　约束理论

约束理论"主要处理名词短语在句子中的分布，决定它们能够或必须与其他名词短语同标的条件"（克里斯特尔 2000：41）。与约束理论相关的名词短语是前指词（anaphor）、代名词（pronominal）和指称表达式（referring expression）。约束理论包含三条重要原则，旨在制约这些不同名词短语之间的关系。这三条原则分别是：①一个前指词在局部域中受到约束；②一个代名词在局部域中是自由的；③一个指称表达式是自由的。

约束原则中的局部域一般指内嵌句或包含前指词及其主管词的句子。第一条约束原则意味着前指词必须受其同标的局部先行词的 c- 统领。例如：

[20]（a）John said that Fred$_i$ hurt himself$_i$.（John 说 Fred$_i$ 伤了他自己$_i$。）

　　（b）*John$_i$ said that Fred hurt himself$_i$.（*John$_i$ 说 Fred 伤了他自己$_i$。）

我们先来看一下例 [20] 的树形图。

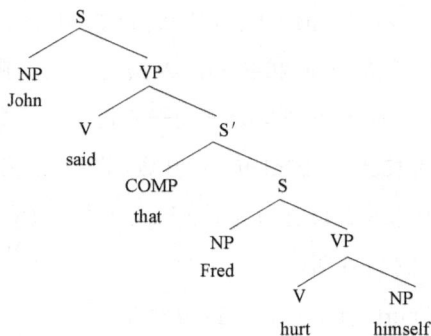

图 5.9　例 [20] 的树形图

例 [20] 中的前指词是反身代词 himself（他自己）。根据第一条约束原则，反身代词应在从句中受到约束，因此，Fred 而非 John 应与 himself 同标。[20a] 因遵守了这条约束原则而合乎语法，而 [20b] 因违反了这条约束原则而不合乎语法。再从管辖视角看，根据 c- 统领的定义，John 和 Fred 虽然都 c- 统领反身代词 himself，如图 5.9所示；但只有 Fred 属于局部先行词，因而才能与其 c- 统领的反身代词同标，故 [20a]合乎语法；而 [20b] 则因 John 不属于局部先行词，故不能与其 c- 统领的反身代词同标，所以不合乎语法。

第二条约束原则是针对代词的，代词在局部域中不受约束，这意味着与其同标的先行词不能在同一从句中 c- 统领它。例如：

[21]（a）John$_i$ said that Fred hurt him$_i$.（John$_i$ 说 Fred 伤了他 $_i$。）

（b）*John said that Fred$_i$ hurt him$_i$.（*John 说 Fred$_i$ 伤了他 $_i$。）

例 [21] 中的代词 him（他）根据第二条约束原则是不能在从句中受约束的，这意味着从句的主语 Fred 不能与其同标，尽管这个主语 c- 统领它。这样，只能是主句的主语 John 与该代词同标，因此，[21a] 合乎语法，而 [21b] 则不合乎语法，因为后者违反了代词约束原则。

第三条约束原则规定指称表达式不受约束，即不与句中的代词同标，不论该代词离它有多远。例如：

[22]（a）He saw John.（他看见了 John。）

（b）*He$_i$ saw John$_i$.（* 他 $_i$ 看见了 John$_i$。）

（c）*He$_i$ said that Fred hurt John$_i$.（* 他 $_i$ 说 Fred 伤了 John$_i$。）

（d）*He$_i$ said that Fred$_i$ hurt John.（* 他 $_i$ 说 Fred$_i$ 伤了 John。）

例 [22] 中的指称表达式有 John 和 Fred，根据第三条约束原则，John 和 Fred 一定是指句子之外的两个人，而不可能与处于句子主语位置上的代词 He（他）同标。所以，[22a] 合乎语法，而 [22b]、[22c] 和 [22d] 则因违反了指称表达式的约束原则而不合乎语法。如果指称表达式 John 和 Fred 不与句子主语 He 同标，那么根据第三条约束原则该句就成立，如例 [23] 所示：

[23] He said that Fred hurt John.（他说 Fred 伤了 John。）

5.4　结　　语

本章只是对 UG 的本质和基本思想内容进行了简要论述，主要涉及语言器官和一些重要的 UG 子理论与 UG 原则。在 Chomsky 看来，语言器官就是 UG，也是语言习得机制；它是人脑中不可或缺的一个部分，具有专属性和天赋性；它能帮助所有发育正常的儿童母语者在 5 岁左右成功完成母语习得。所以，语言器官是人类语言和心智本质的反映，是人类共同的生物属性。本章概述的 UG 子理论和 UG 原则基本上都包含在 Chomsky 的管辖 / 约束模型中。但是，随着 UG 理论的进一步发展，尤其是到了 20 世纪 90 年代的最简方案，原先的丰富理论原则和参数系统已被最大限度地简化了。

　　根据最简方案，语言器官拥有两个组构成分：一个是在各语言中几乎不变的运算程序（如移位、合并等），在此人类各语言的抽象原则均得以说明；同时，这里又是一个语言生成的工作间，来自词库的词项将在此组并成短语或更大的语言结构，然后在"拼出点"（spell-out）向 AP 接口（articulatory-perceptual interface）和 CI 接口（conceptual-intentional interface）传递，以分别获取语音信息和形态句法信息。另一个组构成分是因语言而异的词库，包含词汇范畴和功能范畴。原先的参数已不再与具体的原则相联系，而是脱离了句法，归并到了词库中的功能范畴，而功能范畴正是人类各语言间的差异所在。

第 6 章　普遍语法在第二语言习得研究中的应用

6.1　引　言

从第 5 章的讨论分析可知，UG 是关于儿童母语习得的语言学理论，是儿童母语习得的初始状态和语言习得机制。第二语言习得通常是在母语习得完成之后开始的。换言之，第二语言习得不是始于 UG 而是始于母语，这说明第二语言习得与儿童母语习得是有区别的（具体区别详见第 8 章）。这样的区别是否意味着 UG 在第二语言习得中就不起作用呢？如果是，那为什么第二语言习得研究的学者还要将 UG 应用于第二语言习得的研究之中呢？

第二语言习得研究之所以借用 UG 理论是因为：①第二语言习得研究的理论需要。一方面，语言习得理论取决于语言理论，不知道语言是什么，语言习得就无从谈起。(Gregg 1989，1996) 另一方面，UG 理论是当今众多语言理论中发展最为成熟的，可为第二语言习得研究提供一个统一的描写和解释框架。（Ellis 1994；Mitchell & Myles 2004；Slabakova 2009；White 2000）②第二语言习得也存在语言习得的逻辑问题（Bley-Vroman 1989；Cook & Newson 1996；Flynn 1987；Gregg 1996；McLaughlin 1987；Schachter 1988；Schwartz & Sprouse 2000；Thomas 1991；White 1989，2003），即第二语言学习者习得的语言知识也会超出第二语言输入的范围。③研究第二语言习得过程对认识语言学习特有的认知过程或语言的生物属性（即 UG）具有十分重要的意义。（Epstein et al. 1996：677）

普遍语法在第二语言习得中的应用研究主要涉及第二语言习得的逻辑问题（logical problem）、第二语言习得中的 UG 可及性（access）问题以及 UG 的原则和参数在第二语言习得中的验证，本章将从这些方面逐一予以讨论。

6.2　第二语言习得的逻辑问题

逻辑问题，又称"投射问题"（projection problem）或"刺激贫乏论"（poverty of the stimulus argument），原来指儿童母语者习得的语言知识与他们从语言输入中所能接触到的知识之间的差距。这种差距是 UG 在儿童母语习得中发挥作用的重要证据。根据 White（1989: 5）的观点，儿童习得母语时所能接触到的语言输入存在着三个问题：信息不足（underdetermination）、语言错误（degeneracy）和无否定性证据（no negative evidence）。在这三个问题中，信息不足是母语输入的最大问题，因为儿童的母语知识不能从他们接触到的语言输入中得到解释。换言之，语言输入中并未包含明晰的信息来帮助儿童直接习得相关的母语知识，如例 [1]、例 [2] 和例 [3]（White 1989: 8-11）所示：

[1]（a）Who do you think（that）Mary met t yesterday?（你认为 Mary 昨天见到了谁？）

（b）*Who do you think that t arrived yesterday?（* 谁你认为昨天到了？）

[2]（a）Mary$_i$ watched television before she$_i$ had her dinner.（Mary$_i$ 在她$_i$ 吃饭前看了电视。）

（b）Before Mary$_i$ watched television she$_i$ had her dinner.（在 Mary$_i$ 看电视前她$_i$ 吃了饭。）

（c）Before she$_i$ watched television Mary$_i$ had her dinner.（* 在她$_i$ 看电视前 Mary$_i$ 吃了饭。）

（d）*She$_i$ watched television before Mary$_i$ had her dinner（* 她$_i$ 在 Mary$_i$ 吃饭前看了电视。）

[3]（a）John filed the letter without reading it.（John 未读信件就将其归档了。）

（b）*John filed the letter without reading _.（John 未读就将信件归档了。）

（c）Which letter did John file t without reading _.（John 未读就归档的是哪封信件？）

（d）*The letter was filed t without Bill reading _.（这封信件 Bill 未读就被归档了。）

例 [1] 涉及空语类原则对语迹的严格管辖知识（详见 5.3.8 小节）。在 [1a] 中 who 从低位小句的宾语位置上移至主句的主语位置上，标补词 that 的出现与否并不影响 who 从宾语位置上的移出，这是因为语迹 t 受中心词动词 met 的严格管辖。然而，在 [1b] 中 who 是从低位小句的主语位置上移出；此时，标补词 that 必须缺席，这样 who 移位后留下的语迹 t 才能受到严格管辖。否则，标补词 that 因挡住了 who 从低位小句的主语位置移出的路线而致使语迹 t 不受严格管辖。标补词 that 的这种不对称分布是儿童习得英语母语时无法从语言输入中获得充分的信息。然而，儿童母语者却能够对例 [1] 中的两个句子做出正确判断，这说明他们拥有天赋的空语类原则知识。

例 [2] 涉及代词的约束原则（详见 5.3.9 小节）。[2a]、[2b] 和 [2c][1] 这三个句子中的代词 she（她）和 Mary 符合代词约束原则，因此它们可以同指。但是，[2d] 则违反了代词约束原则，因而不能同指。这种不对称分布现象是儿童母语者显然不能通过这两个词在语言输入中的先后顺序来了解，因为它们之间的顺序显然无规律可言。儿童母语者的这类知识只能表明天赋的 UG 约束原则在母语习得中发挥着积极的作用。

例 [3] 涉及英语中的一种特殊语言现象，名曰"寄生空位"[2]（parasitic gap）。White（1989: 11）认为，一个寄生空位结构拥有两个空位，它们都与一个先前出现的短语关联，其中一个为语迹，而另外一个为寄生空位，它受到句中语迹"允准"（licensed）。[3a] 没有空位，是合乎语法的句子；[3b] 有一个空位，但该空位在句中没有语迹允准它，所以该句不可接受。[3c] 则因句中的空位受到前面语迹的允准而合乎语法，而 [3d] 虽然也有语迹和空位，但根据 Chomsky（1986b: 111）的观点，句中的语迹因不属于"变项"（variable）而不能允准后面的寄生空位，所以该句不合乎语法。Chomsky（1986b: 148）认为，寄生空位结构属于边缘范畴，因而不可能从语言输入中学到。所以，儿童母语者的相关知识只能源于 UG。

那么，第二语言习得是否同样存在语言习得的逻辑问题呢？答案显然是肯定的，这是因为第二语言学习者所掌握的语言知识也无法从第二语言输入中推导出来，即第二语言输入不足以决定第二语言学习者所掌握的语言知识，如他们掌握的像例 [4] 这样的有关结构依存原则和约束原则的知识所示：

[4] （a）*Is Sam is the cat that brown?（*Sam 是只猫是褐色的吗？）

（b）The Joneses asked the Smiths to help them.（Jones 夫妇要求 Smith 夫妇帮助他们。）

---

[1]　[2c] 所对应的中文句子似乎违反了代词约束原则，因为句中的"她"和 Mary 是不能同指的。

[2]　汉语中似乎没有这种寄生空位结构，因为 [3b] 和 [3d] 所对应的中文句子是可以接受的。

Cook 和 Newson（1996）发现：英语作为第二语言的高级学习者能够一致否定 [4a] 为合乎语法的句子，而这种错误的句子是不会出现在语言输入中的。同时，这些高级英语学习者也能清楚地知道 [4b] 中的代词 them（他们）是不能回指 Smith 夫妇而只能回指 Jones 夫妇，即第二条约束原则（详见 5.3.9 小节）。Cook 和 Newson（ibid）认为，如果第二语言学习者不能从语言输入，也不能通过语言模仿或教师解释和错误纠正等方面获得他们已有的语言知识，那就可以认为这样的知识来源于 UG，即第二语言习得也存在刺激贫乏的逻辑问题。

不过根据 White（2003）的观点，仅凭第二语言学习者的语言知识不是来自语言输入还不足以说明 UG 对其中介语语法具有制约作用，这是因为第二语言学习者已掌握的母语语法很可能在起作用。所以，要充分说明中介语语法受 UG 制约就必须满足以下两个条件：

（1）某一语法现象不能通过观察第二语言输入就可习得，即不能根据输入出现的频率进行统计推理，或依靠类推、课堂教学等形式就可习得这一语法现象；

（2）该语法现象必须在母语语法中也无充分证据，即排除母语迁移的可能性。

由此可见，逻辑问题在第二语言习得中表现得要比在母语习得中更为复杂，这是因为第二语言习得中的逻辑问题不仅涉及语言输入，而且还涉及第二语言学习者的母语。对母语习得而言，逻辑问题的存在就意味着 UG 引领儿童母语习得的发展。然而，对第二语言习得而言，逻辑问题的存在并不一定等于 UG 可及（即 UG 制约中介语的发展），因为第二语言学习者的母语而非 UG 很可能在第二语言习得中发挥着作用。

6.3　普遍语法的可及性问题

20 世纪八九十年代，UG 框架下的第二语言习得研究主要集中于 UG 可及性（access 或 availability）问题（Gregg 1996；White 1996），具体体现为三种不同的理论观点：① UG 为第二语言学习者全部可及（full access）（Epstein et al. 1996；Flynn 1987）；② UG 为第二语言学习者部分可及（partial access）（Clahsen & Muysken 1989; White 1989)；③ UG 为第二语言学习者（尤其是成人第二语言学习者）不可及（no access）（Bley-Vroman 1989；Clahsen & Muysken 1986[1]; Schachter 1988）。

---

[1]　Clahsen 和 Muysken 在 1986 年发表的论文中认为 UG 不可及，但后来在 1989 年发表的论文中改变了看法，认为 UG 的原则可及，而 UG 的参数不可及。

就第一种观点而言，UG 为第二语言学习者全部可及或直接可及（direct access）是指 UG 在第二语言习得中的作用与在母语习得中的作用相同，第二语言学习者无须依赖母语就可直接习得第二语言的相关特征。换言之，UG 并没有因为儿童母语习得的完成而发生任何变化，所以第二语言学习者可以直接使用 UG 原则，设定 UG 参数，并能达到与母语者相仿的语言水平。UG 为第二语言学习者直接可及可以用图 6.1（根据 Cook & Newson 1996: 292）来表示。

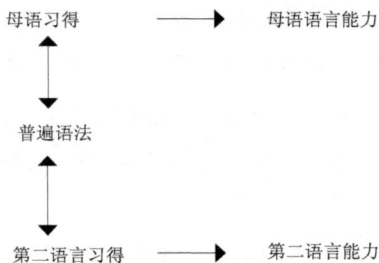

母语习得　　　　　——————→　　　　母语语言能力

普遍语法

第二语言习得　　　　——————→　　　第二语言能力

图 6.1　UG 直接可及

UG 为第二语言学习者直接可及意味着刺激贫乏论同样适应于第二语言习得，因为语言学习环境无法解释第二语言学习者所学到的语言知识，那就只能将其归因于人脑的天赋属性。

第二种观点是 UG 为第二语言学习者部分可及，这意味着在第二语言习得过程中 UG 和母语都发挥着积极的作用；或者说，UG 需通过母语在第二语言习得中起作用，即 UG 为第二语言学习者间接可及（indirect access），如图 6.2（根据 Cook & Newson 1996: 293）所示：

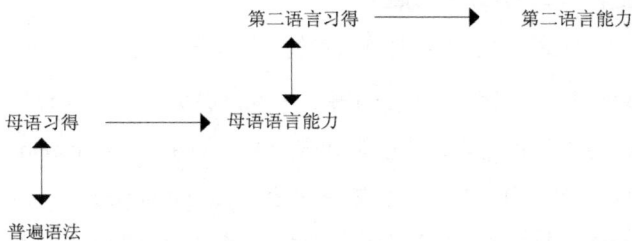

第二语言习得　　　　——————→　　　第二语言能力

母语习得　　　　——————→　　　母语语言能力

普遍语法

图 6.2　UG 间接可及

图 6.2 显示：UG 的原则和参数通过母语习得已体现在母语者的语言知识中，第二语言学习者需将此作为跳板，并把母语中所体现的 UG 原则和参数应用于第二语言习得（可理解为母语迁移）。母语中未有体现的 UG 原则和参数就只能通过语言

输入来学习。例如：汉语中没有 wh- 成分移位，因此，中国英语学习者在学习英语疑问句时就需要关注和学习疑问词语的移位。如果母语中所体现的 UG 参数与第二语言的参数不同，UG 会帮助第二语言学习者根据第二语言输入重新设定正确的参数。

第三种观点是 UG 为第二语言学习者（尤其是成人第二语言学习者）不可及。UG 不可及所产生的直接后果是第二语言学习者的语言能力不仅与母语者的语言能力根本不同，而且还表现为参差不齐；这是因为引领母语习得的 UG 或语言习得机制已不再为第二语言学习者可用，所以，第二语言学习者只能求助于其他认知手段，如一般性问题解决机制。UG 不可及可用图 6.3 来表示。

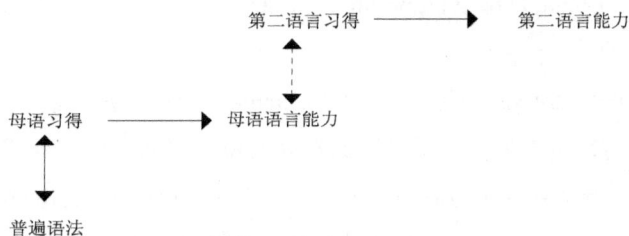

图 6.3　UG 不可及

图 6.3 显示：UG 的原则和参数在母语中体现之后就不再为第二语言学习者可用。然而，根据 White（1989: 51）的观点，虽然 UG 不可及，但母语中所体现的固定 UG 原则和参数在第二语言习得中还是可以起到一定的作用（如图中虚线箭头所示）；如果第二语言参数与母语参数不同，那么 UG 将不能帮助第二语言学习者重新设定参数。

以上三种观点虽然泾渭分明，但实际上 UG 可及性问题相当复杂，因为第二语言学习者并非是一个完全同质的群体。对一部分第二语言学习者而言 UG 可能可及，而对另外一部分第二语言学习者而言 UG 可能部分可及或完全不可及。此外，第二语言本身也可能会产生不同的影响；某些语言方面可能为第二语言学习者完全可及，而另外一些方面可能只为第二语言学习者部分可及或完全不可及。由此可见，UG 可及性问题值得我们不断地探索和研究；而要说明 UG 是否为第二语言学习者可及则需要研究者去验证第二语言学习者关于 UG 原则和参数知识的起源。

验证 UG 可及性问题的通常做法是依托第二语言学习者的语言应用数据 [1]，同时

---

[1]　根据 White（1989），验证 UG 是否可及的实证研究大多采用针对性强的语法判断这一工具，因为学习者的自然语言应用数据中可能不会提供多少在研问题所需的信息。另外，受试必须具备相关的 UG 原则和参数的语言知识。

参照第二语言母语者（作为实验的控制组）的语言应用数据，因为后者的语言应用一定是受 UG 制约的。在 UG 的原则和参数方面，如果第二语言学习者与第二语言母语者使用情况相同或相似，那就表明 UG 为他们可及；否则，UG 就不为他们可及。关于 UG 原则和参数验证的实证研究将分别在 6.4 和 6.5 两节中予以讨论。

6.4 普遍语法原则的验证

本节讨论的实证研究主要涉及三个 UG 原则的验证，这三个原则分别是右脊制约原则（principle of right roof constraint）、邻接原则（subjacency principle）和显性代词制约原则（principle of overt pronoun constraint）。

6.4.1 右脊制约原则

White（1989: 66-68）报道了一项由 Ritchie（1978）开展的针对右脊制约原则（一条 UG 原则）是否为在一所美国高校读研或从事教学的日本成人英语学习者可及的实证研究。所谓右脊制约原则是指一些句子成分可以进行右向移位（extraposition 或 rightward movement），但要受到某些界限条件的限制，如例 [5] 和例 [6]（White 1989: 67）所示：

[5]（a）[A book by Chomsky] has just come out.（Chomsky 写的一本书刚出版。）

（b）[A book _] has just come out by Chomsky.（*一本书刚出版 Chomsky 写的。）

[6]（a）That [a book by Chomsky] has just come out is not surprising.（Chomsky 写的一本书刚出版这并不令人惊讶。）

（b）That [a book _] has just come out by Chomsky is not surprising.（*一本书刚出版 Chomsky 写的这并不令人惊讶。）

（c）*That [a book _] has just come out is not surprising by Chomsky.（*一本书刚出版这并不令人惊讶 Chomsky 写的。）

如 [5b] 和 [6b] 所示，英语允许介词短语 by Chomsky（Chomsky 写的）向右移位，但这种右向移位是有界限条件限制的，即介词短语 by Chomsky 不能向右移出它原来所在的从句，否则就违反了此限制条件而成为不合乎语法的句子，如 [6c] 所示。这一条件限制要比英语左向移位更严，因为左向移位时句子成分是允许移出它原来所在的从句，如 wh- 成分可从从句中的宾语位置上移至句首。

日语 [1] 是不允许句子成分向右移位的，因此，这就排除了母语迁移或影响的可能性。此外，英语输入中一般也不会出现像 [6c] 这样的错误右向移位的句子，因此，英语右向移位对日本成人英语学习者而言，属于逻辑问题。如果日本成人英语学习者能够显示出遵守这种右向移位的条件限制的证据，那么，这就表明 UG 仍然在起作用，或 UG 为他们可及；否则，UG 就不为他们可及。Ritchie 采用的是句子语法判断形式，并选取了 6 名英语母语者作为对照组，对在一所美国高校读研或从事教学的 20 位日本成人英语学习者进行了右脊制约原则的测试。结果显示：约 80% 的受试是遵守右脊制约原则的，这说明 UG 为他们可及；只有 10% 的受试违反了这一制约原则，这表明 UG 不为这 2 名日本成人可及。不过，White（1989: 68）也指出了这一研究的缺陷，即这些日本成人来美国之前都在国内接受过长期的英语教育，因此，很难说他们还属于成人英语学习者。

6.4.2　邻接原则

邻接原则 [2] 是关于句法移位制约的一条 UG 原则。在第二语言习得研究中，邻接原则是经常用以验证 UG 是否为第二语言学习者可及的一条重要原则。世界上有些语言（如韩语、汉语、日语、印尼语等）是没有句法移位的，而英语属于句法移位语言，且移位要受界限节点的限制，具体限制条件是一个组构成分一次移位不能越过一个以上的界限节点。

针对母语没有 wh- 成分移位的成人第二语言英语学习者而开展的、旨在以邻接原则验证 UG 可及性问题的实证研究是符合第二语言习得逻辑问题的有关要求。这是因为这样的英语学习者没有母语知识可以借用，同时，第二语言输入中一般也不会出现违反邻接原则的错误句子，从而排除了语言输入提供相关信息的可能性。这类实证研究一般采用句子语法判断形式，并将实验组（成人第二语言学习者）和控制组（母语者）的测试结果进行比较，以便得出 UG 是否为成人第二语言学习者可及的结论。

在第二语言习得研究中关于 wh- 成分移位的实证研究结果主要分为两类：一类研究（如 Johnson & Newport 1991；Schachter 1989，1990 等）的结果表明：成人第二语言英语学习者不能准确拒绝邻接原则违反的句子，其拒绝率常处于机遇水平

---

[1]　汉语也不允许句子成分向右移位，如 [5b]、[6b] 和 [6c] 的中文译文所示。

[2]　关于邻接原则的主要内容详见 5.3.6 小节。

（chance level），说明 UG 不为他们可及；另一类研究（如 Martohardjono 1993；White & Juffs 1998 等）的结果则正好相反，成人第二语言英语学习者绝大多数都能拒绝邻接原则违反的句子，说明 UG 为他们可及。针对这两种截然相反的研究结果，Belikova 和 White（2009）重新分析了 Johnson 和 Newport（1991）、Schachter（1989，1990）等人的研究结果后发现，在不同的子类邻接违反中，这些学习者的表现不尽相同：在涉及附接语、关系从句和主语的邻接违反识别上，第二语言学习者显示出相当高的准确度；而在涉及 wh- 岛和名词补语的判断上，他们的准确度则要低很多。对于这种不一致的表现，Belikova 和 White 试图从以下两个方面做出统一解释。

（1）语障与邻接违反。英语语言事实表明：邻接条件有时表现得太强，排除了一些合乎语法的句子；有时又表现得太弱，一些不合语法的句子也不能排除。例如：

[7]（a）[Which city]$_i$ did $_{IP}$[you witness $_{DP}$[the destruction of t$_i$]]?（你目睹了哪座城市的毁灭？）

（b）*[Which city]$_i$ did $_{IP}$[you visit Paris $_{PP}$[before t$_i$]]?（* 你在哪座城市前访问了巴黎？）

[7a] 虽然违反邻接条件越过 DP 和 IP 两个界限节点但仍合乎语法，而 [7b] 即便只越过一个界限节点却仍不合乎语法，因为 [7b] 涉及组构成分移出附接语。由此可见，邻接条件需要修正。为此，Chomsky（1986a）提出语障、阻塞语类和管辖等思想，放弃了原先的界限节点。每个最大投射视情况都可能会成为语障，但要真正成为语障，最大投射就不得由题元管辖（即不能为阻塞语类），或不能由一个词汇语类指派其题元标记，而必须是统制某个阻塞语类的第一个最大投射。另外，通过岛移出须越过语障的数量来区分强岛（指主语、关系从句和附接语）和弱岛（即 wh- 岛和名词补语）。越过一个语障产生弱邻接违反，而越过两个语障则产生强邻接违反。组构成分移出强岛产生强邻接违反，而移出弱岛则产生弱邻接违反。所以，根据语障系统 [7b] 中的移出成分 which city（哪座城市）越过了一个语障，即 PP（介词短语作为附接语是语障，而 IP 不是语障），因此 [7b] 不合乎语法。与此相反，[7a] 中的移出成分未越过任何语障 [NP 因由动词 witness（目睹）题元管辖而不是语障]，所以 [7a] 是合乎语法的。

如何解释第二语言学习者在邻接违反上的不一致判断呢？总体上看，第二语言学习者对强岛违反的拒绝率明显高于弱岛违反：Johnson 和 Newport 的第二语言学习者对组构成分移出关系从句的拒绝率显然高于 wh- 短语移出名词补语和 wh- 岛；Schachter 的第二语言学习者对 wh- 短语移出关系从句和主语的拒绝率明显高于 wh- 短语移出名词补语和 wh- 岛。这表明第二语言学习者具有语障系统知识，因此 UG 为他们可及。但语障系统知识为什么没有帮助他们提高对弱岛违反的拒绝率呢？

　　（2）关于弱岛违反的解释。Chomsky（1986a: 35）认为，名词不能严格管辖自己的补语位置；如果名词的补语为从句时，标补语 that 不许省略（但动词的补语则可以）。同时，名词从句补语与附接语一样具有不被管辖的特征，因而显示出一定的特殊性。所以，组构成分移出名词从句补语的不合乎语法程度弱于组构成分移出关系从句，分别如 [8a] 和 [8b] 所示：

　　[8]（a）*Which book did John meet [a child [who read t]]?（John 见到一个读过哪
　　　　本书的孩子？）

　　　　（b）?*Which book did John hear [a rumor [that you had read t]]?（John 听到一
　　　　个你读过哪本书的谣言？）

　　　　（c）?Which book did John announce [a plan [(for you) to read t]]?（John 宣布了
　　　　一项你要读哪本书的计划？）

　　此外，在 Schachter（1989，1990）、Johnson 和 Newport（1991）等人的研究中，母语者虽然总体上拒绝组构成分移出名词从句补语，但也有一些母语者接受这类移出。对此 Stowell（1981: 398）从名词定式（finite）补语和不定式（infinitival）补语方面给出了解释。Stowell 认为，只有不定式补语是真正的补语，不涉及题元角色指派；而定式标补语短语（CP）是修饰语，所以组构成分移出不定式补语要优于从定式 CP 移出，分别如 [8b] 和 [8c] 所示。

　　Chomsky（1986a: 37）指出，许多英语母语者接受组构成分移出不定式内嵌句，如例 [9] 所示：

　　[9] Which car did John tell you [how to fix t]?（John 告诉你如何修哪辆车？）

　　据此 Belikova 和 White（2009）推断，将第二语言学习者未能拒绝组构成分移出英语弱岛视为 UG 缺失或不可及显然不妥。总体上看，第二语言学习者判断强岛违反相当准确；他们只是在识别弱岛违反时无法做到同样准确，因为后者并不为相同机制所排除。尽管如此，他们的弱岛表现还是可以达到机遇水平。鉴于一些母语者也不能拒绝弱岛违反，所以，Belikova 和 White（ibid）认为，这些第二语言学习者的表现仍属于 UG 制约范围。

6.4.3 显性代词制约原则

在主语代词方面，各语言之间存在着差异：有些语言（如英语）必须有代词作主语，称为"非零主语"（－null subject）语言；而另外一些语言则为"零主语"（null subject）语言（如汉语、日语、西班牙语等），主语可以为零，即不出现，也可以为显性，即需要出现。显性代词制约这条 UG 原则规定：在零主语语言中，显性代词作主语时不能接受"黏着变项"（bound variable）解释，即显性代词的先行词既不能取量化词语（quantified expressions），如 everyone（人人）、no one（无人）等，也不能取 wh- 词语，如 who（谁）、which（哪位）等。例如：

[10]（a）Everyone$_i$ thought [he$_i$ would win].（人人认为他会赢。）

（b）* 人人$_i$ 认为 [他$_i$ 会赢]。

（c）Who$_i$ thought [he$_i$ would win]?（谁认为他会赢？）

（d）* 谁$_i$ 认为 [他$_i$ 会赢]？

英语属于非零主语语言，从句中的主语必须出现代词（如 he），而且 he 不受显性代词制约原则的约束，既可以取量化词语 everyone 作为其先行词（如 [10a] 所示），也可以取 wh- 词语 who 作为其先行词（如 [10c] 所示）[1]。然而，汉语属于零主语语言，从句中的主语如果出现代词，那么该代词就要受显性代词制约原则的约束。因此，[10b] 中的"他"不能取量化词语"人人"作为其先行词，[10d] 中的"他"也不能取 wh- 词语"谁"作为其先行词。但 [10b] 和 [10d] 中的代词"他"如果做不同的解释，即代词不与"人人"或"谁"同指，而是指句子之外或语篇中的某个人，那么，这两个句子仍合乎语法，如 [11] 所示：

[11]（a）人人认为他会赢。

（b）谁认为他会赢？

此外，在汉语这样的零主语语言中，从句中的主语代词可以不出现，这时，零主语代词（通常用代语 pro 来表示）就与英语显性主语代词的表现非常相似，即零主语代词的先行词现在可以取量化词语"人人" 或 wh- 词语"谁"作为其先行词，如例 [12] 所示：

[12]（a）人人$_i$ 认为 pro$_i$ 会赢。

---

[1] [10a] 和 [10c] 中的代词 he 也可以指句子之外（即语篇中）的某个人。

（b）谁ᵢ认为 proᵢ 会赢?

显性代词制约知识对母语为英语的第二语言日语（或汉语、西班牙语等）学习者而言显然是一个刺激贫乏问题。这是因为：①在第二语言（如日语、汉语等）输入中显性代词和零代词通常会出现在相同的句法环境下，并取相似的先行词，而且语言输入中似乎没有能够说明这两种代词间差异的信息。换言之，第二语言输入就显性代词和零代词与什么样的先行词之间产生制约关系没有提供任何有用的信息。②母语为非零主语语言（如英语）也无法提供有关显性代词和零代词与什么样的先行词之间会产生制约关系的信息，即排除了母语知识迁移的可能性。此外，这样的制约信息也不可能出现在第二语言教学过程之中。如果第二语言学习者能够成功习得有关显性代词制约的知识，那就说明这一 UG 原则制约中介语语法。Kanno（1997，1998）先后两次对具有中等日语水平的英语母语者习得第二语言日语显性代词制约知识进行了实证研究，采用的研究工具是同指判断任务。例如：

[13]（a）*Dareᵢ ga [kareᵢ ga kuruma o katta to] itta no?（谁说他买车了？）

　　（b）Whoᵢ said [that heᵢ bought a car]?（谁说他买车了？）

[14]（a）Dareᵢ ga [proᵢ kuruma o katta to] itta no?（谁说买车了？）

　　（b）*Whoᵢ said [that proᵢ bought a car]?（谁说买车了？）

[15]（a）Tanaka-sanᵢ wa [proᵢ kaisya de ijiban da to] itte-iru.（田中先生说是公司最棒的。）

　　（b）*Mr Tanakaᵢ is saying [that proᵢ is the best in the company].（田中先生说是公司最棒的。）

[16]（a）Tanaka-sanᵢ wa [kareᵢ ga kaisya de ijiban da to] itte-iru.（田中先生说他是公司最棒的。）

　　（b）Mr Tanakaᵢ is saying [that heᵢ is the best in the company].（田中先生说他是公司最棒的。）

[13a] 不合乎语法，因为日语和汉语一样：从句中的显性代词主语 kare（他）不能与 wh- 词语 dare（谁）同指；而 [13b] 是合乎语法的，因为英语没有这种限制。[14a] 合乎语法，因为日语从句中的零代词主语是可以取 wh- 词语作为其先行词；而英语从句中是不能没有代词主语的，所以 [14b] 不符合语法。[15a] 也合乎语法，因为日语从句中的零代词主语是可以与前面的指称词语 Tanaka-san（田中先生）同指；而 [15b]

之所以不符合语法是因为英语属于非零主语语言，从句中的主语位置上不能没有代词。就例 [16] 而言，日语和英语在显性代词与指称先行词之间的关系上是没有区别的：从句中的显性代词均可以取前面的指称词语 Tanaka-san/Mr Tanaka 作为其先行词。

Kanno 将第二语言日语学习者的测试结果与日语为母语的对照组的结果进行对比后发现：英语为母语的第二语言日语学习者的表现比较接近对照组，说明他们已掌握了日语显性代词制约的知识；他们能够成功拒绝像 [13a] 这类错误的同指句子，同时也能接受像 [14a]、[15a] 和 [16a] 这类同指正确的句子。他们所掌握的显性代词制约知识不可能是来自母语，因为英语是非零主语语言，可以取量化先行词；同时，这种知识也不可能由第二语言输入充分提供，因为日语零代词和显性代词在许多情况下可允许相同的先行词。此外，这种知识也不可能在课堂上或教科书中得以讲授。因此，Kanno 的结论是，英语为母语的第二语言日语学习者关于日语代词限制的知识只能来自 UG 原则中的显性代词制约，这说明他们的中介语语法受 UG 制约。

6.5　普遍语法参数的验证

UG 的参数在不同的语言中会体现出不同的参数值，因此，不同的语言一般会将 UG 参数设定为不同的值。参数值通常具有二元性，表现为"± 参数值"，即一部分语言拥有某一参数值，而其他语言则没有这一参数值。就参数验证而言，UG 框架下的第二语言习得研究关注的是，第二语言学习者的母语参数值和第二语言参数值的不同设定。如果 UG 在第二语言习得中仍然起作用，那么母语参数值不同于第二语言参数值的学习者是能够成功习得第二语言的参数值，即他们可以将自己的母语参数值重新设定为第二语言参数值。本节讨论的实证研究主要涉及代语省略（pro-drop）和中心词指向（head direction）这两个参数的验证。

6.5.1　代语省略参数

代语省略参数，又叫零主语参数（null subject parameter），是指一些语言（如意大利语、西班牙语、汉语等）可允许陈述句的主语省略，即这些语言在底层结构中有代语 pro 出现，但在表层结构中代语 pro 则不需要出现，因此这类语言具有＋ pro-drop 值；而其他语言（如英语[1]、法语、德语等）则不允许主语省略，即在表层结构中代语 pro 必须出现，因此，这类语言具有－ pro-drop 值。以意大利语为例：

———————————
[1]　英语祈使句和并列句的第二个小句的主语省略除外。

[17]（a）Parla.（他说。）

　　（b）Lui parla.（他说。）

　　（c）*Speaks.（说。）

　　（d）He speaks.（他说。）

意大利语属于代语省略语言，句子的主语可以省略也可以不省略。所以，[17a] 和 [17b] 都合乎语法。但 [17a] 对应的英语句子 [17c] 则不符合语法，因为英语属于非代语省略语言，只能使用 [17d] 这样的句子。

UG 的参数一般都具有一组相关的特征丛（cluster of properties），这些特征会体现在不同的结构中，从而产生所谓的"参数效应"（parametric effects）。代语省略参数一般具有以下几个主要特征：第一个特征是主谓颠倒（subject-verb inversion），即在代语省略语言中主语可出现在动词之后，如 [18a] 所示：

[18]（a）Parla lui.（他说。）

　　（b）*Speaks he.（* 说他。）

第二个特征是 that- 语迹保留（retention of that-trace），像西班牙语这样的代语省略语言，在 wh- 词语从从句的主语位置上移出后，仍然允许标补词 que（que 相当于英语的 that）保留在语迹位置上，如 [19a] 所示：

[19]（a）Quien dijiste **que** vino？（你说谁来了？）

　　（b）*Who did you say **that** came？（* 你说那谁来了）

　　（c）Who did you say **t** came？（你说谁来了？）

第三个特征涉及虚位词（expletive）it（表示"天气"）的使用。在英语等非代语省略语言中，表示气候句子的主语位置上需要用 it。但在意大利语这样的非代语省略语言中，表示气候句子的主语位置上则不需要用 ciò（ciò 相当于英语的 it），如 [20a] 和 [20c] 所示：

[20]（a）Piove.（下雨了。）

　　（b）*Rains.（下雨了。）

　　（c）*Ciò piove.（天下雨了。）

　　（d）It is raining.（天下雨了。）

此外，区分代语省略语言和非代语省略语言的一个重要标志是动词变化形式与主语之间的 AGR（一致关系）。在意大利语这样的非代语省略语言（汉语除外）

中，动词的变化形式给省略的主语提供了丰富的语法信息，如人称、时态等；而像英语这样的非代语省略语言则给句子主语提供很少的语法信息，如表 6.1（根据 Haegeman 1994: 24）所示：

表 6.1 动词变化形式与主语的关系

人称	英语	意大利语	汉语
第一人称单数	I speak	io parlo	我说
第二人称单数	you speak	tu parli	你说
第三人称单数	she speaks	lei parla	她说
第一人称复数	we speak	noi parliamo	我们说
第二人称复数	you speak	voi parlate	你们说
第三人称复数	they speak	loro parlano	他们说

从表 6.1 不难看出，英语的动词只有两种变化形式，意大利语却有六种变化形式，而汉语则没有变化，只有一种形式。由此可知，在意大利语等代语省略语言（汉语除外）中 AGR 通过动词的变化形式能够充分反映主语的语法信息，而英语等非代语省略语言一般则不能。

关于代语省略参数的第二语言习得研究主要集中于典型的代语省略语言西班牙语和非代语省略语言英语。White（1986b）的研究目的是验证第二语言学习者是否始于母语参数，然后逐步转向第二语言参数的使用，以及他们是否同时掌握该参数的相关特征（主语省略、主谓颠倒和 that- 语迹等）。该研究分为实验组和对照组：实验组是母语为代语省略语言的西班牙语（32 人）和意大利语（2 人）的英语（非代语省略语言）学习者，对照组是母语为非代语省略语言的法语（37 人）的英语学习者；他们都是麦吉尔大学继续教育项目的学生，且经过入学测试确定他们的英语水平相当。研究工具有二：一是语法判断题，受试对所给的英语句子做出"正确"、"不正确"和"不确定"回答；如果回答"不正确"，受试还需要纠正过来。二是写出句子划线部分的问句形式。所有测试句都涉及代语省略参数的主语省略、主谓颠倒和 that- 语迹三个特征中的一个。研究方案设计严谨，因此，实验组和对照组测试结果之间的任何差异都将表明母语的参数设定影响第二语言学习。

实验结果显示：在主语省略和 that- 语迹的测试方面，母语分别为西班牙语和意大利语的英语学习者所犯的错误明显要多出母语为法语的英语学习者，但在主谓颠倒上，两组的结果并没有多少差异。据此，White（1986b: 69）得出这样的结论：第二语言学习者不是从零而是从母语的参数设定开始，并逐步过渡到第二语言的参数；他们在代语省略参数上所犯的错误至少在一段时间内是属于母语迁移错误。

其他关于代语省略参数的第二语言习得研究并未完全支持 White 的研究结果。例如：Liceras（1989）对母语分别为英语和法语（均为非代语省略语言）的西班牙语（代语省略语言）学习者习得代语省略参数的情况进行的实证研究发现：大多数英国和法国的西班牙语学习者在主语省略这一特征上并非从母语的参数设定开始，而是直接选取第二语言的参数设定。在主谓颠倒和 that- 语迹方面，来自法国的西班牙语学习者表现得要明显好于来自英国的西班牙语学习者，这是因为法语与西班牙语一样具有丰富的动词变化形式。此外，Liceras 还发现这一参数的三个特征具有难度等级：主语省略＜主谓颠倒＜ that- 语迹，即习得了 that- 语迹的学习者一般都掌握了前两个参数特征，但反之则不然。

6.5.2　中心词指向参数

中心词指向参数与中心词参数相关联但又不同；后者是指短语内中心词与其补语间的位置关系，而前者是指句子结构内从句位置的前置或后置。（Cook 1993: 188）例如：在英语中，关系从句（如定语从句和状语从句）一般都在名词中心词之后 [1]，而在汉语和日语等语言中，关系从句一般都在名词中心词之前，如例 [21] 和 [22] 所示：

[21]（a）I like the meal **Mother cooks**.

（b）我喜欢**妈妈做的饭**。

[22]（a）He'll go **when I ask him**.

（b）**我要是请他**他会去的。

由此可知，中心词指向参数也具有两个值：从句的前置和从句的后置。这一参数在早期语言类型学研究中又叫"主要分支指向"（Principal Branching Direction，简称 PBD），即世界上的语言主要分为"左分支"（left branching）结构语言（如汉语）和"右分支"（right branching）结构语言（如英语）。

广义上，中心词指向参数研究还包括"照应"（anaphora）关系。照应分为前向（或右向）照应（forward anaphora）和后向（或左向）照应（backward anaphora），如例 [23] 所示：

---

[1]　英语状语从句也可放在主句之前，但一般而言状语从句位于主句之后的情况居多。

[23]（a）**John** locked the door when **he** left.（**John** 在他离开时把门锁上了。）

（b）When **she** left, **Kate** locked the door.（在她离开时，**Kate** 把门锁上了。）

[23a] 为前向照应，John 和代词 he（他）由左向右联系起来；而 [23b] 为后向照应，Kate 与代词 she（她）由右向左联系起来。根据 Cook（1993：189）的观点，中心词指向参数决定着照应指向偏好：从句前置语言偏好于后向照应，而从句后置语言则偏好于前向照应。

就第二语言习得而言，如果母语和第二语言的中心词指向参数值设定相同，那么这一参数的习得就会容易，否则这一参数的习得就会困难。（Flynn 1984）Flynn 对两组来自不同母语背景的成人英语学习者习得中心词指向参数中的照应关系的情况进行了实证研究：一组（51 人）的母语为西班牙语（属于从句后置语言），另一组（53 人）的母语是日语（属于从句前置语言）。实验工具是诱发模仿（elicited imitation），即受试跟随实验者重复句子。句子按组读出，每组有三句：一句有（前向或后向）照应，一句没有照应，还有一句为不包含从句的控制句。分数是根据受试重复时是否改变原来的句法结构或意义来计算。实验结果显示：母语为西班牙语的英语学习者，无论是在有无照应的句子上，还是涉及前向或后向照应的句子上，都要比母语为日语的英语学习者得分高很多。Flynn 据此认为，这是母语的中心词指向参数设定影响了两个实验组的表现。由于日语和英语在这一参数上设定不同，所以日本的英语学习者就会感到困难，而西班牙语与英语在这一参数上设定一致，所以西班牙的英语学习者就不会感到困难。

Flynn（1989）对她自己在 1984 年的研究中所测试的两组受试（分别为 51 名说西班牙语的英语学习者和 53 名说日语的英语学习者）又进行了限制性关系从句的实证研究，采用的工具仍是诱发模仿。测试的限制性关系从句分为两类：一类是关系从句修饰主语或宾语，另一类是关系词在从句中作主语或作宾语。例如：

[24]（a）The student **who called the gentleman** answered the policeman.（给绅士打电话的那个学生回答了警察的问题。）

（b）The diplomat questioned the gentleman **who** the student called.（外交官质问了学生电话找过的那个绅士。）

[25]（a）The policeman **who** the student called greeted the businessman.（学生电话找过的那个警察问候了那个商人。）

（b）The boss introduced the gentleman **who questioned the lawyer.**（老板给质问律师的那个绅士做了介绍。）

[24a] 中的关系从句修饰主语 the student（那个学生），同时，从句中的关系词 who 作主语；而 [24b] 中的关系从句修饰宾语 the gentleman（那个绅士），同时，从句中的关系词 who 作宾语。[25a] 中的关系从句修饰主语 the policeman（那个警察），同时，从句中的关系词 who 作宾语；而 [25b] 中的关系从句修饰宾语 the gentleman（那个绅士），同时，从句中的关系词 who 作主语。Flynn 的研究结果显示：在这两类包含关系从句的所有句子上说西班牙语的英语学习者表现得明显要比说日语的英语学习者好。这进一步表明母语的中心词指向参数设定对第二语言习得产生了影响。

此外，唐承贤（2004）根据 Schachter[1]（1974）的语言分支指向的实证研究结果对 165 名非英语专业硕士生的英语定语从句的汉译进行了研究，结果发现母语迁移（即母语参数设定的影响）确实发生，而且迁移的比例基本上与学生的成绩相关：成绩越好，迁移的可能性就越小；反之，成绩越差，迁移的可能性就越大。这表明母语中的中心词指向参数的不同设定会影响另一语言的习得。

6.6　结　语

本章重点讨论了普遍语法与第二语言习得研究相关的四个问题：第二语言习得的逻辑问题、普遍语法的可及性问题、普遍语法原则的验证和普遍语法参数的验证。

普遍语法在第二语言习得研究中的应用必须要满足逻辑问题这一基本要求。第二语言习得的逻辑问题意味着，第二语言某个方面的知识点明显不能从第二语言输入中学到。但仅凭此要求还不足以确定和证明 UG 为第二语言学习者可及（或者说，UG 制约中介语语法）。我们还需要知道，这一知识点同时也不能从母语中或通过教学和其他手段学到。

普遍语法是否为第二语言学习者可及是一个相当复杂的问题，这一点我们从不同的研究者经常会得出不同的结论中就可以看出：UG 完全可及或直接可及、UG 部分可及或间接可及以及 UG 完全不可及等。针对这些不同的研究结果，究其原因可能有研究方法上的不够严谨、不同的母语与第二语言之间的距离、不同的母语与 UG

---

[1]　Schachter 的研究发现：中、日学生在英语作文中使用的关系从句数量要比阿拉伯学生少很多，原因是汉语和日语是左分支语言，而阿拉伯语和英语一样属于右分支语言。Schachter 据此认为，语言分支指向对第二语言学习产生"回避"（avoidance）之影响。

之间的关系、第二语言习得的不同环境以及学习者的个体差异等。

关于 UG 原则和参数的验证，本章主要讨论了三个原则（分别是右脊制约原则、邻接原则和显性代词制约原则）和两个参数（代语省略参数和中心词指向参数）的验证。虽然所选的原则和参数的验证研究结果都在一定程度上表明 UG 制约中介语语法，但由于选择的研究数量有限，涉及的原则和参数也不多，所以，这样的结果并不具有广泛的代表性，不能代表所有此类研究都支持 UG 制约中介语语法这一结论（我们将在第 8 章讨论反对 UG 制约中介语语法这一主张的"根本性区别假说"）。由此可见，在第二语言习得研究中普遍语法的可及性问题是一个值得长期研究的课题。

第 7 章　普遍语法与中介语语法的发展 [1]

7.1　引　　言

当普遍语法（即 UG）在 20 世纪 80 年代初期开始应用于第二语言习得研究时，研究者们主要集中于第二语言习得的逻辑问题和 UG 可及性问题的研究。从第 6 章的讨论和分析中我们不难看出，尽管许多学者倾向于 UG 为第二语言学习者可及（不论是 UG 全部可及还是部分可及），但从全局来看，第二语言习得研究界对 UG 的可及性问题还是莫衷一是，无法取得完全一致的共识。因此，随着 UG 框架下的第二语言习得研究不断的向前发展，研究者们逐步开始关注 UG 在整个中介语语法（从初始状态至恒定状态）中的作用。

White（2003: 1）认为，UG 制约人类自然语言，同时，UG 也在一定程度上制约第二语言学习者的中介语语法。但 White（ibid: 2）也承认，中介语语法与母语者的语法存在着许多区别。因此，第二语言习得研究开始关注 UG 在整个中介语语法中的作用，这意味着学者们开始关注第二语言学习者的语言知识表征的本质，并研究第二语言学习者的中介语语法能在多大程度上显示出自然语言的特征，因为自然语言是受 UG 制约的。

本章将重点讨论普遍语法对整个中介语语法的制约作用，主要涉及中介语语法的初始状态、初始状态后的中介语语法发展（包括中介语语法中的参数设定、语言输入的触发作用和形态—句法接口）以及中介语语法的恒定状态等问题。

7.2　中介语语法的初始状态

在儿童母语习得中，儿童的初始状态为 UG，是 UG 预先决定了母语特有的语法

---

[1]　本章是根据唐承贤（2007a）对 White（2003）的专著述评发展而来。

形式和功能作用。但在儿童母语达到恒定状态语法的过程中，UG 是转变成为特定的母语语法呢？还是独善其身，未发生任何变化呢？对于这样的问题主要存在着两种不同的回答：一种回答是，UG 在母语习得过程中已转变成了特定的母语语法（Degraff 1999）或 UG 只作为特定的母语语法而保留下来（Bley-Vroman 1990）；另一种回答是，UG 虽然引导母语习得，但不会转变成特定的母语语法。换言之，UG 并未在母语习得中发生任何变化。（Epstein et al. 1996；Flynn & Martohardjono 1994）

一般而言，第二语言习得与母语习得不同（儿童双语同时习得除外），这是因为前者是在后者完成后进行的。White（2003：58）认为，第二语言习得的初始状态是第二语言学习者在接触第二语言输入前所具有的无意识语言知识。那么，根据 UG 在母语习得中可能产生的两种不同结果，第二语言学习者所具有的这种无意识语言知识究竟是母语语法还是 UG 呢？本节将对此问题予以回答和讨论。根据 White（2003：58-99）的讨论，有关第二语言习得的初始状态本质的研究主要涉及五种假说，概述如下。

（1）Schwartz 和 Sprouse（1996）的"全部迁移全部可及假说"（Full Transfer Full Access Hypothesis）。这一假说认为，第二语言习得的初始状态全部为母语语法，这意味着不同母语背景的第二语言学习者在学习相同的第二语言时，其初始状态是不同的，但在随后的语言习得过程中，不同的初始语法会不断地发生变化；第二语言学习者在母语语法不适应第二语言输入中的语法特征时，会求助于母语中未有体现的 UG 参数，并根据 UG 的参数系统进行参数重新设定，从而最终习得第二语言的特征。相关的实证研究（Slabakova 2000；Yuan 1998 等）表明：第二语言学习者的中介语语法存在着支持这一假说的两个证据：一是中介语语法中的母语特征，二是逐渐脱离母语语法的第二语言语法重构。下面以 Slabakova 的实证研究为例予以说明。

Slabakova 考查了西班牙和保加利亚两国的英语学习者对英语"终结体"（telicity）的习得情况。英语终结体是指一个句子描写的情况有明确基数来表示自然的终点；反之，没有明确基数表示自然终点的则为无终结体，如例 [1]（White 2003：65）所示：

[1]（a）Angela made a cake.（Angela 制作了一块蛋糕。）

（b）Angela made cakes.（Angela 制作许多蛋糕。）

[1a] 中因为名词前有不定冠词 a（表示"一块"）表示明确的数量，所以"制作"这一活动应理解为完成；而 [1b] 中的名词用的是复数，未能表示明确的数量，所以"制

作"这一活动就可以理解为未完成。需要注意的是，不论是表示终结体还是无终结体，[1a] 和 [1b] 都是合乎英语语法的句子。

西班牙语表达终结体／无终结体的方式与英语相同，而保加利亚语则通过给动词添加标记来表示某个动词的终结体，无终结体则没有动词标记。Slabakova 通过例 [1] 这样的句子针对这两组学习者所进展的实验研究结果显示：西班牙的英语学习者在终结体／无终结体的判断上表现得与英语母语者基本相当，而保加利亚的英语学习者在无终结体的判断上表现得比较准确，但在终结体的判断上则表现得与英语母语者差距较大，这是因为英语不是依靠动词的标记来表示终结体的。这样的结果说明，保加利亚的英语学习者在英语终结体／无终结体的判断上受到了母语迁移的影响，从而支持了全部迁移全部可及假说。

（2）Vainikka 和 Young-Scholten（1996a, b）的"最简树型假说"（Minimal Trees Hypothesis）。这一假说认为，第二语言习得的初始状态只有部分是母语语法，主要是母语的词汇范畴以及相关的母语特征（如中心词的位置），缺少母语的功能范畴，但 UG 的全部功能范畴随时可及。不同母语背景的第二语言习得意味着，学习者在开始阶段会迁移母语的词汇范畴特征，但他们很快就会根据第二语言输入将词汇范畴的中心词设定为符合第二语言的特征值（如中心词居首或居尾），然后根据第二语言输入与 UG 的相互作用逐渐将功能范畴自下而上地增加至中介语语法中，并做出相应的投射，如 DP、IP、CP 等。（Vainikka & Young-Scholten 1998）但母语的功能范畴特征不会在中介语语法的任何阶段出现。

支持最简树型假说的证据来自 Vainikka 和 Young-Scholten（1996a, b）他们自己的实证研究。这些研究考查了移民到德国的成人德语学习者，他们的母语分别为土耳其语、韩语、西班牙语、意大利语和英语。前两种语言的词序与德语相同，均为中心词居尾，后三种语言的词序均为中心词居首。Vainikka 和 Young-Scholten 对这些来自不同母语背景的成人德语学习者进行纵向和横向研究获取了自发性（spontaneous）和诱发性（elicited）语言使用数据，通过分析这些数据发现，第二语言德语学习者的早期中介语语法只包含了带有母语中心词位置特征的词汇范畴，但没有母语的功能范畴，即所谓"光杆不定式短语"（bare VP），如例 [2]（Vainikka & Young-Scholten 1998: 93）所示：

[2]（a）一位母语为韩语的成人德语学习者

*Haar schön machen.（＊头发漂亮弄。）

*Hair pretty make.（＊头发漂亮弄。）

Sie macht die Haare schön.（她在美发。）

She's making her hair pretty.（她在美发。）

（b）一位母语为意大利语的成人德语学习者

*Ich sprechen die meine Firma.（＊我说这个我的公司。）

*I speak the my firm.（＊我说这个我的公司。）

Ich spreche mit meiner Firma.（我和我的公司说了。）

I speak to my firm.（我对我的公司说了。）

（c）一位母语为英语的成人德语学习者

*Peter lernen die Buch.（Peter 学这本书。）

*Peter learn the book.（Peter 学这本书。）

Peter lernt aus dem Buch.（Peter 从这本书上学。）

Peter learns from the book.（Peter 从这本书上学。）

从 [2a]、[2b] 和 [2c] 不难看出，来自韩国、意大利和英国的成人德语学习者都将自己母语 VP 词序迁移到了第二语言德语中；同时，Vainikka 和 Young-Scholten 还发现：当西班牙、意大利和英国的德语学习者从语言输入中得知目的语与母语的词序不同时，则立刻转向第二语言词序。在经过早期光杆 VP 后，这五组学习者开始使用有待完备的功能投射，随后他们在 UG 的引领下逐步使功能投射符合第二语言的功能特征要求（如 DP、IP、CP 等），从而基本完成第二语言句子结构的建构任务。

（3）Eubank（1996）的"无值特征假说"（Valueless Features Hypothesis）。无值特征假说认为，中介语的初始状态基本上是母语的词汇范畴和功能范畴。母语的功能范畴虽然可及，但其特征值不可及，这是因为母语的功能范畴为无值或"惰性"（inert）特征值。换言之，母语的功能特征强度不会迁移，即在初始状态中，功能特征（值）既不为强也不为弱。因此，惰性只是早期中介语语法的特征，初始状态后特征值的强弱以及定式（finite）动词是否提升将会根据第二语言输入确定下来。

功能特征（值）强度会影响词序。在英语等语言中，功能范畴 INFL（即屈折变化）体现为弱动词特征，这意味着定式动词要保留在 VP 中，不会提升（raise）；与此相反，在法语等语言中，功能范畴 INFL 体现为强动词特征，这样动词需提升至 INFL 处以接受特征核查。由此可知，定式动词要么像英语那样不提升，要么像法语那样必须提升，如例 [3] 和例 [4]（White 2003: 79）所示：

[3]（a）Marie regarde$_i$ [souvent [$_{VP}$ t$_i$ la télévision]]（*Marie 看经常电视。）

（b）*Marie [souvent [$_{VP}$ regarde la télévision]]（Marie 经常看电视。）

[4]（a）Mary [often [$_{VP}$ watches television]]（Mary 经常看电视。）

（b）*Mary watches$_i$ [often [$_{VP}$ t$_i$ television]]（*Mary 看经常电视。）

因为法语中的功能范畴 INFL 为强动词特征，这意味着动词须提升，所以 [3a] 合乎语法；而 [3b] 则因动词未能提升而不符合语法。英语中的功能范畴 INFL 为弱动词特征，这意味着动词无须提升，所以 [4a] 合乎语法，[4b] 则因动词提升而不符合语法。

根据无值特征假说，特征值既不为强也不为弱；这样就会出现定式动词可能提升也可能不提升的现象。对第二语言习得而言，学习者如果习得的是一种强特征的语言（如法语），那么他们的早期中介语语法中就可能会出现例 [3] 这样的两种句子。同理，第二语言学习者如果正在习得一种弱特征的语言（如英语），那么他们的早期中介语语法中就可能会出现例 [4] 这样的两种句子。这种预测得到了 White（1990/1991，1991）对第二语言学习者关于动词移位和副词位置习得的实证研究的支持。White 的研究结果显示：说法语的英语学习者同时接受并使用例 [4] 中的两种英语词序，从而支持了无值特征假说。

但是，也有研究不支持无值特征假说。Yuan（2001）对说英语和说法语的两组汉语（与英语相同为弱特征）学习者关于副词位置习得的实证研究结果表明：这两组汉语学习者同时使用和接受 [5a] 的比例要远远高于 [5b] 的比例，从而否定了无值特征假说。

[5]（a）张三常常看电视。（Zhangsan often watches television.）

（b）* 张三看常常电视。（*Zhangsan watches often television.）

Eubank 认为，无值特征只是个临时现象，当丰富的屈折变化形式被第二语言学习者习得后，特征值就会确定下来，或为强特征或为弱特征。如果是这样的话，那么 Yuan 的研究结果就可能表明：他研究的两组汉语学习者在他们的早期中介语语法中已将特征值确定为弱特征了，因而结果才会出现高比例使用和接受 [5a] 词序。

（4）Platzack（1996）的"初始句法假说"（Initial Hypothesis of Syntax）。这一假说认为，第二语言习得的初始状态与母语习得的初始状态一样，同为 UG。功能范畴的所有特征全部设定为默认的弱值，即使母语语法特征为强值也不例外。随后，学习者将根据第二语言输入重新设定功能范畴的特征值。

在第二语言习得研究中，针对初始句法假说的实证研究还未开展起来，但现有的一些研究结果有支持这一假说的，也有质疑这一假说的。前面提及的 Yuan（2001）的实证研究结果就是支持初始句法假说的，因为说法语的汉语学习者几乎始终拒绝汉语的动词提升，如 [5b] 所示；尽管法语为强特征语言，但这些学习者并未迁移法语的强特征。这很可能说明该功能范畴特征已设定为符合 UG 的弱值。不过前面提及的 White（1990/1991，1991）的实证研究结果似乎与这一假说相冲突。White 的研究结果表明：说法语的英语学习者同时接受并使用例 [4] 中的两种英语词序，这显然说明他们的初始状态是无值特征，而非弱值特征。

（5）"全部可及假说"（Full Access Hypothesis）。这一假说是由 Flynn 和 Martohardjono（1994）、Flynn（1996）以及 Epstein 等（1996）提出的，其核心思想是中介语语法的各个阶段都受 UG 制约，初始状态也不例外。在 UG 和第二语言输入共同作用下，参数从一开始就设定为第二语言的值，而不是母语的值。全部可及假说完全排除了母语语法结构成为中介语语法的初始状态之可能性。尽管如此，中介语语法中仍可能存在母语的影响。

为验证这一假说，Epstein 等（1996）通过诱发模仿对日本儿童和成人英语学习者有关功能投射 IP 和 CP 的形态和句法特征知识（分别如例 [6] 和 [7] 所示）的习得情况进行了实正研究。

[6] 测试 IP 的句子（Epstein et al. 1996：704）

（a）The clever student **is inspecting** the expensive basket.（那个聪慧的学生在检查这个昂贵的篮子。）（测试的是现在进行时）

（b）The happy janitor **does not want** the new television.（那个快乐的看门人不想要这台新电视机。）（测试的是助动词否定式）

[7] 测试 CP 的句子（Epstein et al. ibid）

（a）**Which secret message** does the young girl find _ in the basket?（那个小女孩在废纸篓中找到了哪条秘密信息？）（测试的是 wh- 成分作宾语的问句）

（b）The lawyer slices the vegetables **which the father eats**.（律师将父亲吃的蔬菜切碎。）（测试的是关系从句）

这一研究的指导思想是，学习者如果能够成功模仿这些不同的测试句，那就说明他们的现有语法已包含了这样的知识。换言之，他们已掌握了有关 IP 和 CP 的功能特征和句法特征。研究结果显示：儿童和成人英语学习者在模仿能力上没有出现重大差异；两组模仿 IP 测试句的准确度要明显高于他们模仿 CP 测试句的准确度，这样的结果最多只能说明部分支持全部可及假说，因为 CP 知识似乎并没有完全出现在他们的初始语法中。Epstein 等人的解释是受母语影响，因为日语中没有涉及长距离或短距离的 wh- 成分移位。

综观以上五种假说，它们的不同点主要表现在功能范畴、特征强度、母语影响和发展序列等方面，实证研究可从这些方面展开，获得的结果可成为相关假说的佐证或反证。不过，实证研究也会存在"证伪性问题"（falsifiability problem）：凡有数据不支持某一假说，有人就会说这些数据不是来自处于初始状态的学习者；如果找到更早的数据，这一假说就会获得支持。尽管这些假说观点不尽相同，但其基本预设一致：UG 不会因为母语习得而发生变化，UG 与第二语言学习者的母语分离，以及 UG 制约第二语言学习者的中介语语法。

7.3　中介语语法发展中的参数设定问题

如果 UG 制约中介语语法的发展，那么因语言而异的 UG 参数（包括功能范畴）将是影响中介语发展的重要因素。因此，本节将继中介语语法初始状态的各种理论假说的讨论之后，进一步探讨 UG 参数在中介语语法中是否可以重新设定这一问题。围绕 UG 参数在中介语语法中作用的研究主要涉及参数系统整体损伤（global impairment）、参数系统局部损伤（local impairment）、无参数重新设定假设（No Parameter Resetting Hypothesis）和参数重新设定假设（Parameter Resetting Hypothesis）四个方面。

所谓参数系统整体损伤意味着中介语语法中没有 UG 的参数，因此，与参数相关的语言结构须逐个学习；参数系统局部损伤意味着，部分 UG 参数在中介语语法中永久呈现"惰性"特征值，即这部分参数既不体现为母语的特征值，也不体现为第二语言的特征值。参数系统不论是整体损伤还是局部损伤都意味着，中介语语法存在缺陷，不再全部受 UG 制约，而且可能会呈现非自然语言的特性。

White（2003: 102）指出，如果中介语语法受 UG 制约，那么与某个参数关联的句法和形态特征就应聚集（cluster）起来，或体现为母语参数设定，或体现为第二语言参数设定，而且理想的话，这些特征基本上会被同时习得。因此，主张中介语语法中参数系统整体或局部损伤就意味着，这种聚集效应不会全部出现在中介语语法中。例如：Clahsen 和 Hong（1995）对 33 名母语为韩语（属于零主语语言）的成人第二语言德语（属于非零主语语言）学习者采用句子匹配任务，并对有关零主语参数的两个特征（分别为零主语允准和一致关系识别）的习得情况进行了实证研究，结果显示：13 名德语学习者与母语对照组在两个特征上的表现基本吻合，说明 UG 参数制约他们的中介语语法；另有 13 名学习者与母语者在这两个特征上的表现差距很大，说明 UG 的这一参数完全损伤；还有 7 名学习者的表现介于两者之间，即他们只在其中一个特征上的表现接近母语者，这说明 UG 的这一参数在他们的中介语语法中为部分损伤。

为验证参数系统局部损伤假说，Beck（1998）先后采用翻译（英译德）和句子匹配（包含合乎语法的动词提升句子和不合乎语法的无动词提升句子）任务，对英语为母语的第二语言德语学习者关于 INFL 特征强度与动词提升的习得情况进行了实证研究。与英语相反，德语属于中心词居尾语言，其功能范畴 INFL 体现为强特征，所以句中的动词一定要从 VP 提升出来至 IP 之前才符合语法，如 [8a] 所示；否则，句子就不合乎语法，如 [8b] 所示（White 2003: 115）。

[8]（a）Maria$_j$ trinkt$_i$ [$_{IP}$ t$_j$ [oft [$_{VP}$ Kaffee t$_i$] t$_i$]]（*Maria 喝经常咖啡。）

*Maria drinks often coffee.（*Maria 喝经常咖啡。）

（b）*Maria [oft [$_{VP}$ Kaffee trinkt]]（*Maria 经常咖啡喝。）

*Maria often coffee drinks.（*Maria 经常咖啡喝。）

根据局部损伤假说，参数在中介语语法中呈"惰性"特征值，这意味着动词提升属于选择性范畴，即有时有提升有时无提升。如果受试的德语学习者在对待动词提升时表现出选择性行为，那就支持了局部损伤假说。Beck 的研究结果显示：根据翻译任务划分的"无动词提升"（no inversion）组表现得与母语对照组十分相似，与局部损伤假说的预测不符；而"动词提升"（inversion）组的表现则与局部损伤假说的预测完全相符，即他们在动词提升方面呈现出选择性。由此可见，Beck 的研究结果也未能完全支持局部损伤假说。

与参数系统整体或局部损伤相对的是中介语语法未受损伤，具体体现为无参数重新设定假设和参数重新设定假设。无参数重新设定假设认为，中介语语法中只体现母语的参数设定，但 UG 的参数仍然可及，不过参数的选择范围完全受到限制，因而参数不能重新设定；而参数重新设定假设认为，中介语语法不限于母语语法中所体现的参数设定，母语语法中没有的功能范畴、特征和特征值也会在中介语语法中得以体现。在功能域中，中介语语法全部受 UG 制约，因此功能范畴、特征和特征强度全部可及，参数可以重新设定。不过，参数重新设定并不能保证这些参数就一定能设定为第二语言的参数值；它们也可能被设定为母语的参数值，或是非母语非第二语言的参数值。参数不论可否重新设定都意味着，中介语语法未受损伤，UG 的参数仍然可及，而且中介语语法总体上呈现自然语言的特性。

针对无参数重新设定假设，Hawkins 和 Chan（1997）提出"失效的功能特征假说"（failed functional features hypothesis）以示支持。所谓失效的功能特征假说是指第二语言学习者无法习得那些与母语不同的特征；尽管受限于母语参数值，但中介语语法仍能体现出与第二语言数据相符并受 UG 制约的表征式。为验证这一假说，Hawkins 和 Chan 对说粤语和说法语的两组英语学习者有关限制性关系从句的掌握情况进行了对比研究。汉语和英语在标补词 ±wh 的参数特征上存在着明显差异：汉语属于标补词－wh 特征语言，而法语与英语一样属于＋wh 特征语言。

＋wh 特征的语言（如英语）在关系从句的结构上具有以下一些特征：引导关系从句的或是 wh- 词、标补词 that 或零词语，分别如 [9a]、[9b] 和 [9c] 所示；标补词 that 不能与 wh- 词同现，如 [9d] 所示；不允许复现代词（resumptive pronoun）出现，如 [9e] 所示。（White 2003: 124）此外，关系从句是由 wh- 词移位派生而来，因此，移位时 wh- 词一次不能越过一个界限节点，否则就不符合语法，如 [9f] 中的 who 一次越过两个相邻的 DP 和 IP 节点，所以，该句不符合语法。（ibid: 121）

[9]（a）The boy **who** I hit broke the window.（我打的那个男孩砸碎了窗玻璃。）

（b）The lady **that** I met was my former teacher.（我遇见的那个女士是我以前的老师。）

（c）The girl_____John likes is studying at the university.（John 喜欢的女孩现在大学学习。）

（d）*The dog **which that** hurt a child ran away.（＊那只那条咬伤孩子的狗逃走了。）

（e）*The patient that I visited him was very sick.（*我探视他的那个病人病得很重。）

（f）*This is the boy [CP who_i [IP Mary described [DP the way that Bill attacked t_i]]].（这就是 Mary 描写的 Bill 如何攻击的那个男孩。）

粤语和汉语在关系从句的相关方面表现相同：含有关系从句的 DP 其中心词是居尾的；关系从句不是由 wh- 词而是由标补词 [粤语标补词是"嘅"（ge），而汉语标补词是"的"] 引导；wh- 词不许移位；此外，在粤语和汉语中复现代词均可以出现也可以不出现。根据失效的功能特征假说，只有母语中体现出的功能特征才能为第二语言学习者可及。因此，说粤语的英语学习者在这些方面将会感到困难；而说法语的英语学习者则因法语和英语都属于＋wh 特征的语言而不会感到困难。实验结果与失效的功能特征假说的预测基本吻合：在类似于例 [9] 这样的关系从句的相关特征测试上，说法语的英语学习者表现得明显要好于说粤语的英语学习者；同时，说粤语的英语学习者也显示出 UG 制约下顺应第二语言数据的证据。

关于参数重新设定假设的验证，如果第二语言学习者能够成功习得与母语特征强度不同的第二语言特征强度，那就表明参数可以重新设定，从而支持这一假设。White（1992）为验证这一假说，对说法语的儿童英语学习者习得动词移位 / 提升参数的情况进行了实证研究，结果表明，动词移位与功能范畴 INFL 的强度有关。法语为强 INFL，因此，动词在否定句、疑问句和涉及副词位置的句子中需要从 VP 中提升出来；而英语为弱 INFL，所以，动词在这些句子中不能提升，如例 [10]（ibid: 129）所示：

[10]（a）Les chats (n')**attrapent** pas les chiens.（猫不捕捉狗。）

　　　　Cats do not catch dogs.

（b）Les chats **attrapent** souvent les souris.（猫常捕捉老鼠。）

　　　　Cats often catch mice.

（c）**Attrapent**-ils les souris?（它们捕捉老鼠吗？）

　　　　Do they catch mice?

White 采用的实验工具为诱发式口头表达任务（只涉及疑问句）和偏好判断任务（涉及全部三类句子），其中后一任务包括例 [11] 这样的三类句子（ibid: 130）。

[11]（a）Like you pepperoni pizza?（*喜欢你辣香肠比萨饼吗？）

Do you like pepperoni pizza?（你喜欢辣香肠比萨饼吗？）

（b）The boys like not the girls.（*男孩喜欢不女孩。）

The boys do not like the girls.（男孩不喜欢女孩。）

（c）Linda takes always the metro.（*Linda 乘坐总是地铁。）

Linda always takes the metro.（Linda 总是乘坐地铁。）

实验结果显示：在第一项任务中几乎所有的疑问句都未出现动词提升；而在第二项任务中受试在疑问句和否定句上表现得接近母语对照组的水平，说明动词移位参数可以重新设定，从而支持了参数重新设定假设；只有在副词位置上受试表现得相当差，大多数判断都指向动词提升，这似乎说明该参数又不可重新设定。对这一矛盾的结果，White 的解释是，这些儿童英语学习者可以重新设定时态（即 T）强度，但还不能重新设定一致关系（即 AGR）强度，假以时日，他们是可以重新设定该参数的。

本节有关 UG 的参数理论及其相关实证研究的讨论表明：虽然各理论之间以及研究结果还存在着一定的矛盾关系，但总体而言，中介语语法基本上遵循 UG 的参数系统，第二语言学习者在句法方面的表现似乎比他们在形态方面的表现要好。

7.4　语言输入的触发作用和形态—句法接口

第二语言学习者的中介语语法从一开始就不是静止的，而是在不断地发展。在这一发展过程中，语言输入对中介语语法中的参数设定和形态与句法的发展显然具有积极的促进作用。本节讨论的是语言输入的触发作用（triggering）和形态—句法的接口（interface）问题。

White（2003: 152）认为，语言习得理论不仅要解释语法的形式和本质，更重要的是要说明语法的发展，即解释语言输入是如何触发参数重新设定并促使语法变化的；而这样的解释涉及两个重要概念：分解（parsing）和触发语（trigger）。分解是在当前语法基础上给语言输入的每个话语指派一个结构表征式，如将听到的话语分解成单词和词素，然后将单词分解成相应的词性等。分解涉及语音、音位、形态、句法和语义等语言层面，而且必须在当前的语法基础之上进行。当语言输入与当前语法相冲突时，分解便不能成功，这样当前语法就需要重构。语言习得正是分解失败所致。有时候，当前语法会对某些语言输入感知不到而发挥着有效的过滤作用

（filtering），致使学习者不能发现分解的失败，这样中介语语法就可能会停滞不前，出现暂时的石化（fossilization）现象。

触发语是指部分或全部得到分解并能决定选择哪一种参数设定的那部分语言输入。不同的语言会显示不同的参数设定，所以语言输入就可能具有触发参数重新设定的作用。但事实上，并非所有的语言输入都具有这种触发作用；触发语必须是明示的（specified）、无歧义的和独一无二的，也就是要经过分解（至少得到部分分解）并被指派某一句法表征式的相关语言输入。值得注意的是，即使第二语言输入中出现了相关句法的触发语也无法保证学习者就一定能将其识别出来，这是因为有些母语参数值可能会在中介语语法中难以消失。另外，否定性证据提供的只是元语言信息，因而不能成为触发语，故不能促使参数重新设定。至于课堂语言输入，如果这种语言输入只提供元语言信息而不含触发语的话，那么它同样不能有效地促使参数从一种设定转向另一种设定。

在中介语语法的发展过程中，形态多变性（morphological variability）是一种常见的语言现象，它反映了第二语言形态使用的无序性。所谓形态多变性是指时态、一致、数、格、性等抽象范畴和特征的显性形态与限定词、助动词、标补语等这类功能词在其必须出现的场合却时有时无，或使用不当，或过度使用。形态多变性实际上涉及形态和句法的接口问题。在第二语言习得中，学术界对这一问题存在着两种截然相反的观点。

第一种观点是形态先于句法（morphology-before-syntax），它代表了"丰富一致性假说"（Rich Agreement Hypothesis）。形态先于句法的观点认为，显性形态和底层句法之间存在着触发关系（Eubank 1996; Vainikka & Young-Scholten 1996）；丰富的显性形态会触发相应的功能范畴、特征和特征值，因此，显性形态的习得是抽象形态句法习得的必要前提。在第二语言习得情况下，经常缺少某些显性形态就意味着中介语语法暂时或永久缺少相关的句法特征。暂时性缺少一些显性形态则表示这些句法特征最终仍可习得；如果是永久性缺少，那就意味着显性形态和底层句法间的触发关系受阻，致使中介语语法永久损伤。

第二种观点是句法先于形态（syntax-before-morphology），它与"分离假说"（Separation Hypothesis）相关。句法先于形态观点认为，抽象形态句法特征与表层形式分离（Epstein et al. 1996; Ionin & Wexler 2002）；缺少显性形态并不意味着抽象的形态句法特征就缺失，而只是表明第二语言使用时出现了"映射问题"（mapping problem）：第二语言学习者虽然习得了抽象的功能范畴特征及其形态表征，但在使用时他们还不能适时地从心理表征中提取所需的表层形态。映射问题不仅存在于初始语法和最终状态语法，而且还会伴随发展期语法。

根据 White（2003: 198）的观点，形态—句法接口问题的最新研究又将映射问题归因于中介语词库中未充分赋值的（underspecified）词汇。根据这一解释，中介语词库中有些词汇未充分赋值。一个词汇若要插入某一句法节点，那么其特征就必须与"寄生节点"（hosting node）的特征完全匹配。如果它们的特征没有完全匹配，那么竞争就会出现；未充分赋值的词汇可能会在竞争中获胜，这是因为它们未指明的特征被认为与寄生节点的特征相一致。对第二语言学习者而言，即便赋值充分的词汇也不一定能在词汇插入的竞争中获胜，原因是提取赋值更充分的词汇通道因未充分赋值的词汇继续存在而受阻。

7.5　中介语语法的恒定状态

中介语语法的恒定状态是指第二语言习得最终达到的语言水平。一般而言，第二语言学习者很少能够使自己的最终语言水平达到母语者的水平。不仅如此，不同母语背景的第二语言学习者在第二语言习得的体验上，通常也会显示不同程度的成功，即便是同一母语背景的第二语言学习者也不例外。

White（2003: 242）指出，第二语言学习者的最终语言水平可能会出现三种情况：与母语者相仿（native-like）、接近母语者（near-native）和完全的非母语者（non-native）。第一种情况是"趋同"（convergence），即中介语恒定状态语法在所有重要方面与母语者的语法相同，并受 UG 制约。后两种情况均为"趋异"（divergence），但有差异。第二种情况意味着，中介语的最终语法虽与母语者的语法不同，但仍受 UG 制约；而第三种情况则属于不受 UG 制约的趋异，即中介语的最终语法与母语者的语法有着本质的区别。客观地说，在这三种情况中，能够达到与母语者相仿的语言水平的第二语言学习者可谓是凤毛麟角，即便能够达到接近母语者语言水平的第二语言学习者也为数不多，而大多数第二语言学习者都会处于不同程度的非母语者的语言水平。换言之，绝大多数第二语言学习者的最终语言水平都是处于不同程度的趋异状态。

如何识别中介语恒定状态语法呢？根据 White（2003: 244）的观点，识别中介语恒定状态语法的最令人满意的方法是应用纵向数据采集法，但由于这一方法难以操作，所以常用的识别标准是，在第二语言国家的居住时间、第二语言的使用频率、第二语言的语言水平及其应用能力等。然而，这种方法也存在着许多不尽如人意的地方，若想当然地认为，一个人如果在目的语国家居住了足够长的时间，那么其第二语言水平就一定达到了最终语言水平，但事实很可能并非如此，这个人很可能还在继续语言学习（尽管语言水平已经很高），因而其中介语语法尚不能判定为恒定状态。

那么，影响确定绝大多数第二语言学习者的最终趋异语法的主要因素是什么呢？相关的实证研究（Johnson & Newport 1991；Sorace 1993；White & Genesee 1996 等）结果表明：主要影响因素通常是母语，但年龄也可能是影响因素之一。

Sorace 对母语分别为法语和英语的两组成人意大利语使用者（根据入学语言考试结果他们的意大利语水平属于接近母语者的水平）有关动词非受格性（unaccusativity）的恒定状态知识进行了实证研究。所谓非受格动词是不及物动词的一种，这种动词只取一个论元作主题（theme），并出现在句子的主语位置上；而在底层结构中该论元实际上是非受格动词的宾语，如例 [12]（White 2003: 229）所示：

[12] The door$_i$ opened t$_i$.（门打开了。）

意大利语有表达非受格的形态和句法特征，这些特征可用来确定一个动词是否为非受格动词。Sorace 的研究考查的是意大利语的非受格动词在所谓重构（restructuring）环境下的表现情况，即双从句句子中的高位从句含有一个情态动词或体动词（aspectual verb）；前者如 potere（相当于 can），后者如 volere（相当于 want）。在意大利语中，所有非受格动词取助动词 essere（相当于 be）构成完成体。但在重构环境下，如果低位动词是非受格动词，通常取 essere；如果高位动词为情态动词，通常取 avere（相当于 have），但也可取 essere。此外，助动词的选择还需要考虑附着形式（clitic）的位置：低位动词所带的附着代词可出现在高位从句中，这叫作附着形式爬升（clitic climbing）；如果附着代词不爬升，留在低位从句中，那么两个助动词中可任选一个使用。然而，如果附着代词爬升至主动词，那就必须使用助动词 essere。

法语与意大利语在以上这些方面存在着较大差异。法语中大部分非受格动词取助动词 avoir（相当于 have）构成完成时，只有小部分动词使用助动词 être（相当于

be）；法语的助动词不会因情态动词或体动词的变化而变化；不论是高位情态动词结构还是低位非受格动词结构，法语一律使用助动词 avoir；此外，法语虽有附着形式但没有附着形式爬升。英语和意大利语则完全不同：所有动词，不论是非受格动词还是及物动词，都用 have 构成完成时；此外，英语也没有附着形式，更没有附着代词爬升。

针对意大利语助动词的选择取向和附着形式有无爬升，Sorace 采用了语法判断题形式让母语为法语背景和英语背景的两组（分别为法语组和英语组）受试进行比较判断，最终结果显示：在助动词选择取向、带附着形式重构以及附着形式爬升等方面，法语组的表现比起英语组更接近母语者的表现。Sorace 认为，这种表现差异是两组受试的母语在所测试方面的特征差异所致。

另外，Johnson 和 Newport（1991）通过语法判断题的形式对母语为汉语的成人英语使用者关于邻接原则（详见 6.4.2 小节）违反的研究结果表明：虽然这些英语使用者都不能准确拒绝邻接原则违反的句子，但那些成年时到达美国的受试显然比年少时到达美国的受试表现要差，这说明年龄或关键期的作用会影响他们最终达到的语言水平。同时，这一研究也反映出受试的母语对其最终语言水平的影响，因为汉语不同于英语，是没有 wh- 移位的。然而，同样是关于邻接原则违反的研究，White 和 Genesee（1996）对母语为法语的成人英语使用者的研究则没有发现年龄的影响；尽管这些研究对象开始学习英语的年龄各不相同，但他们拒绝邻接原则违反的准确率与母语者没有区别。虽然这一研究结果没有反映年龄的影响，但母语对受试结果的影响是不能排除的，因为法语和英语一样都有 wh- 移位。

7.6　结　　语

本章讨论的是 UG 对第二语言学习者的中介语语法的制约作用，主要涉及中介语语法的初始状态、初始状态后的参数（重新）设定问题、语言输入的触发作用、形态和句法的接口问题以及中介语语法的恒定状态。综观本章讨论的内容，两大主题清晰可见：一是中介语语法受到损伤，不再全部受 UG 制约；二是中介语语法未受损伤，仍受 UG 制约。在第一种情况下，UG 的参数系统如果整体损伤则意味着 UG 的参数不可及，中介语恒定状态语法将与第二语言母语者的语法根本不同；如果 UG 的参数系统局部损伤，那么 UG 的参数部分可及，第二语言的某些特征仍可习得，但学习者将无法达到与第二语言母语者相仿的语言水平。第二种情况意味着，UG 全部可及，参数可以重新设定为第二语言的参数值，学习者最终可以（但并非一定能）达到与第二语言母语者相仿的语言水平。

近年来，UG 理论框架下的第二语言习得研究发展迅速，成绩显著。但就本章所涉及的问题而言，目前乃至今后很长一段时间内学术界恐怕难以形成最终定论，如母语的影响为什么有时短暂有时长远？为什么学习者从抽象范畴向表层表征映射时感到困难？语言输入的触发作用体现在哪些方面？这种触发作用对中介语语法发展的影响到底有多大？中介语语法受 UG 制约究竟意味着什么？如此等等。这些问题以及许多其他问题将有待于第二语言习得研究者们在今后的研究中去进行更深入细致、更科学的探讨。

第 8 章 "根本性区别假说" 纵览

8.1 引　言

第二语言习得研究作为一门独立的学科形成于 20 世纪 60 年代末 70 年代初。（蒋祖康 1999；文秋芳、王立非 2004）尽管历史不长，但在过去的几十年间，第二语言习得研究作为一门新兴学科却发展迅猛，最显著的标志就是理论假设层出不穷（Ellis 1994; Mitchell & Myles 2004），"根本性区别假说"（Fundamental Difference Hypothesis, 简称 FDH）便是众多第二语言习得理论假设中的一个。这一假说是 Bley-Vroman 于 1989 年针对成人第二语言习得[1]的特点提出的，距今已有二十多年。

在这一假说问世二十年之际的 2009 年，第二语言习得研究领域的重要学术期刊 *Studies in Second Language Acquisition*（《第二语言习得研究》）将当年第 2 期作为专刊，以"根本性区别假说二十年后"为题共收入 7 篇相关研究论文 [详见唐承贤（2012）对这些论文的综述]，以示纪念。由此可见，FDH 在第二语言习得研究中占据着较为重要的地位。那么，FDH 是在什么样的背景下产生的呢？这一假说的主要思想是什么？它有哪些最新发展？本章拟就这些问题逐一予以探讨。此外，我们还将讨论 FDH 的验证以及 FDH 所面临的挑战等问题，以期给我国的第二语言习得研究有所启示。

8.2 FDH 的产生背景

进入 20 世纪 80 年代，Chomsky 的"普遍语法"（UG）开始广泛应用于第二语言习得研究领域。（Ellis 1994；Greg 1996；White 2000；唐承贤 2007a）UG 是建立在 Chomsky（1981）的"管辖 / 约束模型"（the Government/Binding Model）之上的，其核心内容是"原则与参数"（Principles & Parameters）：这是一个高

---

[1]　Bley-Vroman（1989: 43）使用"外语学习"来统称母语学习之外的所有语言学习。这里我们沿用"第二语言习得"这一术语。

度抽象和结构化的原则系统，其中一些原则为各语言普遍遵守的不变原则，而另外一些原则带有一定数目选项（通常为二元选项）的参数，即"参数化的原则"（parameterized principle）；参数在不同的语言中可能有不同的设定。例如：参数化的"中心词指向原则"（principle of head direction）是指一种语言内的中心词在所有短语中都居于同一边；这条原则适应于所有的自然语言，但是它在不同的语言中一般有两种不同的参数设定：中心词居首（如英语）和中心词居尾（如日语）（Epstein et al. 1996: 679）。因此，该原则一般又称为"中心词指向参数"（parameter of head direction）。

UG 具有由基因所决定的"语言器官"（the language faculty）之特点，是人的大脑与生俱来的一部分；这一器官担负着语言习得机制的作用，并与人的语言体验相互作用，生成某一语言的知识体系。（Chomsky 1986b: 3）UG 理论是建立在母语习得基础之上的，其主要目标是描写母语者的语言能力，并解释这一能力的习得。就母语习得而言，母语者习得的语言能力从他们的语言输出来看，远远超出了他们所能接触到的语言输入；这种输出与输入的不对称便是语言习得的逻辑问题。如果这一问题不能从外部因素予以解释，那么只能认为母语者天赋的 UG 在起作用。（Cook 1985；White 1989，2003）

在 20 世纪 80 年代和 90 年代初期，UG 框架下的第二语言习得研究集中在 UG 是否为第二语言学习者可及这一问题上（Hawkins 2001a；White 2000，2003），主要体现为三种不同的观点：① UG 为第二语言学习者全部可及。UG 在第二语言习得中的作用与在母语习得中的作用相同，第二语言学习者无须依赖母语就可直接习得第二语言的相关特征。② UG 为第二语言学习者部分可及。在第二语言习得过程中 UG 和母语都起作用。③UG 为第二语言学习者（尤其是成人第二语言学习者）不可及。母语习得者所依赖的语言习得机制已不再为第二语言学习者可用。换言之，第二语言学习者只能求助于母语中所体现的原则和参数。（唐承贤 2007a：182）FDH 正是在这样的背景之下产生的，其核心思想主要体现在第三种观点之中，即 UG 不为成人第二语言学习者可及。[1]

---

[1]　实际上，Bley-Vroman 的观点相当于 UG 间接可及或部分可及，因为他认为，成人第二语言学习者是依靠先前的母语知识来间接了解 UG 的。

8.3 FDH 的主要思想

UG 框架下第二语言习得研究的重要课题之一是将成人第二语言习得与儿童母语习得进行比较和对比研究。（Montrul 2009: 226）所有发育正常的儿童当面对语言习得的逻辑问题时都能习得复杂的母语知识体系。换言之，所有发育正常的儿童其母语习得过程非常有效，结果成功且完美，这是 UG 引领的结果。成人第二语言习得虽然也有语言习得的逻辑问题，但不论是习得过程还是习得结果都存在着根本性的区别。Bley-Vroman（1989，1990）将这些区别概括为成人第二语言习得的十大特点。这些特点是：

（1）缺少成功（lack of success）：成人第二语言习得的最显著特点之一是不能确保这一习得的成功，因为成人第二语言学习是受到所谓"域一般的"（domain-general）人类认知学习能力的制约，而不是受到确保儿童母语习得成功的"域特有模块"（domain-specific module）的制约。

（2）普遍失败（general failure）：与儿童母语习得鲜有失败不同，成人第二语言习得则很少能够完全成功，这是因为成人只使用一般的认知策略学习语言，而儿童使用的是天赋的域特有的语言机制。

（3）不同的成功、过程和策略（variation in success, course and strategy）：成人第二语言学习者一般不仅不能成功，而且失败的程度也有不同。此外，他们的语言发展路径也存在差异，使用的学习策略更是千差万别，如回避、猜测、背诵等等。

（4）不同的目标（variation in goals）：成人第二语言学习者会根据自己的需求设定目标，如一些学习者注重语言的准确性，而另外一些学习者更加关注语言的流利性。此外，学习策略也会因目标而异。儿童习得母语则没有设定目标，其语言发展是自然的，并由域特有的语言习得机制制约。

（5）年龄与语言水平的相关性（correlation of age and proficiency）：年龄与语言水平呈负相关，即学习者的语言水平随着年龄的增加而呈递减趋势。

（6）石化现象（fossilization）：成人第二语言学习者不仅难以成功，而且还会停滞在某一语言发展阶段。儿童习得母语则没有石化现象出现。

（7）直觉的不确定性（indeterminate intuition）：成人第二语言学习者因其语言知识不完整而缺乏清晰的语法判断能力。

（8）教学的重要性（importance of instruction）：对成人第二语言习得而言教学的重要性不言而喻，而儿童则无须教授即可习得母语。

（9）否定性证据（negative evidence）：像纠正错误这样的否定性信息对成人第二语言习得不仅十分有用，而且常常是必须的；而儿童习得母语时则很少能接触到否定性证据。（Cook 1993；Larsen-Freeman & Long 1991；White 2003）

（10）情感因素的作用（role of affective factors）：性格、动机、态度、信念等因素对成人第二语言习得十分重要，但对儿童习得母语则不起作用。

Bley-Vroman（1989：50）指出，这些区别的本质是：①内在的，即区别是成人与儿童的内在认知状态的差别所致，而非外部因素（如语言输入）所致；②语言的，即区别是语言器官的变化所致，而非一般性学习能力的变化所致；③质的，对成人第二语言学习者而言，其域特有的习得机制不仅衰退，而且不可及。这样，儿童语言发展和成人第二语言学习的差别如表 8.1 所示。

表 8.1　儿童语言发展和成人第二语言学习的差别

儿童语言发展	成人第二语言学习
普遍语法	母语知识
域特有的学习程序	一般性解决问题机制

由表 8.1 可知，儿童的语言发展是在 UG 引领下通过域特有的学习程序处理语言输入，以构建某一语言的知识体系。成人第二语言学习则没有 UG 引领，但由于 UG 中的语言普遍性会体现在任一自然语言中，所以成人第二语言学习者会通过观察母语中已体现的普遍语言信息来构建一个 UG "代用品"（surrogate）（不同的人可能会构建不同的 UG 代用品，但并非人人都能够成功）；同时，成人第二语言学习者还会通过一般性解决问题的认知机制（包括教学、类比、分布分析、假设建构和验证、反馈等），以获取必需的语言知识来构建第二语言知识体系。总之，成人第二语言学习者将依靠先前的母语知识来间接了解 UG 知识，并试图构建 UG 的代用品；这就注定了他们的语言学习只能部分成功，且个体差异也会很大。

8.4　FDH 的最新发展

随着 UG 理论从 20 世纪 80 年代的"管辖/约束模型"发展到 90 年代的"最简方案"（the Minimalist Program），Chomsky（1995）将原先丰富的原则与参数系统进行了最大限度的简化：UG 或语言器官现在只包括一个在各语言通用的运算程序（如移位、合并等）和一个因语言而异的词库。运算程序旨在说明人类各语言的抽象原则，同时结合来自词库的词项及其相关信息生成合适的短语或更大的语言结构；词库包含了词汇范畴和功能范畴，原先的参数现在就被归并到了词库中的功能范畴，而功能范畴正是人类各语言间的差异所在。这样语言习得的最大任务就是学习这个词库。（Slabakova 2009: 164）在这种新的理论背景之下，Bley-Vroman（2009）一方面坚持自己早期所提出的 FDH 的基本思想，另一方面也根据语言习得理论和心理语言学等领域的最新发展对 FDH 进行了适时的修正和补充，从而丰富了它的思想内涵。

（1）Bley-Vroman 提出第二语言习得理论主要是解释"不可靠性"（unreliability）和"非趋同性"（non-convergence），而母语习得理论需要解释的是"可靠性"（reliability）和"趋同性"（convergence）。所谓可靠性是指儿童习得母语一般总能无一例外地成功，而趋同性是指同一言语社团的儿童最终习得的语言系统十分相似。母语习得理论就是要建立一个允准习得须按照可靠性和趋同性方式进行的语言模式，UG 便是这样的语言模式；这一内嵌在儿童大脑中的天赋语言知识体系最大限度地减少了儿童需要习得的内容，包括对假设空间和待设定的参数量的制约，从而确保儿童通过一定的母语数据的体验即可轻松实现可靠性和趋同性这两个目标。

与此相反，FDH 需要解释的是成人第二语言习得的不可靠性和非趋同性，即成人第二语言习得为什么难以成功（不可靠性），以及成人第二语言习得的最终结果为什么差异明显（非趋同性）？由于最简方案框架下的 UG 原则概括性强，所有的语法原则在各语言中均可能得以体现，所以要区分 UG 和母语在第二语言习得中的作用就很困难。（Hale 1996: 726）另外，当前生物语言学研究似乎也表明语言器官不再为语言专属的处理器，可能还涉及一般的认知处理过程。（Chomsky 2005: 9-10）换言之，语言器官不仅为语言处理和习得服务，还可能为大脑的其他认知系统服务。因此，第二语言习得就不可能通过区分语言器官的域特有的程序和域一般的程序来表述 UG 可及或 FDH 的基本假设。这样，成人第二语言习得的不可靠性和非趋同性显然不能用 UG 或语言器官或母语来解释，而必须从新的视角予以阐释。

（2）Bley-Vroman 提出了"补丁理论"（patch theory）来解释成人第二语言习得的不可靠性和非趋同性。当学习者学会某一简单的语法原则后却不能将其扩展至复杂的语用场合，而是通过添加一个辅助性原则来弥补这一不足，那么这一添加的辅助性原则就可称为"补丁"（patch）。根据 McCawley（1988: 746）的观点，打补丁就是使用不规范的句法手段来表达与规范句法结构需要表达的完全相同的意思。例如：He can't seem to do it right（这件事他似乎无法做对）一句中的 can't（无法）即为补丁，因为它不能管辖 seem（似乎）。在第二语言习得情况下，当一般性语言学习机制失灵时，学习者就很有可能为其因此而留下的空洞打补丁。例如：学习者在使用英语动词过去式时，常见的补丁形式有：使用动词的一般现在时形式，或将不规则动词误以为规则动词，或使用双标记形式。（Ellis & Barkhuizen 2005: 93）

值得注意的是，主流生成语法也对补丁理论予以了关注，不过使用的术语是"病毒理论"（virus theory）。所谓病毒是指寄生在现有结构之上的"浅原则"（shallow principles），是对现有语法结构模拟不成功的体现。Lasnik 和 Sobin（2000: 369）认为，病毒理论属于最简方案中的一个子理论，不同于核心体系，但与之相互作用。补丁系统不具有内在的限制作用，而且很容易受到潜意识的影响，所以应当对补丁或病毒加以严格限制。第二语言学习者如果使用补丁的话，那么他们的意识和注意将会在一定程度上限制其使用。虽然补丁不属于 UG 与语言输入共同作用所产生的核心语言体系，但它们仍属于语言现象，而且很可能与语言模块共同作用。母语习得与第二语言习得的一个重要差别就在于补丁这一修补机制的使用：在母语习得中，补丁属于边缘现象，很少使用；而在第二语言习得中，补丁则成为重要的语言手段。不过，第二语言习得中的补丁现象研究表明：在补丁的使用上，学习者之间存在着相当大的差异，有些学习者因对所学内容没有把握而根本不知道如何打补丁。（Bley-Vroman 2009: 188）

（3）Bley-Vroman 认为，第二语言习得的不可靠性和非趋同性还可以从母语者和第二语言学习者在语言处理上的差异予以解释，这是因为适时处理语言输入的能力是衡量学习者是否成功习得一门语言的重要标志。

根据 Clahsen 和 Felser（2006b）的观点，第二语言语法处理与母语语法处理根本不同。他们通过对儿童母语者、成人母语者和成人第二语言学习者的形态和句法处理的实验心理语言学研究发现：儿童的结构分解程序与成人母语者的基本相同，并未发生历时变化。与此相反，成人第二语言学习者在句子处理时不能充分使用句法信息，而是更多地依托词汇语义信息。因此，他们提出"浅结构假说"（shallow structure hypothesis, 简称 SSH）来解释母语与第二语言处理上的差异。根据 SSH，第二语言学习者在语言处理时所使用的句法表征要比母语者的更浅显更笼统（缺少句法细节）。例如：Clahsen 和 Felser（2006a: 32）指出，在句子理解时，第二语言学习者的心理运算（mental computation）主要是输入句的谓词—论元结构表征，涉及题元角色和其他词汇语义信息，缺少句法等级细节和抽象的句法结构信息。换言之，第二语言学习者在语言处理上使用的是浅机制（shallow mechanism）；它涉及词性识别、将输入语符列（input string）切分成有意义的语块并确定这些语块与谓语动词的关系。

Townsend 和 Bever（2001）认为，人类语言处理机制包括浅机制和深机制（deep mechanism）；前者通过词汇语义信息、语用信息、百科知识以及形式和意义联系等给输入语符列指派一种简单的"伪句法"（pseudosyntax）表征，而后者则是根据结构构建的规则和原则系统对输入语符列进行充分的句法描写。在母语处理时，这两种处理机制为母语者全部可及，因此母语处理通常总是成功的。在第二语言处理时，这两种处理机制通常不为学习者全部可及，或者说，浅处理机制在第二语言处理中占据主导地位，而深处理机制则受到限制。究其原因可能是为深处理机制提供知识的第二语言语法存在较大的缺陷，不能满足深处理机制所需的语法知识，所以第二语言学习者只能通过浅处理路径来解读句子。即便是深浅处理机制均为第二语言学习者可及，考虑到语言适时处理的要求非常高，他们也可能在适时整合各种所需信息（如理解时所需的词汇、结构、韵律、语用等方面的信息）上遇到困难，从而造成语言处理的失误或失败。

（4）除了 SSH，来自神经认知科学的研究，即 Ullman（2001a，2001b，2006）的"DP模式"（declarative/procedural model，陈述/程序模式），对母语者和成人第二语言学习者的不同语言处理能力也具有解释力。

DP 模式的基本假设是语言依托大脑的两个记忆系统：陈述记忆系统（declarative memory system）和程序记忆系统（procedural memory system）。前者涉及事实和事件知识的学习、表征和应用，对联想式/语境式信息的学习尤为重要，且学得的知识基本为显性，即为意识记忆可及；后者涉及运动和认知技能（尤其是涉及次序的技能）的学习和应用，其过程是隐性的，不为意识记忆可及。根据 DP 模式，语言的两种心理能力（即心理词库和心理语法）分别依托陈述记忆系统和程序记忆系统：陈述记忆是一种联想记忆，不仅存储事实和事件知识，而且也存储所有的词汇知识，包括词汇的音形义信息和伴随动词的论元信息；程序记忆辅助语法规则的隐性学习和应用，对语法结构的构建尤为重要，如将存储的形式和抽象表征按照次序和等级组并成复杂的语言结构。

Ullman（2006: 98-99）认为，在语言习得和处理时，陈述记忆系统和程序记忆系统既合作亦竞争。合作时两个系统相辅相成；而竞争时它们会产生"跷跷板"效应，即一个系统功能失灵，另一个系统则会功能增强，或一个系统会抑制另一系统的功能发挥。就母语者和成人第二语言学习者在语言处理上的差异而言，DP 模式认为，母语者的语言处理主要依靠程序记忆系统和存储其中的隐性知识，因此，母语者的语言分解速度快、基本为无意识，而且达到了自动化程度（automaticity）。与此相反，成人第二语言学习者主要依托陈述记忆系统和存储其中的显性知识。这是因为，一方面，成人第二语言学习者受到"关键期"（critical period）效应的影响，其陈述记忆系统功能增强而程序记忆系统功能衰退；另一方面，陈述性学习比程序性学习相对容易。因此，成人第二语言学习者即便是遇到了复杂的语言形式也会将其作为语块来记忆，并根据记忆中存储的图式或相似的结构进行联想概括，以读取其概念—语义关系。由此可见，成人第二语言学习者的语言分解慢且为有意识，达不到自动化程度。

鉴于成人第二语言学习者在陈述记忆能力上的个体差异、接触到的第二语言输入量和类型不同，以及不是所有类型的语法知识都可以通过陈述记忆学到等因素的影响，再加上关键期后内在的程序记忆系统功能衰退，所以，他们难以在第二语言语法的各个方面达到近似母语者的语言水平。但是，Ullman（2006: 100-101）认为，大量的练习会通向程序性学习，并使语言的应用能力得以提高，即充分的第二语言体验会使第二语言学习者的语法程序化，产生近似母语者的语法处理能力，从而大大提高其语言水平。

综上所述，最简方案框架下的第二语言习得研究，因活跃在各语言中的普遍运算系统而难以将母语影响与 UG 影响区分开来，所以 FDH 失去了解释成人第二语言习得不可靠性和非趋同性的统一框架。因此，补丁这一修补机制、大脑的深浅处理机制和陈述/程序记忆系统就承担起了 FDH 的新的解释任务。

8.5 关于 FDH 的两点思考

8.5.1 关于 FDH 的验证问题

一种理论假设提出后往往要经受实证研究的反复验证，FDH 也不例外。在过去的二十年间，虽然直接验证 FDH 的研究（Dekeyser 2000；Hawkins & Chan 1997；Johnson & Newport 1991；Schachter 1990；Tsimpli & Dimitrakopoulou 2007；White & Juffs 1998）不是很多 [1]，但这一假说却引发了第二语言习得领域对与 FDH 相关的许多重要问题进行了研究和探讨，如对关键期效应、域特有的习得过程与域一般的习得过程、隐性学习与显性学习、母语的影响、参数重新设定、第二语言习得的初始状态等问题的研究。（Slabakova 2009）这些研究多半与"UG 是否为（成人）第二语言学习者可及"这一问题相关，或涉及"刺激贫乏"现象。

判定某一语法现象是否属于 UG 可及或刺激贫乏问题有两条标准：一是某一语法现象不能从第二语言输入中推导出来，也不能通过课堂教学等途径习得到；二是该现象在母语和第二语言中有不同的体现，即该现象不能通过母语习得到。（Belikova & White 2009; White 2003）如果研究表明学习者能够习得第二语言输入所不能充分确定，且母语中也未有体现的某个第二语言语法特征，那就证明 UG 为第二语言学习者可及或中介语语法受 UG 制约，从而否定了 FDH，否则就是支持 FDH。

另一种验证 FDH 的方法是由 Schwartz（1992）提出的。这一方法是将母语相同的儿童第二语言发展序列（developmental sequence）和成人第二语言发展序列进行比较，并与儿童母语习得进行对比以揭示这三种语言习得的本质，从而为支持或否定 FDH 提供证据。如果儿童和成人第二语言学习者的发展序列相同即表明 UG 制约成人第二语言习得，从而否定了 FDH；如果他们的发展路径不同则表明成人第二语言习得不受 UG 制约，从而支持了 FDH。从过去二十年的研究来看，支持或否定 FDH 的研究可谓是势均力敌难分高下。由于这类研究集中在某一狭窄的语法范围，如 wh-移位或邻接原则，所以争论势必还会延续，而争论的结果很可能会像 Slabakova（2009：155）所指出的那样：儿童母语习得和成人第二语言习得在某些方面存在着根本性的差异，而在其他方面可能会显示出根本的相似性。

这里需要指出的是，以刺激贫乏为取向和以解释第二语言与母语差别为取向的这两类第二语言习得研究具有不同的理论意义。Hawkins（2001b：364）认为，第二语言语法中的刺激贫乏现象相对于母语语法中的同类现象而言数量非常有限。所以，找出第二语言语法中的刺激贫乏现象只能让我们对 UG 制约第二语言语法窥豹一斑，

---

[1]　另外，发表在 2009 年第 2 期（专刊）上的 7 篇论文中的后 5 篇也是直接验证 FDH 这一假说的。

却不能向我们揭示第二语言习得与母语习得如何不同。只有那些涉及 UG 可及、旨在解释第二语言与母语不同的研究 [如 Eubank（1996）的"无值特征假说"（Valueless Features Hypothesis）和 Vainikka 和 Young-Scholten（1996a, b）的"最简树型假说"（Minimal Trees Hypothesis）都是旨在解释 UG 框架下第二语言初始状态语法与母语初始状态语法为什么不同] 才能从 UG 的视角解释第二语言与母语的区别，从而真正提高我们对第二语言习得的本质和天赋语言器官的组织结构之认识，因为这样的研究必须根据 UG 与大脑的其他模块相互作用方式的变化或按照 UG 的组构模块所发生的变化对这些区别予以解释。

8.5.2　FDH 面临的挑战

第二语言学习者普遍不能成功习得第二语言，这似乎是个不争的事实。（Birdsong 1992；Schachter 1996）但不可否认的是，有些第二语言学习者能够习得成功，达到近似第二语言母语者的语言水平。（Gregg 1996；Montrul & Slabakova 2003；White & Genesee 1996）此外，许多第二语言学习者在刺激贫乏的情况下能够重新设定参数值，习得到某些第二语言特征或特征值。（Dekydtspotter 2009；Dekydtspotter & Sprouse 2001；Kanno 1998；Schwartz & Sprouse 1996；White & Juffs 1998；Yuan 2001）这些成功习得的情况确实是 FDH 需要面对的挑战。Montrul（2009：227）指出，FDH 的支持者必须要令人信服地证明成人第二语言习得是在语言输入和域一般的认知机制共同作用的基础上完成的，而非青春期之后 UG 的作用所致。

然而，Bley-Vroman（1989，1990，1996，2009）却坚守着自己一贯的立场：FDH 的目的是解释成人第二语言习得为什么不能成功，以及他们之间为什么存在相当大的差异，即新版 FDH 所称的不可靠性和非趋同性；而那些质疑或反对 FDH 的人才需要证明儿童母语习得与成人第二语言习得根本相同，即解释为什么有些成人第二语言学习者能够成功习得某些第二语言特征（值），以及为什么他们能够达到可靠性和趋同性这两个目标。

另一方面，Bley-Vroman（2009）从生成语言学理论的最新发展回应了那些质疑或反对 FDH 的声音。在最简方案框架下，原先的 UG 原则已被普遍存在于各语言中的计算系统所替代，而参数也归并到了词库；语言器官不再为语言专属的处理器；这样区分 UG 与母语、域特有和域一般的认知过程就非常困难，且意义也不大。因此，那些基于 UG 原则和参数系统的研究就必须予以重新审视。不论 Bley-Vroman 为自己的理论假说如何辩护，一个不可辩驳的事实是，FDH 显然无法解释第二语言习得成功的那些例证。

8.6 结　语

Bley-Vroman（1989）提出的 FDH 是 UG 理论框架下第二语言习得研究的产物。本章对这一假说的产生背景、主要思想、最新发展以及这一假说所涉及的验证条件和面临的挑战等问题逐一进行了论述。通过以上的讨论和分析我们不难发现：围绕 FDH 的争论将在很长一段时间内难有定论，但这场争论所聚焦的成人第二语言习得将会引发越来越多的研究者的关注。这是因为与儿童第二语言习得一样，成人第二语言习得是第二语言习得研究领域的一个重要组成部分，是建立一个完整第二语言习得理论不可或缺的重要方面。所以，针对成人第二语言习得特点提出的 FDH 一经问世就立刻引起了第二语言习得界的广泛关注，支持和反对这一假说的研究比比皆是。随着时间的推移，这样的争论一定还会延续，而 FDH 必将会在不断的争论中得到进一步的发展和丰富，进而为整个第二语言习得研究做出自己应有的贡献。

第三部分
认知语言学与第二语言习得研究

第9章　认知语言学概述

9.1　引　言

认知语言学（Cognitive Linguistics）是现代语言学中的一种全新的研究范式。认知语言学不是一个完全统一的语言学流派，而是由许多不同但又密切相关的语言学理论（如认知语义学、认知语法、构式语法等）组成。根据 Geeraerts 和 Cuyckens（2007: 3）的观点，认知语言学起始于 20 世纪 70 年代末 80 年代初的美国几位著名语言学家（如 Lakoff, Langacker，Talmy 等）的研究。然而，认知语言学真正走向成熟并成为一门独立学科的标志是 1989 年在德国 Duisburg 召开的首届国际认知语言学大会和之后成立的国际认知语言学协会（International Cognitive Linguistics Association）以及 1990 年创刊的《认知语言学》杂志。

总体而言，认知语言学是建立在语言的认知观和体验观的基础之上。认知观认为，"语言是认知系统的一部分，而认知系统由感知、情感、范畴化、抽象化以及推理组成。这些认知能力与语言相互作用并受语言的影响"（文旭 2002：90）。另一方面，体验观意味着我们对外部世界的范畴化、概念化以及抽象思维和推理同样离不开我们的身体体验，就连我们日常交际时的语言理解也不例外。（Littlemore 2009）由此可知，认知观和体验观密不可分。因此，认知语言学是把语言作为信息组织、处理和传递的工具来关注，重视对语言范畴的概念基础和体验基础的研究。从这个意义上说，认知语言学是研究语言、交际和认知之间关系的一门学科。（Robinson & Ellis 2008: 3）

当前，认知语言学作为一门独立学科可谓发展迅速，其研究范围也非常广泛。具体而言，认知语言学是以语义研究为中心的，同时也研究词汇、形态、句法、音位、语篇、语言习得、语用学、社会语言学、历史语言学、语料库语言学、语言类型学、肢体语言（如手势）等一切与语言、交际和认知相关的领域。总之，认知语言学正朝着一种包罗万象的泛化趋势发展。尽管如此，认知语言学的根本研究目标是不变的，这就是"对语言知识的本质以及语言习得和语言使用的过程做出合理的认知诠释"（Taylor 2002: 4）。这一研究目标进一步体现了 Lakoff（1990）所提出的认知语言学的两大承诺：第一个承诺是"概化承诺"（Generalization Commitment），即对可应用于人类语言各个方面的一般原则进行描写；第二个承诺是"认知承诺"（Cognitive Commitment），即对语言的一般原则描写要与其他学科关于心智和大脑的研究发现相吻合。

认知语言学虽然摈弃了 Chomsky 的生成句法思想，但在研究方法上却继承了生成语言学惯用的内省法（introspection），不同的是认知语言学更加注重借用认知心理学的研究成果。最明显的例证就是词汇语义学（Lakoff 1987）和认知语法（Langacker 1987）中的辐射范畴结构（radial category structure）和侧重（profiling）等理论概念均来自认知心理学关于范畴化和注意的研究成果。另一方面，随着认知语言学研究的深入发展和研究领域的不断扩大，Langacker（1987）提倡的"使用为基础的"（usage-based）研究方法得到了越来越多的认知语言学家的认可，并广泛应用于认知语言学的诸多领域（如音位、词汇、句法、形态等）的研究之中。认知语言学家在提出自己的理论模式或理论假说之前，往往都会广泛深入地考查语言现象的实际使用情况；一些认知语言学家的研究甚至采用"使用驱动型的"（usage-driven）研究方法，如从语料库中归纳出语言结构模式。Schmid 和 Handl（2010: 1）指出，使用为基础和使用驱动型的研究方法之所以在认知语言学研究中具有很强的吸引力是因为它们可以揭示词汇、语法和语用等知识是如何反映语言使用者的认知活动，即通过考查实时的语言使用情况，这些以语言使用为基础的认知方法可以帮助我们洞察到语言使用的认知基础以及语言结构的认知基础。

以上是对认知语言学的基本含义、研究范围和目标以及研究方法所做的简要概述。在 9.2 和 9.3 两节中，我们将主要讨论认知语言学的核心思想和新近出现的认知词义理论——LCCM 理论以及该理论在词义建构中的应用。

9.2 认知语言学的核心思想

如 9.1 节所述，认知语言学是一个由众多相关的语言学理论组成的灵活框架，其思想和内容都很丰富。尽管如此，认知语言学的一个共同目标就是挑战 Chomsky 的生成语言学权威，用王寅先生的话说，"认知语言学是对乔姆斯基革命的一场革命"（2002：87）。这意味着认知语言学的基本思想与 Chomsky 的生成语言学思想是背道而驰的。同时，要了解认知语言学的核心思想，我们必须首先要了解生成语言学的思想。这里我们将 Chomsky 的主要语言学思想概括如下：

（1）语言是大脑中的一个特殊模块，是一个独立自主的语言器官（the language faculty），这一器官由许多高度抽象的原则（如 X- 杠原则等）和参数（如中心词指向参数等）组成，并与其他认知能力隔离开来。因此，任何语言使用行为都需要语言知识与其他认知能力（如记忆、感知、推理等）相互作用。（Taylor 2002）

（2）句法是一个独立自主的形式规则系统，具有强大的生成能力，即它必须确保能够生成一种语言的全部合乎语法的句子。因此，生成句法无视词汇和语义的巨大作用。

（3）生成句法追求高度概括性的抽象原则和参数，旨在充分描写理想母语者大脑中的语言能力（competence）或语言知识，而无视母语者的实际语言使用（performance）。在 Chomsky 看来，语言能力是语言使用的前提和基础，起着决定性的作用，理所当然是语言学研究的中心。

（4）Chomsky 区分"核心语法"（Core Grammar）和"边缘语法"（Periphery Grammar）。由于生成句法追求高度概括性的抽象原则和参数，所以语言知识中那些不为这些高度概括性的抽象原则和参数所支配的独特部分便被边缘化了。换言之，Chomsky 的生成句法研究的重心自然就放在那些只为高度概括性的抽象原则和参数所能解释的核心语法上；那些沦为边缘语法的词库（lexicon）和少量的一些句法现象（如习语、谚语等）理所当然地被排除在核心语法的研究范围之外。

针对以上四点，认知语言学都是持否定态度的。就第一点而言，Chomsky 是将语言和认知分割开的，即语言和认知相互独立。然而，认知语言学认为，语言是认知不可分割的一部分，即语言和认知不能分离，是紧密联系在一起的。之所以这么说是因为在实际语言使用过程中，我们的话语虽然是物质实体，但必须通过我们的大脑生成和理解。另一方面，支配我们语言生成和理解的认知过程（尤其是实时交际中的语义建构过程）表明：我们的语言能力和非语言的认知能力基本相同。（Croft & Cruse 2004）这也就是说，语言知识的组织和检索与非语言知识的组织和检索没有差别，都涉及感知、推理等认知能力。

在第二点上，Chomsky 突出了句法的核心地位，而将词汇和语义等现象边缘化。这是因为生成句法认为语言结构是由形式规则系统决定，而意义几乎不起作用。与此相反，认知语言学强调语义的核心地位，包括语法意义和词汇意义，因为认知语言学认为语言结构是认知的直接反映，是某一时间或场景概念化的特定方式。就语法意义和词汇意义而言，前者更抽象后者更具体；词汇意义与百科知识紧密相连，而语法意义则是词汇的语法化过程的结果。由此可知，语法和词汇不是相互独立而是构成了一个结构统一体。

第三点意味着 Chomsky 的语言能力是母语者个人的心理语法或内化语法。由于摈弃了语言应用，生成语法实际上排除了语言的社会功能。为了弥补这一缺陷 Chomsky 提出了天赋的具有遗传性的"普遍语法"。认知语言学显然不能接受这样的观点。认知语言学认为，我们的语言知识不是天赋的或遗传的，而是来源于实际的语言使用。我们每天接触到的语言起着输入的作用，从中我们可以推导出各种形义关系模式和信息结构图式。同时，我们会根据新的语言输入对这些已建立的模式和图式不断地进行修正直至固化下来。由此可见，语言和语法都是以使用为基础的；语言能力和语言应用之间并不存在差别，更不能截然分开。

关于第四点，认知语言学既不区分核心语法和边缘语法，也不接受这样的区分。认知语言学坚持认为，语言和语法都是以使用为基础的，因此，语法结构产生于语言使用之中。这样的语言使用不会产生核心语法和边缘语法。再从跨语言的使用情况看，也不会出现所谓的"普遍语法"。语言使用的语料中倒是会存在结构与结构（如单及物结构与双及物结构）之间的出现频率高低不等的现象。这样，从语言使用的语料中去发现语言结构的出现频率，进而揭示语言使用的认知结构，是认知语言学研究的重要课题之一。

由此可知，在以上四个方面认知语言学与 Chomsky 的生成语言学形成了鲜明对照。除此之外，基于上述分析，认知语言学的另外两个核心思想，即语言的体验性（embodiment）和语言的理据性（motivation），也与 Chomsky 的语言天赋性（innateness）思想和句法自主性（autonomy）思想格格不入。不仅如此，语言的理据性更是与 Saussure 的符号任意性（arbitrariness）直接相对立。

语言的体验性指我们的概念是通过我们的身体和大脑对世界的体验形成的并只有通过它们才能得以理解。（Lakoff & Johnson 1999）认知语言学认为，语言是人与世界相互作用的产物，是人的认知对世界体验进行组织的结果。因此，我们的共同世界体验（如我们的时空体验、身体体验、社会体验等）都是存储在我们日常语言之中的，而从日常语言的使用中我们可以感受到这些体验。（Ungerer & Schmid 2001）例如：当我们听到一个人说"I'm feeling hot"（我感到热），我们会通过自己对温度升高时的体验而产生"热"的感觉。再比如，当一个人说"My Dad exploded at my news"，我们自然会将自己曾经感知到的炸弹等物质的"爆炸"与"父亲生气"联系在一起。因此，我们能够很容易理解说话人想要表达的意思，既"父亲听到我的不好消息后勃然大怒"。由此可见，我们的语言不是一个天赋的、独立自主的形式规则系统，而是以我们的认知体验为基础；语言、认知和体验三者之间密切相关不可分割。

　　语言的理据性是认知语言学框架内新近出现的一个重要思想。理据性源于构式语法，指构式之间的一种关系：一个构式相对于另一个构式在多大程度上可以被预测到。（Evans 2007）Radden 和 Panther（2004）在分析语言的理据性时将其解读为四个部分：首先，语言的理据性需要一个能够触发"促动过程"（motivational process）的基础，即促动过程源。其次，促动过程通常由语言独立的因素（如经验、感知完形原则等）触发。当语言源和促动过程相互作用就会启动促动过程。第三，促动过程至少可以部分地决定说话人的语言行为。最后，语言行为凝结成能够复现的恒定语言结构，并固化（entrenched）在语言系统中。我们通常所说的语言是有理据的（motivated），就是指固化下来的语言单位。简言之，一个语言单位的某些特征如果是由语言源（即形式和内容）和语言独立的因素来决定，那么该语言单位就是有理据的。（Radden & Panther 2004: 4）根据 Boers 和 Lindstromberg（2006）的观点，语言的理据性主要涉及三个方面：形式—形式理据、形式—意义理据和意义—意义理据。

　　形式—形式理据较为简单，主要指一些词语因为押韵而变得突显，故易记可学，如 mind your manners（注意你的言行举止）、publish or perish（不出版则灭亡）、tea for two（二人用的茶）等。第二个理据是形式—意义理据，主要涉及"象似性原则"（principle of iconicity）。象似性原则体现在语言组织的三个子原则上，即先后顺序、远近和数量。（Dirven & Ruiz de Mendoza Ibáñez 2010）就第一个子原则而言，通常已知信息和新信息分别体现为句法上的先和后，如 This is our teacher's car（这是我们老师的车）。该句中的 This 为已知信息，故放在句首；而谓语部分（is our teacher's car）是新信息，故放在后。第二个子原则要求句法上的远近通常反映概念上的远近，如修饰名词的几个形容词的位置。在 a large purple satin coverlet（一件大的紫色缎面床罩）这个短语中，三个形容词的位置正是概念上远近的真实反映。与 coverlet 最近的 satin 表示织品的制作材料，所以两者的概念关系也是最近；其次是表示织品颜色的 purple，在概念上要比表示织品大小的 large 更近于织品 coverlet。数量子原则表示：更复杂的形式通常表达更多的信息，而形式背后的理据是功能因素，如礼貌、信息要求等。例如 Customers are kindly requested to refrain from smoking（敬请顾客不要抽烟）要比 No smoking in a public place（禁止公共场所抽烟）复杂，其背后的理据是表达"礼貌"这一功能。

最后一个理据是意义—意义理据。该理据主要与多义词的辐射范畴结构相关，涉及词的抽象意义是如何通过隐喻或转喻方式与其基本意义相关联。以 Boers 和 Lindstromberg（2006：310）所举的英语介词 under（在……之下）为例：在 The love letters were under my pillow（情书在我的枕头下）和 She served under Clinton（她在克林顿手下工作）这两个句子中，第一个句子中的 under 使用的是基本意义：空间上的射体（trajector，即"情书"）在界标（landmark，即"枕头"）的下面，且两者保持着接触关系；而第二个句子中的 under 使用的是比喻意义：人际关系上"她"比"克林顿"的地位低，且两人保持着工作上的接触关系。由此不难看出，这种意义上的变化绝不是任意的，而是有理据的，这就是比喻意义由基本意义拓展而来并与基本意义保持着概念上的关联。

以上讨论的几个核心思想虽具有一定的代表性，但不足以涵盖认知语言学的全部思想。如前所述，认知语言学框架内理论多概念更多，因此，要想在一个章节中做到面面俱到是根本不可能的，以上的介绍只能是管中窥豹。9.3 节将重点讨论新近出现的 LCCM 理论，旨在从微观中了解认知语言学的理论发展及其应用。

9.3 LCCM 理论与词义的建构

语言使用表明：词义具有内在的多变性（protean）特征，即词义会因不同的使用情境而发生变化。例如："好人"和"好书"中的"好"字具有两种不同的含义：前者可理解为人的"思想品德高尚"，而后者可解读为书的"思想内容具有启迪教育意义"。那么，如何建立一个语言使用者可提取的语言知识模型以解释词义的这种多变性呢？英国认知语言学学会会长 Evans（2006，2009，2010）教授为此提出了"词汇概念和认知模式理论"（Theory of Lexical Concepts and Cognitive Models，简称 LCCM 理论）。本节拟就 LCCM 理论的主要内容以及该理论在词的意义建构中的应用做一探讨，主要涉及词义的多变性、多义现象、比喻语言和非比喻语言的理解，以及隐喻和转喻的意义建构。

9.3.1　LCCM 理论简介

LCCM 理论分为词汇表征（lexical representation）和语义组构（semantic compositionality）两大部分；前者由符号单位（symbolic unit）和认知模式组成，后者包括词汇概念选择和融合（fusion）两个过程。

（1）词汇表征。词汇表征是语言交际时意义建构的基础，主要涉及两个系统：语言系统和概念系统。语言系统由符号单位组成，而概念系统表征为认知模式。

符号单位。LCCM 理论与构式语法（Goldberg 1995，2006）和认知语法（Langacker 1987，2008a）观点相同，认为符号单位是媒介（vehicle，即音位形式）和词汇概念（即语义单位）的组合，是语言系统的表征基础，并具有相关但明显不同的特点。媒介可以是音位上显性的，由词汇填充；或是音位上隐性的，具有图式化（schematic）语音内容，即语音潜势。词汇概念可以是内部开放的，能与其他词汇概念相结合；或是内部封闭的，不能与其他词汇概念结合。从结构上看媒介和词汇概念可以是单结构或复合结构，显示部分与整体的句法关系，即符号单位作为整体与其组构成分之间的关系，如例 [1] 所示：

[1] 媒介：NP kick FINITE the bucket（名词短语 死亡＋定式）

　　词汇概念：[AN ANIMATE ENTITY DIES]（[一个有生实体死亡]）

例 [1] 是一个带有复合结构的符号单位。在媒介中 kick 和 the bucket 为音位上显性媒介，而 NP 和 FINITE 则是音位上隐性媒介，具有的语音潜势分别为 "名词短语" 和 "时态标记"。就词汇概念而言, [AN ANIMATE ENTITY DIES] 是一个复合词汇概念，包含了 [AN ANIMATE ENTITY] 和 [DIES] 两个词汇概念；前者是内部开放的，因为它所对应的媒介并未词汇指定，即其他词汇可以进入其中，后者因已词汇指定而成为内部封闭的。

词汇概念是语义结构单位，是语言使用者心理语法的核心部分。因此，词汇概念不出现在语言使用中，但却允准具体语言用法，并在语言使用数据中留下痕迹，即词汇侧影（lexical profile）。词汇侧影是指词汇概念编码的语言内容中的选择取向，涉及该词汇概念与其他词汇概念同现的信息，因此每个词汇侧影都是独一无二的。词汇侧影还是应用实际语言使用数据识别词汇概念的基础，以证明某个词汇概念是否允准一个具体的语言用法。

认知模式。LCCM 理论认为，认知模式是植根于大脑模态系统中的一个统一的多模态知识体，产生于大脑所处理的全部体验类型，包括感知运动体验、本体感受和主观体验。（Evans 2010: 612）在意义建构时，认知模式是词汇概念可提取的概念系统内的知识表征单位，由一个（或多个关联）框架组成。框架由三个基本构成成分：属性—值集（attribute-value sets）、结构不变体（structural invariants）和制约与因素。

属性是个概念，表征一个整体的某个方面，如汽车的变速器、燃料等；而值为从属概念，表征的是属性的子类，如变速器的手动挡和自动挡、燃料的汽油和柴油等。结构不变体指框架内不同属性之间的那种不变关系，如汽车框架内属性司机与属性发动机之间的不变关系为司机控制着发动机的速度。制约与因素是指属性值之间相互依存的关系。制约有整体制约和局部制约之分：当一个属性值发生变化，它会导致关联属性值发生相应变化，这是整体制约。例如：在交通运输框架中速度与持续时间这两个属性值之间存在着负向制约关系，即当速度属性值增加，持续时间这一属性值就会下降。局部制约是关联属性值的同现关系。例如：在度假这一框架中若活动这一属性包含滑雪这一值时，那度假目的地这一属性就必须有滑雪胜地这一值。此外，影响属性值变化的还有环境因素和目标因素：以上提到的整体和局部制约的示例都是由环境因素造成的，而目标因素则与施事者的目标相关，如在身体训练框架中，施事者的目标是强壮身体，为此竭力这一属性值就必然会出现在该框架中。由此可见，框架结构较为复杂，且具有动态性，会不断更新；同时，框架也具有独特性，会因人而异。

在 LCCM 理论中，认知模式有主次之分：主认知模式是开放类词汇概念的提取场（access site）中所包含的，是词汇概念可以直接提取到的；次认知模式不包含在词汇概念的提取场中，因而不为词汇概念直接提取到，但与提取场中的认知模式相关联。所以，概念系统内的各认知模式之间形成了一个复杂的连接网络。在这个网络内语言系统和概念系统之间的相互作用主要通过开放类词汇概念与概念系统之间所形成的各种连接区或提取场实现；在此，语言内容和概念内容得以整合，产生话语（utterance）的解读（conception）。同时，这样的解读可与现有的认知模式整合，产生新的信息源，从而更新相关的认知模式，服务于语言交际。

（2）语义组构。语义组构是意义建构过程，是在语言交际时通过语言系统和概念系统之间的相互作用建构话语的解读。语义组构涉及词汇概念选择和融合两个过程。

词汇概念选择。如前所述，语言系统中的符号单位是媒介和词汇概念的常规组并。语言交际时话语中的某个媒介可能与多个词汇概念相关联，所以语言理解时就需识别出适合该媒介的词汇概念，这就是词汇概念选择。在 LCCM 理论中，词汇概念选择是意义建构的重要过程之一，尽管选中的词汇概念还需融合或语义整合。

词汇概念选择有宽式和窄式之分：宽式选择是从多个可及词汇概念中选择一个合适的词汇概念以建构解读，这叫单式选择（single selection）。然而，在有些情况下某个媒介可以选择不止一个词汇概念，此为复式选择（multiple selection）。复式选择又分两种：第一种是单例（single instance）复式选择，即某一话语中只有一个媒介用例需要选择多个词汇概念。例如：

[2] We need a **fast** garage for our car, as we leave the day after tomorrow.（我们需要修车快的汽修厂因为我们后天就要动身。）

例 [2] 中的 fast 涉及两个不同的词汇概念，分别为汽修厂的修理工 [动作敏捷的] 和 [完成修理所需时间少的]。第二种是多例（multiple instance）复式选择，即某一话语中只有一个媒介多次出现，且每次出现都涉及一个不同的词汇概念。例如：

[3] On the day my old dad **expired, so did** my driving licence.（老父亲去世那天，我的驾照也到期了。）

例 [3] 中的第一个 expired 涉及的词汇概念是 [死亡]，而第二个 expired（由 so did 表示）则涉及词汇概念 [到期]。由此可见，expired 的两次使用都选择了一个不同的词汇概念。

窄式选择是指单个词汇概念内的选择。一个词汇概念可能包含不同类型的知识集，因而常会编码多个不同的参数。例如：

[4] The toy is **in** the box.（玩具在盒子里。）

[5] The flower is **in** the vase.（花插在花瓶中。）

例 [4] 中的媒介 in 涉及的参数为 [包围]（[ENCLOSURE]），表示全部围住；而例 [5] 中的媒介 in 涉及的参数是 [明确定位]（[LOCATION WITH SURETY]），表示部分围住。

通常情况下，语言使用者会选择单个词汇概念建构意义。如果出现一个以上的词汇概念被同时选中，那么最终制约词汇概念选择的是语言语境和非语言语境因素：前者涉及话语、语篇和言语事件等，而后者包括言语事件的背景和参与者等。

融合是 LCCM 理论中意义建构的第二个过程，由词汇概念整合（integration）和解释（interpretation）两个子过程构成。简言之，词汇概念整合的目的是要生成词汇概念单位，然后接受解释以生成一个具体情境下的解读，即信息描写。

词汇概念整合是针对构成某个话语的全部词汇概念所编码的语言内容进行的，是给每个词汇概念相关联的语言内容解包，并将内部开放类词汇概念与内部封闭类词汇概念进行整合。内部开放类词汇概念是图式性高的词汇概念，对应的是音位上隐性媒介；图式性低的词汇概念则为内部封闭类词汇概念，对应的是音位上显性媒介。开放类词汇概念有空位（slots），可被封闭类词汇概念填充。一旦这些空位被封闭类词汇概念填充完毕，这些开放类词汇概念就成为内部封闭，整合即告完成。

整合分为内部词汇概念整合和外部词汇概念整合；前者应用于内部开放类词汇概念，而后者应用于内部封闭类词汇概念。影响整合的是内部开放类和封闭类词汇概念的词汇侧影，即语言内容所包含的选择取向。但制约整合的是三条词汇概念整合原则：语言一致原则（Principle of Linguistic Coherence），即内部开放的词汇概念只能与在语言内容方面共享统一图式的词汇概念整合；图式一致原则（Principle of Schematic Coherence），即涉及实体、参与者以及它们之间关系的内容在融合操作中必须显示出统一性；有序整合原则（Principle of Ordered Integration），即词汇概念整合先应用于内部较简单的词汇概念后应用于内部更复杂的词汇概念。例如：

[6] The 1940 armistice gave Germany France.（1940 年的停战协定将法国判给了德国。）

例 [6] 涉及双及物媒介所对应的内部完全开放的词汇概念 [事物 X 使事物 Y 接收事物 Z]，而这个双及物词汇概念为内部复杂，由三个不同的 [事物] 词汇概念组成。语言使用者在理解例 [6] 时，需根据自己已有的百科知识并依次按照以上三条整合原则，分别将词汇概念 [法国] 与 [事物 Z] 整合，使之成为被转移至 [事物 Y] 的实体；词汇概念 [德国] 与 [事物 Y] 整合，成为接收 [事物 Z] 的实体；最后与 [事物 X] 整合的是例句中的第一个名词短语，它本身也是个内部复杂的词汇概念，分别为三个更具体的词汇概念对应三个不同的媒介，即 [限定词] 对应 the，[修饰语] 对应 1940，以及 [具体化事物] 对应 armistice。这样例 [6] 的词汇概念整合的最终结果为，表达式 The 1940 armistice 的语义值是"起因"，表达式 Germany 的语义值为"接收者"，表达式 France 的语义值是"转换的对象"。由于词汇概念整合只涉及语言内容，所以语言使用者的首要关注点是引领整合的话语语境。

解释是 LCCM 理论中语义组构操作的最后一个环节，是在语义结构和概念结构之间建立接口，提取并激活认知模式所编码的概念内容，从而更好地服务于意义建构。解释是靠匹配（matching）完成的；它发生在已整合并生成了词汇概念单位的开放类词汇概念的认知模式侧影（cognitive model profile，即一个词汇概念可提取的所有认知模式，又作词汇概念的语义潜势）之间。也就是说，解释是给一个词汇概念单位内的每个开放类词汇概念进行匹配操作，并循环进行直至每个词汇概念单位得以信息描写。一旦话语中的所有词汇概念单位实现了信息描写，那么话语层面上的意义建构也就完成。解释受语言语境和非语言语境引领，并同时为许多解释原则所制约，其中最重要的一条原则是导向匹配原则（Principle of Guided Matching）。此原则要求解释时认知模式的匹配方式必须与词汇概念整合的方式一致，即解释要遵循词汇概念有序整合原则：先解释内部较简单的词汇概念，后解释内部更复杂的词汇概念。例如：

[7] France is a beautiful country.（法国是个美丽的国家。）

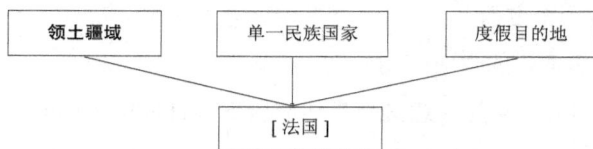

图 9.1　[法国] 可提取的部分主认知模式侧影（Evans 2010: 619）

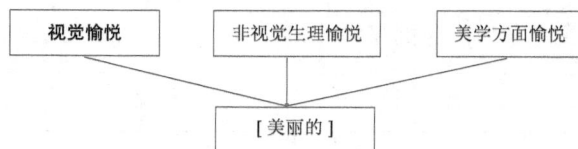

图 9.2　[美丽的] 可提取的部分主认知模式侧影（Evans 2010: 621）

图 9.3　[国家] 可提取的部分主认知模式侧影（Evans 2009: 257）

例 [7] 可理解为法国是一个具体的地理区域，拥有明显的美丽地貌。句中需要解释的词汇概念分别为 [法国]、[美丽的] 和 [国家]，它们各自可提取的部分主认知模式侧影分别如图 9.1、图 9.2 和图 9.3 所示。

根据导向匹配原则，[美丽的] 和 [国家] 这两个词汇概念首先接受匹配以实现信息描写，然后再与词汇概念 [法国] 匹配以产生复杂的信息描写。具体的匹配过程为，首先在待匹配的 [美丽的] 和 [国家] 所提取的主认知模式侧影中建立搜索，目的是在其中找到一个可匹配的认知模式，即关联的概念内容，结果发现在 [美丽的] 部分主认知模式侧影中认知模式"视觉愉悦"与 [国家] 可提取的部分主认知模式侧影中的认知模式"领土疆域"相匹配，从而完成"美丽的国家"的信息描写；之后再与 [法国] 所提取的部分主认知模式侧影中的认知模式"领土疆域"进行匹配，最终完成例 [7] 的复杂信息描写，即整个句子的意义建构。

9.3.2　LCCM 理论的词义建构

LCCM 理论是一个认知词汇语义学理论，主要涉及词在意义建构中的作用，其主要理据是词义具有多变性，即词义在每次使用中都会发生变化。LCCM 理论的意义建构主要体现在词义多变性、多义词、比喻语言与非比喻语言的理解，以及隐喻和转喻的意义建构四个方面。

9.3.2.1　词义多变性的生成机制

Evans（2006: 491）认为，意义是具体情境下语言使用事件的一个属性，而不是词的一个属性。换言之，意义不是语言的一个功能，而是产生于语言使用中，即意义是话语的产物。Evans（2006: 527）甚至指出，词没有"意义"。如果词没有意义，那么词义的多变性又是如何产生的呢？

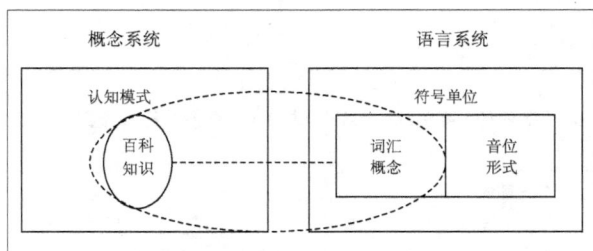

图 9.4　词义多变性的生成机制（根据 Evans 2010: 613）

LCCM 理论的核心观点是词有自己的语义单位，即词汇概念。作为语义结构单位，词汇概念属于语言系统，是一个较为复杂的语言知识集（如一个词汇概念的各种选择取向和搭配）。在 LCCM 理论中，词汇概念的主要特征就是它（主要是开放类词汇概念）可以提取到概念系统中表征为非语言知识（即百科知识）的认知模式（又作认知模式侧影或语义潜势）。在语言交际时，一个词汇概念的每次使用都可能会激活和提取不同的认知模式，从而产生不同的信息描写，即话语意义或解读。因此，词义多变性的生成机制正是语言系统内的词汇概念与概念系统内的认知模式之间相互作用的结果，如图 9.4 所示。例如：

[8]（a）The teacher scrawled in **red** ink all over the assignment.（作业本上到处是老师用红墨水批改的印记。）

（b）The **red** squirrel is in danger of becoming extinct in the British isles.（在英国诸岛上红松鼠已濒临绝迹。）

例 [8] 中的 red 具体指的是两种不同的感觉体验：[8a] 中的 red 指"鲜红色"，而 [8b] 中的 red 指"暗褐色"。这两种不同的解读显然不是从 red 所表征的词汇概念 [红] 本身获取的，因为 [红] 所编码的语言知识是：一个实体正在被指，被指的实体是一种关系，这种关系是某事物的一种属性；而这种属性的确切含义（即色度）则需要通过该词汇概念可提取到的认知模式以及它具体所在的话语才能获取。如果不考虑所在的话语，词汇概念 [红] 可能会在我们的脑海里激活无数种色度，如红旗、红十字、红蜡烛、红墨水、红地毯、红松鼠、红色信号灯、唇膏、血液、西红柿等这些物体所代表的不同红色度。这些信息无疑都可成为 [红] 的语义潜势，而例 [8] 的语言语境迫使我们理解时只能根据话语语境激活和提取最为相关的两种色度："鲜红色"和"暗褐色"。

总之，LCCM 理论不认为词本身具有意义，词义取决于词所在的话语以及它的词汇概念所提取的非语言的百科知识或语义潜势。

9.3.2.2 多义词的意义建构

一词多义是一种常见的语言现象。传统词汇语义学认为多义现象是相对抽象的底层心理表征在具体语境中产生的各种体现形式。早期认知词汇语义学（如 Lakoff 1987）认为多义现象是语义记忆中固有的不同意义单位，独立于语言使用的语境而存在。最近的认知词汇语义学（如 Allwood 2003；Croft & Cruse 2004）指出，在意义建构时不能忽视语言使用的互动性所起的作用。然而，LCCM 理论则认为多义现象是指一个媒介拥有不同的词汇概念，且这些概念语义关联。不同词汇概念间的语义关联可由两种方法建立：一是通过开放类和封闭类多义词汇概念共享的语言内容（如共有的参数）；二是通过开放类词汇概念提取的概念结构，即认知模式侧影中的重合部分。下面以第一种方式来说明英语媒介 on 的多义现象。

On 所指的空间关系涉及与参照物表面接触，并受其支撑，所以 [接触] 是 on 的典型空间词汇概念，编码的语言内容包括"接触"和"支撑"这两个参数。只有当这两个参数同时出现在空间场景时 on 的使用才属正常，如例 [9] 所示；否则，on 的使用就属反常，如例 [10] 所示，除非用胶水将苹果粘在墙壁上。

[9] an apple on the table（饭桌上的苹果）

[10] an apple on the wall（墙上的苹果）

然而，on 也有许多不同的"支撑"词汇概念，这些词汇概念突显的参数不是"接触"而是"支撑"。例如：词汇概念 [支撑的身体部位] 突出"身体部位"的支撑作用，如例 [11] 所示；词汇概念 [旅行方式] 强调"脚"或"马"的支撑功能，如例 [12] 所示；词汇概念 [药物依赖] 突显对"药物"的依赖，如例 [13] 所示；而例 [14] 则突出词汇概念 [心理支持]。

[11] **on** one's knees/back（跪 / 躺着）

[12] **on** foot/horseback（步行 / 骑马）

[13] She's **on** the pill.（她在服避孕药。）

[14] You can count **on** my vote.（你可以指望我这一票。）

最后来看 on 的词汇概念 [活动状态]。这一词汇概念突显的功能不是"支撑"而是"接触"。在许多空间场景中"接触"的结果是物体能够发挥功能，而断开"接触"功能便失灵。此类接触形式涉及电器和机械的开关装置，如例 [15] 所示：由此可见，on 的词汇概念 [活动状态] 已将"活动功能"这个参数编码为语言内容的一部分。

[15] Switch **on** the computer/radio.（打开电脑 / 收音机。）

值得注意的是，这一词汇概念所允准的活动功能通常在时间上是受限制的，而不是无限的，如例 [16] 所示：

[16] **on** fire/live/sleep（着火 / 现场直播 / 处在睡眠状态）

9.3.2.3 比喻语言与非比喻语言的理解

LCCM 理论根据心理语言学和神经语言学的发现提出，在知识表征层面存在比喻语言和非比喻语言，这一区别源自于词所提取的知识类型，且语言的比喻性是个程度问题。因此，比喻语言的理解可以揭示意义建构中存在不同程度比喻性这一本质。

产生比喻语言和非比喻语言理解的区别在于意义建构过程中哪一部分语义潜势

得以激活和提取。语义潜势是一个词的开放类词汇概念所提取到的全部主、次认知模式，具体体现为主、次认知模式侧影。据此，非比喻性语义解读激活和提取的是主认知模式侧影中的认知模式；而比喻性语义解读激活和提取的是次认知模式侧影中的认知模式，因为待匹配的两个认知模式在主认知模式侧影中因未能满足概念一致原则而发生了冲突，因此需要将搜索区域扩大至次认知模式侧影，并遵循"有序搜索原则"（Principle of Ordered Search），即搜索按顺序进行，概念上与主认知模式更一致的次认知模式优先，直至找到匹配，消除冲突，这样产生的语义解读便为比喻性的。例如：

[17]（a）**France** is a country of outstanding natural beauty.（法国是个自然风光特美的国家。）

（b）**France** beat New Zealand in the 2007 Rugby World Cup.（在 2007 年橄榄球世界杯上法国队击败了新西兰队。）

（c）**France** voted against the EU constitution in the 2005 referendum.（在 2005年的全民公投中法国国民给欧盟宪法投了反对票。）

从 LCCM 理论的视角看，词汇概念 [法国] 可提取的部分认知模式侧影如图 9.5所示：

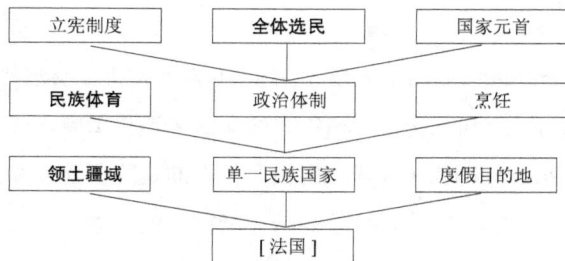

图 9.5　[法国] 可提取的部分认知模式侧影（Evans 2010: 615）

图 9.5 显示的是词汇概念 [法国] 可提取的部分认知模式侧影，其中主认知模式侧影包括"领土疆域"、"单一民族国家"和"度假目的地"等主认知模式，由 [法国] 直接提取；其余为次认知模式侧影，由 [法国] 间接提取。在次认知模式侧影中，次认知模式"民族体育"、"政治体制"和"烹饪"是通过主认知模式侧影中的认知模式直接提取，而次认知模式"立宪制度"、"全体选民"和"国家元首"是通过上一层次认知模式侧影中的认知模式直接提取。

由图 9.5 可知，例 [17] 的三句话中词汇概念 [法国] 因每句话的语境制约都有不同的语义解读。在 [17a] 中，[法国] 的信息描写需与"一个自然风光特别优美的国家"相匹配，激活和提取的信息涉及法国境内的一切自然美景，因而与主认知模式侧影中的"领土疆域"认知模式相吻合；同理，在 [17b] 中，[法国] 激活和提取的信息是代表法国参加 2007 年橄榄球世界杯的法国国家橄榄球队，因而与次认知模式侧影中的"民族体育"认知模式相匹配；而在 [17c] 中，[法国] 激活和提取的信息是参加 2005 年法国针对欧盟宪法所举行的公民表决，涉及次认知模式侧影中的认知模式"全体选民"。根据 LCCM 理论，由主认知模式侧影中的认知模式直接激活和提取的信息而获取的语义解读为非比喻意义；而通过次认知模式侧影中的认知模式激活和提取的信息所获取的语义解读则为比喻意义，且提取的路径越长语义解读的比喻性就越强。据此，[法国] 在 [17a] 中的语义解读为非比喻意义，而在 [17b] 和 [17c] 中的语义解读为比喻意义，且 [17c] 的比喻性强于 [17b]。

9.3.2.4　隐喻和转喻的意义建构

隐喻和转喻同属于比喻性语言形式，但它们却具有不同的语言功能。转喻通常具有指称功能（referential function），即一个实体代表另一实体；与此相反，隐喻通常具有述谓功能（predicative function），即通过某一新范畴或类比来表述某个特定的喻题（target）。例如：

[18]（a）The ham sandwich asked for the bill.（购买火腿三明治的顾客要求买单。）

（b）My boss is a pussycat.（我的老板像猫咪那样温顺友好。）

在 [18a] 中，ham sandwich（火腿三明治）代表的是购买此食品的那个特定顾客；在 [18b] 中，pussycat（猫咪）是对喻题 boss（老板）的评述。

然而，LCCM 理论判断隐喻和转喻的典型功能差别是看喻题和喻体（vehicle）是否显示重合（alignment），以及冲突解决场（clash resolution site）是对应喻题还是喻体，而解决问题的关键是"语境诱发式冲突解决原则"（Principle of Context-induced Clash Resolution）：在需解决冲突的情况下，搜索词汇概念的次认知模式侧影以解决冲突是由语境决定的。要做到此点则需根据语境来确定比喻喻题和比喻喻体。被确定为喻体的词汇概念须解决冲突。（Evans 2010: 637）

在例 [18] 中，[18a] 的冲突是发生在词汇概念 [火腿三明治] 的认知模式侧影（如图 9.6 所示）中，因为"火腿三明治"通常不可能成为"索要结账单"的有生命实体。

根据语境诱发式冲突解决原则，买了"火腿三明治"的"顾客"被确定为喻题，而"火腿三明治"则为喻体，两者统一在同一词汇概念 [火腿三明治] 中，且喻题"顾客"需通过该词汇概念的次认知模式侧影提取，因此 [18a] 作转喻解读。

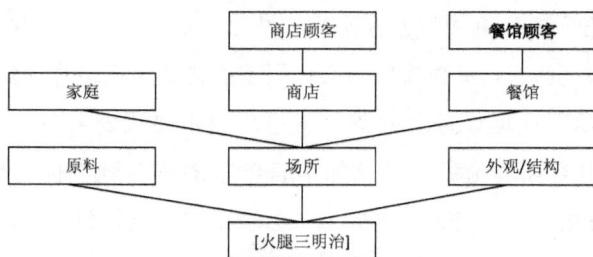

图 9.6 ［火腿三明治］可提取的部分认知模式侧影（根据 Evans 2010: 640）

与 [18a] 作转喻解读不同，[18b] 的喻题和喻体分别为词汇概念 [老板] 和 [猫咪]，两者没有重合，且前者不可能被解读为后者。根据语境诱发式冲突解决原则，喻体 [猫咪] 的认知模式侧影成了冲突解决场，即某一次认知模式侧影在此被激活，如图 9.7 所示；因此 [18b] 作隐喻解读，即"我的老板温顺友好"。

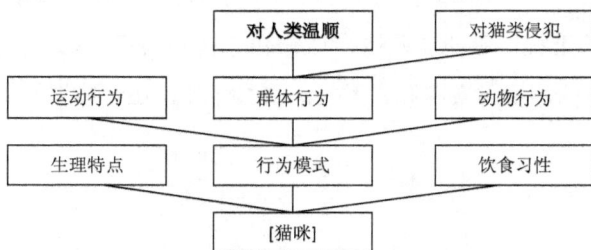

图 9.7 ［猫咪］可提取的部分认知模式侧影（根据 Evans 2010: 637）

综上所述，LCCM 理论揭示了隐喻和转喻的不同意义建构机制。所谓转喻解读源于直接提取喻题，因为喻体和喻题重合于同一词汇概念中；而隐喻解读则源于喻体和喻题出现在两个不同的词汇概念之中。

9.4 结　语

认知语言学是以挑战传统语言学尤其是生成语言学为目标的一门全新的学科，主要研究语言、交际和认知之间的关系。认知语言学的全新之处不仅体现在理论观点上，也体现在研究内容和研究方法上。在理论观点上，认知语言学认为，语言是以认知、体验和使用为基础的，语言结构直接反映了认知结构，语法、词汇和语义是一个不可分割的统一体，以及语言是有理据的，不是任意的。在研究内容上，认知语言学研究坚持以语义为中心，但与此同时，泛化趋势十分明显。所谓泛化趋势是指认知语言学现在研究一切与语言、交际和认知相关的领域，研究范围非常广泛，远远超出以往语言学的研究领域。在研究方法上，认知语言学不仅沿用理论方法，而且更多地注重实证研究，如以实际语言使用或语料库为基础的研究。

新近出现的 LCCM 理论是认知语言学思想的主要代表之一，是建立在语言使用基础之上的。LCCM 理论吸收了认知语言学中的许多开创性思想，如语义结构的体验性（embodied）（Lakoff 1987）、语法的语义性（Langacker 1987；Talmy 2000）、语法的组构性和结构整合（Goldberg 1995，2006）以及概念合成（Fauconnier & Turner 2002）等，旨在建立一个具有认知现实性的统一理论框架，以便能够解释语言使用中的全部语义变化。（Evans 2009: 338）LCCM 理论属于认知词义理论，强调词义是多变的，而词义多变性是语言使用使然。LCCM 理论就是通过词汇概念和认知模式的直接关联来解释词义多变性。从以上关于 LCCM 理论在词义建构中的应用来看，该理论确实展示了一定的解释力，但语言交际中的意义建构是一个十分复杂的过程，可能涉及诸多认知和非认知因素，如认知推理、交际双方的社会角色、交际的环境因素等等。因此，LCCM 理论还有待进一步完善。

第 10 章　语言注意理论与第二语言习得

10.1　引　言

注意（attention）原是心理学研究中经常使用的一个重要术语，意指"有选择地指向和集中于一定对象或活动的心理状态"（夏征农 1999：2256）。根据 Schmidt（2007：12）的观点，美国著名心理学家 William James 曾经指出：注意是我们的心智从同时出现的多个对象或思路中清晰地抓住一个，这意味着我们必须要放弃一些事情以便更有效地去做其他事情。由此不难看出，聚焦（focalization）和意识集中是注意的基本要素。

注意的最大特点是其选择性。当一个人开始注意时，他／她会从当前场景中的许多对象和活动中选择一个而不顾其他。选择也意味着一个人是在有意识地进行着注意的过滤（filter）或分配（allocation）。与此同时，注意也具有一定的容量限制（limited capacity），或曰"注意广度"（attention span），即一个人对某个对象或活动保持关注的时间长度。不论是其选择性还是容量限制，注意总会受到人的意志（will）或意愿（volition）的制约，因此，发生注意转移（transfer of attention）可谓是司空见惯的事。当然，很多时候客观环境也会导致注意转移，甚至有时候注意转移还会在无意识状态下发生。此外，注意还有程度之分，会受到多种主客观因素的制约。一言以蔽之，注意是一个相当复杂的概念。但同时，注意也是一个非常重要的概念，因为我们的生活离不开注意，而且注意会影响我们工作和学习的质量与效果。

认知语言学也非常重视研究注意与语言的关系，这里我们不妨将认知语言学的这类研究称为语言的注意理论。语言注意理论主要体现为语言的注意观（attentional view）和 Talmy（2007，2008）的语言注意系统（attentional system of language）。本章首先讨论语言的注意理论，然后将结合第二语言习得探讨语言注意理论可能给我们提供的启示。

10.2 语言的注意观

在认知语言学中，注意也是个非常重要的概念。根据 Ungerer 和 Schmid（2001：F37-F39）的观点，当今认知语言学研究的三大路径之一是注意观。注意观认为，"我们用语言所表达的实际上只反映了事件中引起我们注意的那些部分。例如（英语句子）The car crashed into the tree（小车撞上了树）只是描写了整个车祸中引起我们注意的一部分，而其他部分，如小车突然转向、冲出了马路等却未表达出来，尽管这些部分均发生在车撞在树上之前"（陈治安、文旭 2001：F25）。由此可见，注意显然影响着我们的语言使用。那么，注意到底如何影响我们的语言使用呢？

Croft 和 Cruse（2004）指出，注意会影响语言所表征的概念结构的激活，主要涉及四个方面。这四个方面是注意的选择（selection）、注意的范围（scope）、维度调整（scalar adjustment）和动态注意（dynamic attention）。下面将结合具体例证逐一予以简要论述。

10.2.1　注意的选择

注意选择涉及焦点调整（focal adjustment），即我们所关注的事物一定是与当前目的相关的事物，而对那些不相关的事物我们会置之不理。就语言而言，一个概念如果在语义框架中得以侧重（profiled）就意味着我们的注意选择了这个概念，因为语义框架中的不同词汇需要我们关注框架的不同组构成分。例如：在"圆"（circle）这个框架中，"弧"（arc）、"圆周"（circumference）、"直径"（diameter）、"半径"（radius）等概念分别侧重表达了该框架中的不同要素。在形态学中，派生词缀会让侧重发生转移，即我们的注意会因具体使用的派生词缀而从一个方面转向另一方面。例如：英语的派生后缀 -er 附加在一个动词之后就会产生侧重的转移，即我们的注意将由动词所表达的动作（如 jump 表示"跳跃"）或过程（如 read 表示"阅读"）转向这个动作或过程的施事，如 jumper 表示"跳跃者"或 reader 表示"读者"等。

然而，那些不需要添加词缀的类转（conversion）词汇一般表现出十分灵活的注意选择或侧重选择，因而需要受制于语境的识解。这是因为这样的类转词汇意味着一个词可以同时侧重过程和物体。例如：在美国英语中，淘金框架里的一个用词 pan 既可以侧重淘金用的物体，即"淘金盘"，也可以侧重淘金这一过程，即"用淘金盘淘（金）"；在英国英语中，bin 既可以侧重"垃圾箱"，也可以侧重"向垃圾箱里扔东西"。

此外，多义现象和转喻也能反映注意或侧重选择会影响词义的识解。例如：

[1]（a）Sam opened the window.（Sam 打开了窗户。）

（b）Sam broke the window.（Sam 打碎了窗玻璃。）

（c）Sam painted the window.（Sam 把窗户油漆了一下。）

（d）Sam came in through the window.（Sam 从窗户爬了进来。）

（e）Sam sat in the window.（Sam 坐在窗台上。）

[2]（a）Sam bought some French fries.（Sam 买了些炸马铃薯条。）

（b）That French fries is getting impatient.（那位点了炸马铃薯条的顾客变得不耐烦。）

（c）We all heard the piano.（我们大家都听见了钢琴声。）

例 [1] 涉及 window（窗户）的多义现象。[1] 中的 5 个例句虽然都使用了 window 这个词，但每个句子中的 window 所侧重的部分不尽相同。[1a] 中的 window 侧重的是窗户上像门扇一样可以开合的部分；[1b] 中的 window 侧重的是可以打碎的窗户玻璃；[1c] 中的 window 侧重于可以油漆的窗户木框结构；[1d] 中的 window 侧重的是没有（或打开了）窗扇的窗口；而（1e）中的 window 侧重的是托着窗框的那个平面部分，即窗台。很显然，同一个单词 window 的不同意义是我们选择注意对象的不同方面予以侧重的结果。

例 [2] 涉及转喻。转喻的意思是使用一个词来指其本义之外的一个概念。[2a] 中的 French fries（炸马铃薯条）用的是其本义，因为在买卖语义框架中这个表达式指的是购买的"商品"。[2b] 中的 French fries 虽然与 [2a] 中的形式完全相同，均为复数，但其前使用的修饰词为单数指示词 that 以及其后使用的单数动词形式 is，这明显表示注意或侧重已从复数商品转移到了单个的、点了此商品的顾客；而且这一转喻识解也可以从随后的述位表达式 getting impatient（变得不耐烦）得到验证，因为只有人才能有这种行为表现，商品显然是不能这样表现的。与 [2b] 的转喻涉及名词概念侧重的转移不同，[2c] 的转喻涉及动词概念侧重的转移，即 Langacker（1987: 271-273）所描写的"活动区"（active zone）现象。所谓"活动区"是一种关系述义（relational predication），通常由动词、形容词等来表述；关系述义调整其意义以适应其语义论元并将本义（literal）论元作为活动区纳入进来。这样，[2c] 中的动词 hear（听见）的关系述义将动词的意义"听见"调整为"（主语）听见了（宾语）的声音"；这样 [2c]

就相当于 We all heard the sound of the piano（我们大家都听见了钢琴声），而动词意义的活动区就是宾语 the piano（钢琴）的所指"钢琴"发出的声音。

10.2.2　注意的范围

注意范围是指注意焦点的周边意识区域，即仍为注意直接可及区域。Croft 和 Cruse 认为注意范围相当于 Langacker（1987: 118-120）所讨论的述义范围（scope of predication）。所谓述义范围是指某个场景中所有能够包括在一个特定述义内的那些部分。在认知语法中，述义范围相当于基体（base），是描写侧重（profile）的必要环境。一个述义范围是有级差（scale）之分的，如人体与人体部位之间的述义关系所示：knuckle（关节）⊂ finger（手指）⊂ hand（手）⊂ arm（手臂）⊂ body（人体）。这样由上到下（即从人体到关节），每个直接下位人体部位都构成直接上位人体部位的述义范围。在英语表达所属关系时，那些能够反映这种直接述义范围的构式就属于正常可接受的构式；反之，那些超越这种直接述义范围的构式则属于奇特或不可接受的构式。例如：

[3]（a）A body has two arms.（人体有两只手臂。）

（b）An arm has a hand.（一只手臂有一只手。）

（c）A hand has five fingers.（一只手有五个手指。）

（d）A finger has three knuckles and a fingernail.（一个手指有三个关节和一枚指甲。）

（e）?A body has two hands.（?人体有两只手。）

（f）?An arm has five fingers.（?一只手臂有五个手指。）

就例 [3] 中的 6 个例句而言，前 4 个例句对照人体部位之间的述义关系是没有问题的，因为每个例句都属于直接述义范围内的正常使用，也就是说，它们是在注意直接可及范围内的。与此相反，后两个例句对照人体部位之间的述义关系就存有疑问，这是因为这两个例句已超越直接述义范围。换言之，它们不在注意直接可及范围内。

英语中还有一些构式也与注意范围相关，如 Langacker（1987: 285）所称的"套置式方位"（nested locative）构式，即好几个方位表达式组并起来以确定一个对象的位置。这样的构式中多个方位表达式组并的顺序非常重要；每个方位短语相对于前一个方位短语必须将侧重的对象限制在一个更小的区域，直至最终能够精确定位下来。例如：

[4] The money is in the kitchen, under the counter, in the lefthand cabinet, on the top shelf, behind the meat grinder.（钱在厨房里，柜台下，左手的柜子中，顶层架子上，绞肉机的后面。）

这样，例 [4] 中的每个方位表达式都在前一个方位表达式所界定的范围内进一步缩小我们对该句所侧重的对象（即 money）的注意范围，直至我们的注意聚焦在最后一个方位表达式，即 behind the meat grinder（在绞肉机的后面）。

10.2.3 注意的维度调整

注意的维度调整与我们视觉范围的变化相关，即我们的视觉范围可以放大也可以缩小。放大的视觉范围使我们能够更靠近事物，因而对其概念化描写就更加细致，因此，Croft 和 Cruse（2004: 52）将其称作"精细型视野"（fine-grained view）；而缩小的视觉范围似乎推远了我们与事物之间的距离，所以，我们对事物的概念化描写就比较笼统，Croft 和 Cruse（ibid）称之为"粗放型视野"（coarse-grained view）。例如：

[5]（a）We drove along the road.（我们的车沿着马路开。）

（b）A squirrel ran across the road.（一只松鼠跑过马路。）

（c）The construction workers dug through the road.（施工人员挖到马路的另一边。）

例 [5] 中的三个例句很好地展示了语言所反映的注意在三维空间上的调整变化。[5a] 给我们呈现的是一个粗放型的单维度（即只有长度）远镜头画面，即我们视野中的马路只是一条线，一条可供我们车辆行驶的路线，没有了宽度和深度。[5b] 给我们呈现的是一个相对精细的二维（有长度和宽度）近镜头画面，我们眼前的这条马路是一个平面，一只松鼠从马路的一边跑到了另外一边。[5c] 呈现的是一个更近的三维空间画面，有长度，有宽度，更有深度，并突显马路的深度可能成为施工人员挖掘工作的障碍。

Croft 和 Cruse 认为，注意的维度调整不仅反映在空间维度上，而且也反映在其他可以量化的维度上，如时间维度。例如：

[6]（a）Conor lives in New York City.（Conor 住在纽约市。）

（b）Conor is living in New York City.（Conor 现住在纽约市。）

[7]（a）Ira is a nuisance.（Ira 是个令人讨厌的家伙。）

（b）Ira, stop **being** a nuisance!（Ira，别捣乱！）

根据 Croft 和 Cruse 的解读，[6a] 与 [6b] 之间的语义差别和 [7a] 与 [7b] 之间的语义差别至少部分源于时间维度的调整，而时间维度的调整实际反映在例 [6] 和例 [7] 中所使用的一般现在时和现在进行时上。相对于一般现在时，现在进行时呈现的是更精细的时间维度。因此，[6a] 表达的时间就可能是永久性的，或至少是长期的，这样 Conor 就可能是长期或永久住在纽约市；而 [6b] 所表达的时间却是短期的或临时性的，所以 Conor 可能是临时或短期住在纽约市。同理，[7a] 所表达的意思是 Ira 的讨厌行为可能会延续很长一段时间，甚至一生；而 [7b] 的含义是 Ira 的讨厌行为只会延续很短的时间。

10.2.4　动态注意

以上讨论的三个方面，即注意的焦点、注意的范围和注意的维度，都是与场景的静态识解相关。注意的最后一个方面属于动态识解，这显然与前三个方面不同。根据 Croft 和 Cruse（2004: 53）的观点，动态注意是指我们的注意会从场景的一边向另一边移动。这种动态移动只是一种概念化的方式，并非是客观世界中真实发生的。Talmy（2000）将这种以动态方式识解一个静态场景的现象称为"虚拟移动"（fictive motion）。例如：

[8] The road winds through the valley and then climbs over the high mountains.（这条道路蜿蜒穿过山谷后又爬过高山。）

例 [8] 描写的是典型的虚拟移动，因为道路被赋予了前行的能力。但实际上道路是不会蜿蜒移动也不会爬行，这种虚拟移动只是我们概念化的结果，我们可以想象自己在这条道路上这样行走。在这种想象中，我们的注意从道路的起点出发，沿着道路蜿蜒前行，穿过山谷，翻越高山，最后到达道路的终点。

值得注意的是，Langacker 在识解中也区分静态注意和动态注意。根据 Langacker（1987: 144-146），动词与名词或形容词之间的一个基本概念区别是对场景的两种不同的扫描（即识解）方式：总体扫描（summary scanning）和顺序扫描（sequential scanning）。总体扫描是对某个场景的各个部分进行整体概念化，而顺序扫描是在概念化的时间（conceived time）里对某个场景的各个部分逐一进行扫描。Croft 和 Cruse（2004: 53-54）指出，当一个动词表示行动时，该事件就会通过时间予以顺序扫描。与此相反，如果这个动词名词化后用作一个指称语（referring expression），那么该事件就会作为一个完整单位获得总体识解。换言之，表示行动的动词产生动态注意，而动词名词化后当作指称语使用时则产生静态注意。例如：

[9]（a）Something moved in the grass.（草丛中有个东西移动。）

（b）There was a movement in the grass.（草丛中有个会移动的东西。）

[9a] 和 [9b] 的区别在于它们所使用的同一个词的两个不同形式及其识解：[9a] 使用了动词 move（移动），它表达的是行动，产生了动态注意，因而需要予以顺序扫描；而 [9b] 使用了该动词的名词化形式，即 movement，并用作指称语，表示的意思为“一个会移动的东西”，所以应当予以总体扫描。

以上我们简述了 Croft 和 Cruse 的语言注意观，下面要概述的是 Talmy 的语言注意系统。

10.3　Talmy 的语言注意系统

语言的注意系统是 Talmy（2007，2008）当前正在研究的一项课题，其目的是要把前人以及自己有关注意的相关研究纳入到一个理论框架予以统一阐释。这些与注意相关的研究主要包括 Chafe（1994）的激活（activation）、Lakoff（1987）的原型理论（prototype theory）、Lambrecht（1994）的话题与焦点（topic and focus）、Langacker（1987）的侧重（profiling）、Tomlin（1995）的焦点注意（focal attention），以及他自己（2000）的前景与背景表征的突显（salience of figure and ground representation）、注意的视窗作用（windowing of attention）和力量动力对立（force-dynamic opposition）等。

Talmy 拟构建语言注意系统的基本指导思想是，在语言交际场合，听者一般会注意说话人所提供的语言表达式及其表征的概念内容和语境。但并非所有这些方面都一成不变地成为听者的注意中心，因为这些不同方面的不同部分通常具有不同的突显度。Talmy 认为，产生这些不同突显度的原因只有一部分可以归结为一些成分的内在意义大于另外一些成分，而最根本性的原因还是语言本身拥有一个庞大的注意系统。这个语言注意系统可以给一个语言表达式的不同部分、表达式所指称的不同部分或其语境的不同部分赋予不同的突显度。这样在语言交际场合，说话人就会使用这个系统来建构表达式，而听者则会根据这样的表达式将自己的注意以特定的方式分配给表达式、表达式的所指和语境的不同部分。

迄今为止，Talmy 发现这个语言注意系统有 8 个语言域（domain）。每个语言域又包含多个基本因子（factor），共计 50 多个。每个因子又涉及一个可以增加或减少对某一类语言实体（entity）加以注意的语言机制。下面我们将根据 Talmy（2007，2008）研究发现的 8 个语言域，并从每个语言域中选取一个注意因子来简要阐述语言注意系统中语言对注意强度的影响。

第一个语言域涉及词素的特征。一般而言，语言的最小意义单位是词素（morpheme）。Talmy 认为，词素是语言的最小形义结合体，包括单结构词素和习语类的复合结构词素，如 go to sleep（去睡觉），甚至包括像英语中主语和助动词倒置表达"如果"的构式，如 had I known her（如果我认识她的话）。本语言域中的一个因子涉及词素所属的词汇范畴。Talmy 认为，一个词素的词汇范畴将影响其概念表征的突显度。通常情况下，开放类词汇范畴的突显度要比封闭类词汇范畴的高，而在开放类范畴中名词的突显度又高于动词。在封闭类范畴中有音位实体（phonological substance）的突显度要高于无音位实体。这一词汇范畴的突显度等级可以表述为：

开放类范畴（名词 > 动词）> 封闭类范畴（有音位实体 > 无音位实体）

在英语中动词的时态一定是用封闭类形式表示的，如 -ed 表示"过去"、 -s 或 will 表示"将来"。但是，如果要用介词短语来表示相对的过去或将来时间的话，那封闭类形式就不能用，而只能用开放类形式。例如：

[10]（a）When he arrived, ...（在他那次到来时，……）

（b）On his previous arrival, ...（在他上次到来时，……）

[11]（a）When he arrives/will arrive, ...（在他将要到来时，……）

（b）On his upcoming arrival, ...（在他行将到来时，……）

根据词汇范畴的突显度等级，[10b] 和 [11b] 两个例句中分别使用了形容词 previous（先前的）和形容词 upcoming（即将到来的）来表示相对的过去时间和将来时间，其突显度显然要高于 [10a] 和 [11a] 为表示不同时态关系而分别使用的 -ed 和 -s 或 will 的突显度。

第二个语言域涉及形态句法。与第一个语言域只涉及单个词素不同，本语言域涉及词素组并后所体现出来的注意特征。其中一个因子是关于词素在构式中的位置。一般情况下，一个句子内各位置的突显度是不同的，通常句首位置的突显度最高。每一种语言可能都有一些句子的位置（如句首）来使句子的所指前景化（foregrounding），以便突显。伴随这种突显度的增加而来的常常是附加的认知效果，如突显的所指成为概念对比的目标。例如：

[12]（a）I can't stand this kind of music right now.（我此时此刻忍受不了这种音乐。）

　　　（b）Right now I can't stand this kind of music.（此时此刻我忍受不了这种音乐。）

　　　（c）This kind of music I can't stand right now.（这种音乐我此时此刻忍受不了。）

[12a] 和其他两句相比各成分都在其基本位置上，属于正常语义表达。[12b] 相对于 [12a] 发生了时间所指 right now（此时此刻）的位置变化，即它出现在了句首位置，从而产生了与其他时间所指形成对比的效果：此时此刻我忍受不了这种音乐，但其他时候我是不介意的。同理，[12c] 相对于 [12a] 出现了受事所指 this kind of music（这种音乐）前置于句首，从而产生了与其他种类的音乐形成对比的效果：这种音乐我此时此刻忍受不了，但其他种类的音乐我是不反对的。

第三个语言域涉及语言单位完全将注意目标指向自身之外的某个语言单位或非语言现象。这类具有注意外指向效果的语言形式中，有一个因子不仅将注意的目标指向一个成分的所指，而且还指向这个成分的属性。这些属性包括这个成分的语音形式、发音方式、准确的结构以及音义的联结。这类语言形式通过这样的方式为结构成分建立了一定程度的元语言意识。（Talmy 2007，2008）例如：

[13]（a）This gadget is called a pie segmenter.（这玩意儿叫作派切片机。）

　　　（b）Please hand me the pie segmenter.（请把派切片机递给我。）

[13a] 与 [13b] 的区别在于 [13a] 使用了具有注意外指向效果的语言形式 be called（被叫作），它将听者的注意目标全部引向随后的句子成分 a pie segmenter（派切片机），使听者不仅关注其所指而且也关注与所指对应的语音形式。[13b] 因没有使用这样具有注意外指向效果的语言形式，所以听者只注意 the pie segmenter 的所指，即"派切片机"。

第四个语言域涉及音位因子。本语言域涵盖了一句话语的所有音位特征，包括第一个语言域未能覆盖的单个词素的音位特征。在此语言域中有一个因子涉及词素长度。一个词素或词的语音长度往往与其所指的突显度相关。如果同一个概念由不同语音长度的词来表达的话，那么形式长的词引起的注意程度就要高于形式短的词。例如：

[14]（a）They promised they would contact me. Nevertheless they never called back.（他们答应要与我联系。然而，他们再也没有回电。）

（b）They promised they would contact me. But they never called back.（他们答应要与我联系。但他们再也没有回电。）

[14a] 与 [14b] 的唯一区别就在于 [14a] 使用了形式更长的 nevertheless（然而），它所引起的关注度更高；而 [14b] 因使用了形式较短的 but（但是）而使其关注度相对降低。

第五个语言域涉及语言所指的特征。本语言域的所有因子不论是增加对一个对象的注意还是减少对一个对象的注意，都是因为该对象的身份（identity）或者内容。其中一个因子涉及所指偏离常规。一般的常规与反常规包括平常与反常、中性情感与强烈情感、一般与具体等。如果一个所指偏离常规就会使其成为突显，引起更大的关注。例如：

[15]（a）He hopped/walked to the store.（他单脚跳 / 走到商店。）

（b）She screamed/shouted to him.（她对他尖叫 / 喊叫。）

（c）He drowned/died.（他淹死 / 死了。）

根据一般的文化常规，一个反常的所指往往会比一个正常的所指引起更大的关注度。所以，在 [15a] 中 walk to the store（走到商店）是正常行为，而 hop to the store（单脚跳到商店）则属于反常行为，因而会引起更大的注意。在 [15b] 中 scream（尖叫）要比 shout（喊叫）的情感更强烈，所以引起的注意也就更大。同理，在 [15c] 中 drown（淹死）显然是一种非正常死亡，因此，要比一般意义上的死亡（即 die）引起更大的关注。

第六个语言域涉及指称与其表征间的关系。本语言域中的所有因子都与语言使用者对语言内容（而非对语言形式）的注意偏好有关。其中一个因子是，语言使用者对一个语言表达式的概念或意义的关注要大于其对语言表达式的形式本身的关注。例如：

[16]（a）My sister called and said she was very sick this morning.（我的妹妹打来电话，说她今天早上身体很不舒服。）

（b）My sister called this morning to tell me that she was feeling really sick.（我的妹妹今天早上打来电话，告诉我她的身体真的感觉很不舒服。）

　　　（c）Judy said she was very ill when she called today.（Judy 今天打来电话，说
　　　　她身体很不舒服。）

　　假如下班后回到家妻子对丈夫说了 [16a]，那么丈夫关注的一定是妻子这句话的概念内容（即意义），而不可能是句中每个词素的语音表征，如丈夫听到 sick 这个词就注意其概念指称，即"生病"，而不是它的语音表征，即 [sik]。之后，丈夫所能记住的也一定是妻子说的那句话的内容（即他妻子的妹妹打电话说生病的事），而不是妻子说的那句话的确切用词，即丈夫记不住妻子说的是 [16a]，还是 [16b]，还是 [16c]。Talmy（2007，2008）认为这条注意原则不仅适用于词素、短语和句子，而且也适用于语篇。

　　第七个语言域涉及的因子与概念的显性（explicit）表征有关。其中一个因子是，一个概念的突显度取决于这个概念是否获得语言表征。语篇中如果有明确的语言形式来表征一个概念，那么这个概念就被前景化了（foregrounded），即获得了关注。反之，这个概念就被背景化了（backgrounded），即未获得关注。在语言交际场合，说话人一般都希望自己的概念想法能够在听者的认知中全部得以复现。但是，如果说话人的概念过于复杂，再加上时间、环境和认知等因素的限制，那就很难全部获得语言表征。因此，解决的方法是通过"抽象表述"（abstractive presentation）这一认知过程。也就是说，说话人可以从众多的概念当中选取一小部分并用适当的语言形式在自己的话语中明确表达出来。而听者则通过"重组"（reconstitution）这一互补型认知过程并借助说话人的部分显性表征式（partial explicit representation）来重构一个尽量接近说话人原义的概念解读。在这个重构过程中，听者必须通过语境和背景知识等来推导出那些未表达出来的内容。例如：

　　[17]（a）Could you please close the window?（请关上窗户，好吗？）

　　　　（b）It's a bit chilly in here.（这里有点凉。）

　　例 [17] 所指的语言交际场合可能是客人和主人坐在房间的窗户旁聊天，窗户开着，不时有凉风吹进来。当客人对主人说 [17a] 时，它将主人的注意直接引向了"关窗"这一行动，因为这一概念直接用语言表达了出来，即句中的 close the window（关窗），因此直接表达出来的概念自然就成为听者注意的中心；而那些未表达出来的概念（如感觉冷）则被背景化了。[17b] 与 [17a] 正好相反。客人直接说出自己的身体感受，即 chilly（感觉凉），因而它成为主人关注的焦点；而关窗没有明确说出，所以没有

直接成为主人注意的焦点。然而，在这种场合，主人可以通过相关的背景知识（如生理知识）轻易地推导出"关窗"的含义，即凉风是从窗户吹进来的，人接触到了凉风可能会感觉不舒服，所以只有关上窗户才能避免。

最后一个语言域涉及时间推进（temporal progression）模式。本语言域所产生的注意效果源于对表达的概念通过时间所做的安排，涉及的子语言域有概念表达的时近性（recency）、概念指称的累积量、概念的排序（sequencing）等。在第一个子语言域中有一个因子是关于上次回指一个概念的时近性，即回指一个概念的时间越近，听者对其注意度就越高。然而，随着一个所指的时近性不断下降，说话人回指它时要选择的语言形式在"指称距离"（referential distance）上就会越来越远：从零形式到代形式（pro-form）再到完整的名词形式。例如：

[18]（a）He's the director of our lab.（他是我们实验室的主任。）

　　（b）That man who came in and spoke to me was the director of our lab.（刚才进来和我说话的那个人是我们实验室的主任。）

[18a] 与 [18b] 的语言差别体现在两个句子的主语上：[18a] 的主语是代词 he（他），而 [18b] 的主语使用的是一个带定语从句的名词短语 that man who came in and spoke to me（刚才进来和我说话的那个人）。为什么会使用这样不同的语言形式呢？这就是时近性因子在起作用。说话人使用 [18a] 的条件是这个被介绍的人离开办公室之后的时间不能长，而且不能有其他人在他走后来过办公室，也就是说，时近性更靠近现在。而说话人说 [18b] 的条件一定是在时近性上离现在较远，而且很可能在他走后有其他人来过办公室，因而需要更明确的语言形式来加以区分。不过，需要注意的是，本因子如果脱离此语境，其解读就恰好相反，即又回到了第一个语言域中所讨论的那个因子——词素所属的词汇范畴：开放类词汇的注意度要高于封闭类词汇。

从以上的讨论中我们不难看出，语言因子都是独立发挥作用的。实际上，语言因子虽然可以独立应用，但通常情况下，它们会组合起来相互作用以产生更多的注意效果。根据 Talmy（2007，2008）的观点，这些因子组合并相互作用后会产生三类不同的注意效果。

第一类注意效果是产生了注意的级差强度。语言因子可以不断地增加，从而出现指向某个语言实体的注意度产生级差化（gradation）。例如：

[19]（a）The goblet slowly went around the banquet table.（酒杯在餐桌上慢慢走了一圈。）

（b）The goblet slowly passed around the banquet table.（酒杯在餐桌上慢慢传递了一圈。）

（c）The goblet was slowly passed around the banquet table.（酒杯在餐桌上被慢慢传递了一圈。）

（d）The goblet was slowly passed around the banquet table by them.（酒杯在餐桌上被他们慢慢传递了一圈。）

（e）They slowly passed the goblet around the banquet table.（他们将酒杯在餐桌上慢慢传递了一圈。）

（f）The diners slowly passed the goblet around the banquet table.（聚餐者将酒杯在餐桌上慢慢传递了一圈。）

例 [19] 的 6 个例句描写的都是同一个聚餐场景，即一群食客围坐在餐桌前，将一只盛满酒的酒杯从一人传递给另一人喝。它们涉及相同语言实体的"使动作用"（agency）。由于这 6 个句子分别使用了不同语言域中的不同因子，从而在使动作用这个概念上产生的注意度由低不断增高。具体地说，[19a] 对使动作用的注意度最低，因为使动者没有明确的语言形式表述，所以只能从语境中推理出来（go 也是个表示移动的中性动词）。[19b] 对使动作用的注意度略高于 [19a]，因为不及物动词 pass（传递）将听者的注意间接指向使动者。[19c] 因为使用了被动句式，其使动作用指向更加明显。[19d] 不仅使用了被动句式，而且还出现了使动者 them（他们），其使动作用更为明显。[19e] 中的使动者，即代词 they（他们），出现在了句子的主语位置（即句首），其使动作用的突显度又有了提升。[19f] 的主语使用了明确的名词 diners（聚餐者）而非代词，从而使动作用的突显度最高。

第二类注意效果是注意模式得以强化。多个因子可能会汇聚于同一个语言实体上以加强其突显水平，即要么使其突显度变成特别高，要么使其突显度变成特别低。产生这种结果的原因正是语法的组织结构。例如：

[20]（a）I went to London last month by plane.（我上个月乘飞机去了伦敦。）

（b）I flew to London last month.（我上个月**飞到**了伦敦。）

[20a] 中的"飞机"概念获得了相对高的突显度，其原因是好几个因子汇聚于

plane 这一句子成分上。比如，该概念有明确的词汇范畴名词表征（这属于第一个语言域中的一个因子）；该成分位于较为突显的句末（这属于第二个语言域中的一个因子）；以及该成分因在句尾而获得相应的重音强调（这属于第四个语言域中的一个音位因子）等。与 [20a] 相反，[20b] 中的同一个概念"飞机"则相对背景化了，即未能获得相应的突显。究其原因还是相同的几个因子汇聚于句子成分 flew（飞）。比如，该成分（即 flew）为动词，其突显度低于 [20a] 中的名词 plane（这属于第一个语言域中的一个因子）；该成分位于突显度偏低的句中（这属于第二个语言域中的一个因子）；以及该成分因在句中而未获得相应的重音强调（这属于第四个语言域中的一个音位因子）等。

第三类是注意效果冲突。当两个（或以上）因子汇聚于同一个句子成分时，结果就可能会产生注意效果的冲突。解决的方法是一个因子压倒另一个（或其他）因子。否则的话，听者的注意就要分散或摇摆不定。例如：

[21]（a）I flew to London last month.（我上个月飞到了伦敦。）

（b）I FLEW to London last month.（我上个月**飞到了**伦敦。）

[21a] 是前面 [20b] 的重复。通过前面的分析我们已经知道，在这句话中"飞机"这一概念因多个因子汇聚在动词 flew 上而被背景化了。根据 Talmy（2007，2008）的观点，英语母语者在听到这句话时的理解主要是旅行本身，至于所乘的航空工具只是附带的背景信息。然而，说话人可以使用第四个语言域中的一个音位因子来赋予动词 flew 重音强调即可消解其背景化效果，如 [21b] 所示；换言之，[21b] 中所使用的这个强调重音的音位因子就压倒了其他因子所产生的背景化效果，致使"飞机"这一概念得以前景化。

10.4 语言注意理论与第二语言习得

注意是心理学研究的一个重要话题，在第二语言习得研究中也同样受到关注。因此，本节在探讨语言注意理论对第二语言习得的启示作用之前，首先对注意这一概念在第二语言习得研究中的应用予以简要回顾。

10.4.1 注意在第二语言习得研究中的应用

根据 Schmidt（1990, 1995, 2007）的观点，注意是全面认识第二语言习得所必需的一个概念，包括中介语的历时发展、共时变异、第二语言流利度的发展、第二语言习得的动机和学习策略等所产生的个体差异、互动和意义沟通（negotiation of meaning）以及各种形式的教学对第二语言学习的贡献等。换言之，注意是第二语言习得所有方面不可或缺的。

　　在第二语言学习过程中，注意必须有所指向，有所聚焦。因此，中介语的发展意味着，学习者必须对目的语输入的不同方面予以相应的关注，并进行针对性的处理。学习者若想习得语音就必须要对语言输入的发音多加注意，尤其是要注意那些与母语发音相似但又不同的音或者母语中根本没有的语音现象。例如：英语中的浊辅音 [b]、[d] 和 [g] 与汉语中对应的三个音虽然形式相同，但其实际发音是有较大区别的；汉语的发音基本上是不送气的，而英语的发音却是送气的。尽管这不影响语言交际，但中国英语学习者若想在发音上达到母语者的发音水平，就一定要加以注意并努力克服母语发音的干扰。

　　同理，学习者若想习得语用能力就必须要关注话语的形式、意义以及与话语相关的社会语境特征等。就词汇习得而言，学习者必须要在语言输入中注意词汇的形式（语音和拼写）以及一切有助于发现词义的线索。在习得形态（派生形式和屈折形式）时，学习者必须要注意词素的形式和意义；而学习者若想习得句法结构就必须关注词序的变化以及这种变化所产生的不同意义。（VanPatten 1994）例如：英语短语 turn down 是个多义词组，有"把（音量）调小"、"拒绝"等意思；当后接名词短语作宾语时，该名词短语的位置是可以在 down 之前也可以在 down 之后，但若后接代词作宾语时，该代词的位置只能是在 down 之前而不能在 down 之后，如例 [22] 所示：

　　[22]（a）I turned the radio down.（我把收音机的音量调小了。）

　　　　（b）I turned down the radio.（我调小了收音机的音量。）

　　　　（c）I turned it down.（我把它的音量调小了。）

　　　　（d）*I turned down it.（我调小了它的音量。）

　　[22d] 之所以不合语法也不可接受是因为 down 在此短语中用作副词，受动词 turn 的制约而本身并没有支配任何成分的权限。然而，若 turn down 中的 down 用作介词时，那么该介词因具有支配宾语的权限而位置必须固定下来，即它必须是在宾语之前。例如：

　　[23]（a）I turned down the road.（我转上了这条路 / 我拒绝了这条路作为礼物。）

（b）*I turned the road down.（我拒绝了这条路作为礼物。）

（c）I turned down it.（我转上了它（它 = 这条路）。）

（d）*I turned it down.（我拒绝了它（它 = 礼物）。）

[23a] 和 [23c] 中的 down 用作介词，出现在其支配的宾语之前，所以这两句话是合格的；而 [23b] 和 [23d] 中的 down 出现在宾语之后用作副词，若再当作介词来解读就显然不合格。因此，若想使它们成为合格的语句就必须有不同的解读。[23b] 中的 the road（这条路）若当作礼物解读，且 turn down 表达"拒绝"之义时，那么这句话仍为一句合格的话语。同理，[23d] 中的 turn down 若当作"拒绝"解读时，那么这句话就完全合格无误。由此可知，词序的变化会产生语义的变化。所以第二语言学习者必须加以注意方能习得。

注意也是学习者语言使用中变异（variation）现象产生的一个基本因素。许多研究（Dickerson 1975；Ellis 1987；Tarone 1982，1983，1985）发现：语言学习者在实际语言使用中对语言形式的注意程度如果增加，他们的语言使用准确度也会相应增加，而语言变异现象则随之减少；反之，语言变异现象就会增多。不过，社会环境因素（如交际时的压力等）会直接影响学习者在语言使用时对语言形式的关注程度，进而影响变异现象的出现。（Schmidt 1977；Tarone 1996）

就语言流利度而言，注意也是一个重要影响因子。一般来说，在输出时，语言处理可能涉及两种处理方式：控制处理和自动化处理。控制处理需要说话人对语言形式多加注意，因而语言输出的准确度会得以提高，但流利度会因此而下降。自动化处理基本上不需要说话人注意自己的语言形式，所以语言输出的流利度自然会提高。此时，注意的使用主要集中于交际中出现的问题以及为此而努力寻求解决方案。

注意对学习者的个体差异也有一定的解释力。产生学习者个体差异的因素有多种多样，其中动机、学习策略和语言学能（aptitude）是三个重要影响因子。Tremblay 和 Gardner（1995）认为，展示动机的三种行为（努力、坚持和注意）是产生第二语言习得个体差异的重要因素。Schmidt（2007）指出，学习策略对个体差异也有影响，主要体现在一些学习策略（如搜寻模式）会使学习者关注目的语中的某些方面，而另外一些学习策略（如推理和监控）会使学习者保持对某些语言形式的注意。Skehan（1998）甚至将对语言输入的注意能力视作语言学能的一个重要要素。很显然，第二语言学习者在这些方面所表现出的差异自然会导致他们在语言学习上的个体差异。

从语言教学的角度看，注意也是一个不可忽视的因素。在语言输入中教师可以通过重复或强调一些语言形式来使其成为更加突显，从而引起学生的关注，促进这些形式的习得。或者，教师可以在课堂上通过重点讲解某些语言结构，从而提高学生对这些结构的注意和认识，以加深他们的记忆。当然，教师也可以通过学生进行语言输出练习来迫使他们注意自己的语言表达和实际使用的语言形式。总之，教师可以通过各种方法和手段来提高所学内容的突显度，增强学生的注意度，以促进第二语言的习得。

综上所述，注意在第二语言习得的每个方面（语音、词汇、形态、句法、语义、语用、语篇建构等）都起着积极的作用。真可谓，注意到才能学得到。但需要指出的是，注意并非是影响第二语言习得的唯一因素，而是与其他诸因素共同作用。另外，持语言习得天赋论的学者（如 Krashen 1982）甚至否认注意在第二语言习得中的作用。限于篇幅，这里就不再讨论。接下来我们将探讨语言注意理论对第二语言习得的启示作用。

10.4.2　语言注意理论对第二语言习得的启示

语言注意理论是我们对语言注意观和语言注意系统的统称。不论是语言注意观还是语言注意系统都涉及注意在语言中的各种体现，而这些体现主要是通过概念内容与语言形式的结合完成的。因此，对第二语言学习者而言，掌握一些有关注意观和注意系统的基本知识对学好第二语言是有帮助的。下面我们将分别从语言注意观和语言注意系统两个部分来探讨它们各自对第二语言习得的启示作用。

在 10.2 节我们讨论了注意观所涉及的四个方面：注意的选择、注意的范围、维度调整和动态注意，并逐一做了简要论述。注意的选择体现在语言中就是某一概念在语言中的具体表现形式。例如：在购物框架中，我们可以根据交际需要选择不同的语言形式来突显不同的概念，从而引起听者的关注。例如：

[24]（a）I bought the shirt yesterday.（昨天我买了这件衬衫。）

　　（b）A woman sold me the shirt.（一位妇女卖给我这件衬衫。）

　　（c）The shirt cost me £50.（买这件衬衫花了我 50 英镑。）

在日常语言交际中，[24a] 是最常见的表达形式，突显的是购买者的行为。但语言交际时，由于交际双方的关注对象可能会随时发生变化，所以，[24b] 和 [24c] 都属于正常的语言使用；只不过 [24b] 关注的是售货员的行为，而 [24c] 的关注点是商品的价格。这种根据交际需要来灵活选择不同的语言形式无疑是交际能力的重要体现。所以，在第二语言习得时语言学习者需要积累和掌握各种框架中的不同语言表达形式，以增强自己的语言交际能力。

在英语中经常会出现多个关联概念被包装（packaged）在一个语言单位之中，即我们所熟悉的多义现象。有些关联概念之间的语义差别是如此细微，以至于我们只有通过相应的语境才可能识别出来，如 10.2 节所举的例 [1] 所示：该例是关于 window（窗户）的多义现象，涉及 window 这个词所侧重的五个不同部分，即窗户上像门扇一样可以开合的部分、窗户的玻璃、窗户的木框结构、没有（或打开了）窗扇的窗口和托着窗框的平面部分（即窗台）。再比如（Taylor 2006:56-57），

[25]（a）The University was founded in the 19th century.（这所大学是 19 世纪成立的。）

（b）I parked near the University.（我将车停在了这所大学附近。）

（c）The University just telephoned.（这所大学的一位人士刚才打来电话。）

例 [25] 的 3 个句子都使用了 university，一般的语言学习词典可能给它只标出"大学"这一个意思，但实际上 university 在以上 3 个句子中的意思不尽相同：它在 [25a] 的意思为"大学机构"，在 [25b] 中表示"大学的建筑物"，而在 [25c] 中意为"代表大学的一位人士"。这些细微差别的语义一般是不可能单独罗列在词典中以供第二语言学习者一一熟记，而只能是出现在具体的不同语句中。所以，在第二语言习得时，语言学习者同样需要积累和掌握这样的语言知识。此外，那些无须添加词缀的类转词汇等语言现象也会产生词义转移，需要第二语言学习者予以特别的关注，从而避免产生类似于 Books like my friends（学生想表达的意思是"书像我的朋友"，但此句的意思为"书喜欢我的朋友"。正确的英语说法是 Books are like my friends）这样的词汇类转错误（即学生以为用的是介词 like，而实际用的是动词 like）。

注意范围在语言中的体现形式相当于 Langacker 的述义范围，即某个场景中所有能够包括在一个特定述义内的那些部分，如人体与人体部位之间的述义关系可以表示为：knuckle（关节）⊂ finger（手指）⊂ hand（手）⊂ arm（手臂）⊂ body（人体）。这种述义关系的意义在于，每个直接下位人体部位都构成直接上位人体部位的述义范围。因此，在英语表达所属关系时，能够反映这种直接述义关系的构式就属于正

常可接受的构式，如 [26a] 所示；反之，则属于奇特或不可接受的构式，如 [26b] 所示：

[26]（a）A body has two arms.（人体有两只手臂。）

（b）?A body has two hands.（? 人体有两只手。）

如果第二语言学习者对这样的关系以及体现在英语中的这类表达式不加以注意，那么他们就可能会在实际语言交际时说出完全符合语法但却不可接受的语句。

此外，与注意范围相关的方位表达方式在英汉两种语言中是完全不同的。例如：汉语说"东南"、"东北"、"西南"、"西北"等，而英语则要说 southeast, northeast, southwest, northwest 等。在地址的表达方式上，汉语是从大到小，而英语则是从小到大。这样的表达式完全反映了注意颠倒，更需要第二语言学习者多加注意。

注意的维度调整主要发生在空间维度和时间维度上。在空间维度上，我们的视觉范围可以放大也可以缩小。放大的视觉范围相当于镜头的推进，从而使我们能够更靠近事物，并能够更细致地对其进行概念化描写，如 [27a] 对山谷中房屋进行了动态（主要通过介词 through）近距离的细致描写；缩小的视觉范围相当于推远了我们与事物之间的距离，所以，我们对事物的概念化描写就相对比较笼统，如 [27b] 对山谷中房屋的一种静态（主要通过介词 in）远距离的笼统描写。

[27]（a）There is a house every now and then through the valley.（穿过山谷时不时看到房子。）

（b）There are some houses in the valley.（山谷中有几所房子。）

在时间维度上，注意的调整主要体现在动词的时态上：一般时态和进行时态；前者一般表示动词所表达的动作或状态延续的时间长，而后者一般表示动词所表达的动作或状态延续的时间短。对第二语言学习者而言，英语中表达这些维度变化的语言形式也需要记忆和掌握。

最后一个方面是动态注意，涉及语言中那些能够引发我们的注意做出动态移动但客观现实中并未发生移动的"虚拟移动"现象。例如：broken heart 并不表示"心脏的破裂"，而是感情上的"伤心"；sunken bathtub 表示"低于地面的浴缸"，而不是"沉没的浴缸"；如此等等。另外，对某一场景的总体扫描和顺序扫描也会涉及注意的变化，即我们的注意是聚焦于一个场景的整体概念化还是聚焦于一个场景各个部分的概念化。例如：表示行动的动词就需要对其所涉及的事件进行顺序扫描，而动词名词化后并用作指称语时就会作为一个完整单位予以总体识解；这是因为表示行动的动词产生的是动态注意，而动词名词化后当作指称语使用时则产生的是静态注意。英语中能够产生此类动态和静态注意的语言形式还是较为常见的，如果第二语言学习者在学习过程中能够予以关注并能学会后加以应用，那么这势必会丰富他们的语言知识，提高他们的语言鉴赏能力和语言应用能力。

关于语言的注意系统我们在 10.3 节已做了简要讨论。语言的注意系统一共包括八个语言域，其中前五个语言域主要涉及注意度与语言形式的关系，而后三个语言域主要涉及听者对说话人语言表达式内容的关注以及推理。对第二语言学习者而言，如果能够掌握这方面的知识，那么这对提高他们的语言表达能力和语言理解能力显然是大有裨益的。

从第一个语言域第二语言学习者可以了解到：①自由词素所引发的关注度要大于黏着词素。例如：同为表达"否定"的自由词素 not 与黏着词素 un- 相比，前者的突显性要强于后者（即说 not happy 要强于说 unhappy，虽然这两个表达式都表示"不高兴"）。②词素所属的词汇范畴影响其所表征概念的突显度，如开放类词汇范畴的突显度要高于封闭类词汇范畴，以及开放类范畴中名词的突显度又要高于动词。③在一个词素的意义中，不同的语义成分可能具有不同的注意权重（weighting），如英语动词 eat（吃）包含了"咀嚼"和"吞咽"这两个语义成分，其中"咀嚼"这个语义成分显然要比"吞咽"这一语义成分更为突显，这可以从动词 eat 所使用的副词修饰语清楚地看出。例如：

[28] You should eat carefully/faster.（你要慢慢地吃 / 你要快点吃。）

在例 [28] 中，eat 的副词修饰语 carefully（仔细地）或 faster（更快）修饰的对象应该是"吃"这一过程中的"咀嚼"行为而不是"吞咽"行为。

第二语言学习者从第二个语言域可以学到：语言单位的突显度与其在构式中的位置相关。例如：名词成分在句中的位置及其对应的语法关系与突显度的关系通常为：主语＞直接宾语＞旁格，即主语位置的突显度要高于直接宾语位置，而直接宾语位置的突显度又高于旁格位置。有时，出现在句首位置上的语言单位不仅突显度增加，而且还会产生强烈的对比效果，如 10.3 节中的例 [12] 所示；此外，在像 be near（在……附近）这样的英语构式中，主语位置上的名词成分起着"前景"（figure）作用，而旁格位置上的名词成分则起着"背景"（ground）作用。（Talmy 2007: 275）所以，在例 [29] 中，[29a] 听起来非常自然；而 [29b] 听起来则比较奇怪。

[29]（a）The bike is near the house.（自行车在房子的旁边。）

　　（b）?The house is near the bike.（？房子在自行车的旁边。）

第二语言学习者从第三个语言域可以学到的知识是，英语中有一些语言单位可以将注意对象指向自身之外的某个语言单位或现象。这类具有注意外指向效果的语言形式包括 be called（叫作；例句见 10.3 节 [13a]）、指示词（如 this，that，these，those，here，there 等），以及重读的第三人称代词（he，she 和 they）等语言形式。有时在使用这些语言形式的同时，还可用手指指示某一方向来增强突显的效果，如说 My horse is over there（我的马就在那边），同时用手指指着 "马" 所在的那个方向。

第二语言学习者从第四个语言域可以获得的信息主要是同义词或近义词的语音长度与其所指的突显度之间的关联。在英语中，同一个概念若由语音长度不同的词来表达的话，那么形式长的词所引起的注意程度就要高于形式短的词。例如：表示 "转折" 关系时 however（但是）要比 but（但是）的语气强，因而引发的关注度会更高；在表示 "请求别人帮忙" 时用 request（请求）要比用 ask（请）更有礼貌，因此，引发的关注度更高。

第二语言学习者从第五个语言域可以了解到：语言所指的突显度与其偏离常规相关。一般而言，一个所指偏离常规就会使其成为突显，引起更大的关注。例如：一个人如果说 I went to work in my pyjamas（我穿睡衣上班去了）就一定会引起别人的极大关注，因为人们上班时一般是穿工作服去的。此语言域还包括一些表示 "注意" 或 "无视" 等语言形式，如 mind（介意），note（注意），pay attention to（注意……），ignore（忽视）等；当它们用于祈使句时，可提醒对方对所指对象予以注意或不予关注。

第二语言学习者从第六个语言域能够获得的信息主要是，听者对说话人语言表达式的意义而非形式予以更多的关注。

第二语言学习者从第七个语言域所能学到的东西主要是，听者必须通过说话人的部分显性表达式以及语境和背景知识尽量重构说话人的原义。

第二语言学习者从第八个语言域可以了解到，听者对说话人当前说出的话所给予的关注要大于其对说话人先前说出的话所给予的关注。此外，如果回指一个概念的时间越近，那么听者对其注意度就越高。与此相反，随着所指的时近性不断下降，说话人回指它时需要选择的语言形式在 "指称距离" 上就会越来越远：从零形式到代形式再到完整的词汇表达式。由此可见，这后三个语言域对第二语言学习者的语言理解具有一定的指导意义；同时，对他们的语言表达也有一定的借鉴作用。

Talmy（2008: 37）指出，语言注意系统大都是语言器官（the language faculty）的基本要素，因此具有跨语言的普遍性。然而，有些方面也存在跨语言的差异，如英语多使用重音来突显句子的某个成分，而汉语和日语则多使用主题化（topicalization）来突显某个概念。对第二语言学习者而言，学习一门语言就是要学习语言的这些不同注意指向机制，而这样做则取决于学习者的母语注意系统以及他们对第二语言注意系统的敏感。由于不同的语言可能以不同的方式实现某些注意指向机制，所以，这样的跨语言区别一定会影响第二语言习得。如果第二语言与母语以相同的方式来表达语言的这些注意指向机制，那么第二语言习得就会容易得多；反之，第二语言习得就会比较困难。

10.5 结　　语

注意是人类一般认知能力的组成部分，是我们生活、工作和学习等一切活动不可或缺的，并在我们的日常行为中发挥着重要作用。但注意也会受到我们的意志或意愿制约，因为我们可以对注意予以选择、分配、保持或转移等。

本章讨论了认知语言学对语言所反映出的各种注意现象的研究，这种研究主要体现为语言的注意观和语言的注意系统（我们将这两方面的研究统称为语言注意理论）。虽然在前面的讨论中我们没有对这两种研究范式进行比较，但不难发现它们的侧重点是有所不同的。语言的注意观主要从与注意概念相关的维度（如视角、突显、识解、焦点调整、选择、转移、动态与静态等）来分析和研究语言中的注意现象，而语言注意系统则更多地从音位、形态、句法到语篇和语用等诸语言域来研究语言中的注意现象并试图建立语言的注意系统。

本章还讨论了注意这一认知概念在第二语言习得研究中的应用。这方面的研究表明：注意在第二语言学习者习得语音、词汇、形态、句法、语义、语用、语篇建构等方面都发挥着积极的作用。此外，我们还就语言注意观和语言注意系统对第二语言习得的启示作用提出了一些初步性的建议。由于注意属于认知范畴，而且语言中的注意现象也比较抽象，所以，我们认为，语言教师在语言注意理论的应用方面可能要担负起更重要的责任，即向第二语言学习者传授这一理论知识，培养他们对第二语言注意系统的敏感，从而为他们更好地习得第二语言打下坚实的基础。

第 11 章　原型理论与第二语言习得

11.1　引　言

范畴理论（category theory）是古典范畴理论和新范畴理论的统称，是建立在范畴（category）这一基本而又重要的概念之上。所谓范畴就是类型，是我们的思维对自然界中各种事物、各种生物、各种现象以及一切人工制品、一切人类活动和经验的本质进行概括和范畴化（categorization）之结果。这种范畴化的结果又称为认知范畴（cognitive category）。范畴化是人类最基本的认知能力之一。正是因为有了这种能力，人类才能创造各种概念，语言才有了意义。因此，如同在其他各领域那样，范畴在语言（学）中也是一个基本且又非常重要的概念。

范畴理论具有悠久的历史，最早可以追溯至古希腊哲学家 Aristotle，即范畴的"古典模式"（the classical model）。根据 Lee（2001：53）的观点，Aristotle 对范畴本质的认识属于客观主义（objectivism）。这一客观主义范畴观归纳起来大致有以下四点（蓝纯 2001：F29）：

（1）范畴由范畴成员共有的一组充分必要特性来界定；

（2）一个物体如果具备某范畴成员的所有充要特性，则它属于该范畴，否则不属于该范畴，不存在"好像属于该范畴，又好像不属于该范畴"的情况；

（3）不同范畴之间存在清晰的界线；

（4）同一范畴中各成员之间的关系是平等的，即不存在典型成员与边缘成员之间的差别。

从以上四点我们不难看出，Aristotle 的客观主义范畴观实际上并不客观，相反它是一种绝对的（all-or-nothing）范畴观，因为在客观世界中能够反映这种"要么是要么不是"的二元对立论的现象绝不可能是普遍现象。就拿最平常的"鸟"这一范畴来说，会飞的是鸟，不会飞的可能也是鸟，如企鹅、鸵鸟等。由此可见，Aristotle 的客观主义范畴观显然存在着缺陷。为了克服传统范畴理论的不足，美国心理学家 Rosch 在他人研究（如 Berlin & Kay 1969；Wittgenstein 1958）的基础上开展了一系列针对性的实证研究（Heider 1971，1972；Rosch 1973，1975），结果发现传统的范畴理论至少存在着以下四点不足：

（1）一个范畴的各个成员之间并不一定具有共同特征；

（2）并非所有的特征都是二元对立，即要么是要么不是；

（3）范畴与范畴之间并没有明确的界线，而是界线模糊（fuzzy）；

（4）一个范畴内各成员的地位并非平等。

因此，Rosch 根据自己的研究发现提出了一个全新的范畴理论，即"原型理论"（prototype theory）。这一新理论的出现立即引起了当时正在兴起的认知语言学的广泛关注和应用。本章将从认知语言学的视角重点讨论原型理论及其对第二语言习得的启示作用。

11.2 原型理论概述

原型理论是由 Rosch 提出并用来解释她自己在 20 世纪 70 年代初中期所开展的一系列研究的发现。所谓原型（prototype）简言之是指一个范畴内各成员典型特征的最佳代表，如鸟这一范畴的原型应该是体形小、有羽毛、会飞的麻雀、燕子、知更鸟等，而不是那些不会飞的成员，如企鹅、鸵鸟等。原型是 Rosch 用以代替 Berlin 和 Kay（1969）关于颜色范畴研究所使用的"焦点"（focus）这一概念的。本节将从范畴化的原则、原型理论的特点、范畴化的三个层次和辐射范畴（radial category）等方面来阐释原型理论。

11.2.1 范畴化的原则

原型理论认为，我们的许多心理概念实际上都是原型，而我们定义一个概念也经常会使用典型的例子。然而，指导我们根据原型进行系统范畴化的是两条基本原则：认知经济原则（principle of cognitive economy）和感知的世界结构原则（principle of perceived world structure）。（Rosch 1978）

认知经济原则认为，任何一个生命体（如人）都试图通过最少的认知努力和资源来获取最多的信息。这意味着推动人类范畴化的动力是成本—效益平衡机制

（mechanism of cost-benefit balance）。在这种机制的作用下，人类不再为自己所经历的每个个体分别存储信息，而是将相似的个体进行分类，这样在认知表征中就会节约资源，其结果是人类将优先在具有信息兼容（inclusiveness）的层次上来组织某些范畴。这样形成的范畴又叫基本层次范畴（basic level category）。

感知的世界结构原则指出，我们的周围世界并不是杂乱无章的，而是一个相互关联的组织结构。这一结构原则体现为众多属性的共现，如翅膀常与羽毛、会飞、体积小等属性同现，而不会与皮毛或能在水下呼吸等属性共现。因此，人类正是通过这样的相互关联结构来进行范畴组织，而这样的范畴化结果可能会产生原型。

11.2.2　原型理论的特点

根据 Geeraerts（1989）的观点，以原型理论为基础的新的范畴理论至少体现出以下四大特点，下面我们将逐一予以概述。

（1）原型范畴显示出不同的典型程度，即并非每个成员都可以代表一个范畴。这一特点意味着原型效应（prototype effects），即范畴成员关系有等级之分；一些成员比起另外一些成员更典型，更能代表它们所属的这个范畴。以 Berlin 和 Kay（1969）关于颜色范畴的研究为例：他们在调查了 98 种语言之后发现，11 个焦点颜色（即黑、白、红、绿、黄、蓝、褐、紫、橙、灰和粉红）虽然是基本颜色的最佳示例，但它们也显示出非均等性；其中前三个颜色属于该范畴的中心成员（基本上为世界各语言所拥有），而其他颜色则属于相对边缘成员（但也为世界上大多数语言所拥有）。Rosch 稍后的实证研究（Heider 1971，1972）结果验证了 Berlin 和 Kay 的研究发现，同时还表明这样的中心成员具有心理现实性，而且它们是人们组织范畴结构或进行范畴成员好坏判断的认知参照点，是颜色范畴内的最佳成员，相对于其他非中心成员它们更能代表颜色范畴。

（2）原型范畴边界模糊。不同于古典范畴理论，原型理论认为一个范畴的边界并非清晰可辨而是模糊不清的。以 Rosch（1975）对"家具"（furniture）范畴结构的实验研究为例：Rosch 要求 200 名美国大学生对 60 件家用物品按照 7 分等级制（7-point scale）来判断它们在家具范畴中的成员关系情况：1 分为很好的成员，7 分为很差的成员，4 分是中性判断。这样，得到的结果是，排在前五位的家用物品分别是"椅子"（chair）、"沙发"（sofa）、"长沙发"（couch）、"饭桌"（table）和"安乐椅"（easy chair），它们是该范畴的最佳成员；而排在最后五位的家用物品分别是"壁橱"（closet）、"花瓶"（vase）、"烟灰缸"（ashtray）、"扇子"（fan）和"电话"（telephone），它们构成了家具范畴中的所谓最差成员。不论是就物品的材料而言还是就物品的功能而言，这些位于边界的家用物品与所谓的中心家用物品到底有多大的差异呢？我们似乎很难给出一个明确的回答。即便是这五个边界成员之间仅就材料和功能而言也是模糊不清的。再看"鸟"范畴的边界成员，如企鹅、澳洲鸸鹋（emu）和新西兰几维（kiwi）鸟等，它们显然也与中心成员共有一些特征，如有喙、羽毛等，只是它们不会飞而已。由此可见，范畴并非有严格清晰的边界。不仅如此，不同的范畴边界甚至还可能会重合。例如：鸟的所有成员都会下蛋，而爬行动物（如蛇、蜥蜴、鳄鱼等）也会下蛋，但它们显然不属于同一范畴。

（3）原型范畴不能只通过一组标准的充要属性予以界定。既然范畴内存在着原型效应，一些范畴成员比起另外一些成员更能代表该范畴，这说明范畴内各成员之间的关系并非平等，因而很难找到一组充分而又必要的共同特征或属性来作为标准以界定一个范畴。以 Wittgenstein（1958: 31）所讨论的"游戏运动"（game）为例：Wittgenstein 指出，人们一般所说的游戏运动至少包括各种"棋类运动"（board-games）、各种"纸牌游戏"（card-games）、各种"球类运动"（ball-games）等。另外还有各类大型运动会，如国家运动会、洲际运动会、奥运会等。每一类运动都很难与另外一类运动具有完全相同的特征和关系。就参赛人数而言，有个人、双人和多人；就比赛使用的场地而言，有室内和室外、陆地和水上、马路和跑道等；从比赛形式上看，有预赛和正赛、初赛和决赛等；从比赛过程看，有激烈竞争型的也有轻松娱乐型的；从比赛结果看，有胜有负也有平局；如此等等。从以上这些不同的方面看，我们可以很容易感受到这些不同类型的游戏运动具有很多相似之处，甚至还有许多交叉和重合之处，但却无法通过更好的表达式来描写这些不同类型的游戏运动的特征和关系。因此，Wittgenstein 建议使用"家族相似性"（family resemblances）来描写游戏运动所体现出来的这些相似、交叉和重合的特征。这就是原型理论所反映出的第四个特点。

（4）原型范畴显示家族相似性结构。所谓家族相似性是指范畴中的某个成员在多大程度上能够反映出它所属范畴的原型结构，而这又取决于该范畴成员与该范畴原型的突显特征数有多少是相同的；相同的突显特征数越多，相似性就越高，反之相似性就越低；如果与范畴原型的突显特征完全相同，那么该范畴成员也成了原型。

再以鸟类这一范畴为例：企鹅和鸵鸟都不会飞，因此，它们缺少了鸟类原型所拥有的一个突显特征。不过，它们拥有其他突显属性，如"翅膀"、"羽毛"、"喙"等，所以，它们还是展示出了家族相似性，只是它们的家族相似性没有像麻雀、燕子、知更鸟等所展示出的家族相似性那么高，因为后者除了拥有"翅膀"、"羽毛"、"喙"等这些突显特征外，还具有"会飞"这一突显属性。也正因为如此，麻雀、燕子、知更鸟等成了鸟类这一范畴的原型。

11.2.3　范畴化的三个层次

在新的范畴理论中，范畴内各成员之间的关系呈层级分布。一般而言，原型理论根据明细度（specificity）和包含关系（inclusiveness）区分三个层次的范畴：基本层次范畴（basic level category）、上位层次范畴（superordinate level category）和下位层次范畴（subordinate level category）。

基本层次范畴。基本层次范畴是指符合认知经济原则的人类理想的范畴层次。这一范畴层次所提供的信息位于中等明细水平，介于上位层次范畴和下位层次范畴之间。上位层次范畴包含的范围最广（most inclusive），而下位层次范畴包含的范围最窄（least inclusive）。例如：在"家具"这一范畴中，基本层次可以是"椅子"或"饭桌"等，高于基本层次的上位层次为"家具"，而低于基本层次的相应下位层次是"餐厅椅"（dining-room chair）或"牌桌"（card table）等。赵艳芳（2000：63）对基本层次范畴的属性和功能做出了如下归纳：

> 基本等级范畴是典型的原型范畴，体现为范畴成员之间具有最大的家族相似性，原型也在基本等级范畴中得到最好的体现，即基本范畴具有明显的原型成员特征。所以，基本范畴是人们认识世界最直接、最基本的层面，是人们对世界事物进行范畴化的有力工具。

此外，Taylor（2001: 48-49）也在其著作中指出，从认知和语言使用的事实来看，范畴的基本层次要比其他层次具有更高的认知和语言突显性。同时，这一层次也是人们将事物作为感知和功能完形（gestalts）予以概念化的层次。例如：当我们要求一个人想象一件家具时，他/她自然会想到位于该范畴基本层次上的"饭桌"、"椅子"等，而不会是属于下位层次的"牌桌"、"餐厅椅"，更不可能会是位于该范畴上位层次（即"家具"）之上的"人工制品"（artefact）。

Croft 和 Cruse（2004: 83-84）认为，由于基本范畴层次（而非上位层次或下位层次）是人们对个体对象进行快速范畴化所使用的层次，所以在日常交际中使用指称时人们自然会用基本层次上的成员而非上位或下位层次上的成员。例如：

[1]（a）I can hear something outside.（我可以听到门外有什么响声。）

（b）It's just a dog /?spaniel /?animal.（就是只狗 /? 西班牙猎犬 /? 动物发出的响声。）

在例 [1] 中，[1b] 的回答如果用基本范畴层次上的 dog（狗）则因其提供的信息适中而显得自然正常；如果使用该范畴下位层次上的 spaniel（西班牙猎犬）则因其提供的信息过于具体而显得有些突然；如果用上位层次上的 animal（动物）则因其提供的信息过于笼统而显得不正常。正因为基本层次范畴成员是人们日常交际中经常使用的，所以它们也是人们最容易记住的，而在母语习得中它们也是儿童最先习得的。

总之，基本层次范畴可以使该范畴内成员的共有属性最大化；同时，基本层次范畴还可以使与自己处于同一层次的范畴之间的共有属性最小化，或者说基本层次范畴使与自己处于同一层次的范畴之间的差异最大化。在认识现实世界并予以范畴化时基本层次范畴是人们直接使用的层次范畴。

上位层次范畴。位于基本层次范畴之上的是上位层次范畴，又称"寄生范畴"（parasitic category）。之所以称作寄生范畴是因为上位层次范畴依靠基本层次范畴来获取物体的完形和大部分属性。上位层次范畴具有两个功能："一个是聚合功能，即聚合下级范畴成员构成范畴等级；二是突出所属成员明显的共有属性。"（赵艳芳 2000：64）

由于上位层次范畴的寄生性，所以它们不像基本层次范畴那样具有许多区别性属性。所以，在做属性特征区别时我们不要拿一个上位层次范畴（如 animal/ 动物）来与一个基本层次范畴（如 horse/ 马）进行对比，因为它们之间存在着寄生关系。但我们可以拿 animal 与不同类型的基本层次范畴（如 fish/ 鱼或 bird/ 鸟等）来进行对比，因为它们之间不存在寄生关系，所以可以找到许多区别性特征。

从语言的角度看，根据 Croft 和 Cruse（2004: 85）的观点，英语中的上位层次范畴通常是用物质名词（mass noun）表示的，而基本层次范畴通常是由可数名词（count noun）表示的。例如：像 crockery（陶器）、cutlery（刀叉类餐具）、furniture（家具）、

footwear（鞋类）等上位层次范畴都属于不可数的物质名词，而它们对应的基本层次范畴 cups（茶杯）和 plates（盘子）、forks（叉）和 knives（小刀）、chairs（椅子）和 tables（饭桌）、boots（靴子）和 shoes（鞋）等都是可数名词。虽然在英语中我们可以找到一些相反的例证，即基本层次范畴是物质名词而上位层次范畴为可数名词（如基本层次范畴 iron/铁和 steel/钢与其对应的上位层次范畴 metals/金属所示），但这并不影响英语中上位层次范畴用作不可数的物质名词、下位层次范畴用作可数名词这一基本语用趋势。此外，用作上位层次范畴的词（除少数例外的情况）常常是形态复杂且多为多音节词，如前面提到的 crockery，cutlery，furniture，footwear 等词所示。

下位层次范畴。下位层次范畴是在基本层次范畴基础之上切分的结果。这一层次上的范畴成员之间具有高度的属性相似性，或者说下位层次范畴成员之间具有许多共同的属性，而它们之间的区分度则非常低。因此，人们在这个范畴层次上一般不再区分原型、中心成员和边缘成员，因为"它们之间的微小差别已不影响人的完形感知"（赵艳芳 2000：65）。例如：位于"dog"（狗）这一基本层次范畴之下的下位层次范畴 collie（长毛牧羊犬）、greyhound（灵提）和 spaniel（西班牙猎犬）等都有"摇尾"、"吠"、"追猫"等许多属性，而能区分这些不同类型狗的属性相对而言则要少得多。所以，尽管还有少量的区别性属性，但这些区别性属性已意义不大，因为它们并不影响我们对"狗"的完形感知。

从语言的角度看，与基本层次范畴词一般都是结构简单不同，下位层次范畴词常常是由基本层次范畴词加上一个修饰语组成的复合结构。例如：基本层次范畴词 chair（椅子）分别与修饰语 dining-room（餐厅）、kitchen（厨房）、living-room（客厅）等结合就构成了三个不同的下位层次范畴词：dining-room chair（餐厅椅）、kitchen chair（厨房椅）和 living-room chair（客厅椅）。这类下位层次范畴词的属性大都与结构中的第二个成分（如 chair/椅子）相同，因为它原来属于基本层次范畴，而结构中的修饰词（如 kitchen/厨房）只起着信息明细化的功能。但是，如果复合结构中的两个成分原来都属于基本层次范畴，如 apple juice（苹果汁）、shoelace（鞋带）等，那么，这类复合词的属性因其两个组构成分同等重要而承继它们各自的主要属性。

以上只是对范畴化的三个层次进行了简明扼要的讨论。有关这三个层次范畴的特点 Ungerer 和 Schmid（2001：98）从完形、属性、范畴结构、功能和语言形式五个参数出发以表格形式予以了归纳和总结（如表 11.1 所示）。

表 11.1　范畴化三个层次的特点比较

参数 范畴类型	完形	属性	范畴结构	功能	语言形式
基本范畴	共同完形	多泛范畴属性	原型结构	"自然"联结世界	简短、单词素词
上位范畴	无共同完形	一个或几个范畴属性；突显一般属性	家族相似性结构	突出和聚合功能	多为形态复杂的长词
下位范畴	近乎同等完形	多泛范畴属性；突显具体属性	范畴成员高度同质	明细化功能	多为形态复杂的词

11.2.4　辐射范畴

范畴成员相对于复合原型（composite prototype）组织起来的范畴称为辐射范畴。所谓复合原型是指由两个或多个理想化认知模式（idealized cognitive models；即我们有关外部世界知识的组织和表征方式）派生而来并提供高度图式化信息的一个原型。复合原型可以产生更多不同的变体（variants）并通过常规（convention）确立下来，从而为辐射范畴提供原型结构。辐射范畴的成员不是由一般规则生成的，而是按照常规引申出来的（extended）。这样的引申是由复合原型和中心原型与不同变体之间的关系共同决定的。以 Lakoff（1987: 91）所讨论的范畴 mother（母亲）为例：范畴"母亲"的复合原型是一个多重身份的女性，包括生育孩子、提供 50% 的基因物质、待在家中养育孩子、嫁给了孩子的父亲、长孩子一个辈分、孩子的法定监护人等。这一复合原型所依托的信息来自"母亲"这一"丛模式"（cluster model）所拥有的不同理想化认知模式，如"生育模式"（birth model）、"基因模式"（genetic model）、"养育模式"（nurturance model）、"婚姻模式"（marital model）、"谱系模式"（genealogical model）、"家庭主妇模式"（housewife model）等。尤为重要的是，以这一复合原型为中心可以向外引申出更多的模式来，如"生母"（birth mother）、"养母"（adoptive mother）、"代养母亲"（foster mother）、"继母"（stepmother）和"代孕母亲"（surrogate mother）等，从而形成以"母亲"为中心的辐射范畴。Evans 和 Green（2006: 276）指出，这些辐射范畴中的非核心模式并不能从中心模式直接预测到，它们只是文化产品，即文化体验的结果。

因此，Lakoff（1987: 91）认为，这些非中心的次范畴（subcategories）不能完全孤立地去认识，而是要通过它们与"母亲"这一中心模式的关系（即家族相似性）

去加以认识。例如：

生母：提供了基因物质，生育了孩子，但不负责养育，不承担法律义务。

养母：负责养育，是孩子的法定监护人。

代养母亲：（由政府委托）养育孩子，但不是孩子的法定监护人。

继母：嫁给了孩子的父亲，但没有提供基因物质，也没有生育。

代孕母亲：只是生育了孩子，没有提供基因物质，对孩子不承担任何其他义务。

由于历史发展和文化差异的原因，这一辐射范畴中的不同次范畴与原型之间的关系就会产生不同的典型效应。例如："代孕母亲"这一次范畴出现在20世纪下半叶，是医学成就和文化趋势共同作用的结果，可能并不为各种文化所接受。因此，这一次范畴的典型效应显然不如其他次范畴。但另一方面，它的出现也告诉我们，这些次范畴的产生常常是有文化理据的（culturally motivated）。

辐射范畴除了具有典型效应外，它与古典范畴理论也存在着根本性的区别，这可以从辐射范畴的几大特点（Lakoff 1987: 379）中看出：

（1）辐射结构的范畴根本不存在单一表征。中心次范畴和非中心次范畴都有自己的表征，而且次范畴的任何特点都无法从中心次范畴预测到。

（2）所有次范畴之间都具有家族相似性，且非中心次范畴与中心次范畴之间存在着某种动因联系，因为前者既不能从后者预测到也不是任意的（arbitrary）。

（3）阐释非中心次范畴与中心次范畴之间的动因联系需要通过各种认知模式，即命题模式（propositional model）、隐喻模式（metaphorical model）、转喻模式（metonymic model）和意象图式模式（image-schematic model）。

辐射性（radiality）不仅是外部世界范畴结构的特点，而且也是人类语言的主要特征之一。认知语言学（尤其是认知语义学）认为，非语言的概念范畴和语言范畴都是由相同的一般认知机制建构的。因此，在语言中一个语言单位表达的意义范围构成了一个有结构的意义网络，其中每个成分都通过认知关系与另一成分或多个成分相互联系。这一网络是围绕一个核心意义建构起来的，所以称为辐射范畴非常合适，因为不同的意义是从网络的一个中心点辐射出去的。（Lee 2001: 34）语言中最典型的辐射范畴例子就是多义现象：一个词汇由多个关联语义组成，从而形成一个语义网络；在这一网络中，意义的引申是由概念隐喻、意象图式转换等认知机制逐步从原型意义向次原型意义展开的，最终产生由词汇范畴通过系统性引申而获得的意义链（meaning chains），即多义现象。

11.3 原型理论对第二语言习得的启示

原型理论是在古典范畴理论基础上发展而来的新范畴理论。这一理论直接反映了人类的一个基本认知能力，即范畴化能力。鉴于这一能力是我们日常生活、工作和学习不可或缺的，本节重点从范畴化和辐射范畴两个方面探讨原型理论对我们习得第二语言的启示作用。

11.3.1 范畴化对第二语言习得的启示

范畴化与我们日常学习的关系主要体现在我们对自己所接触到的纷杂信息需要进行分门别类以便更好地去认识和理解它们。在第二语言学习时，初学者或语言水平比较低的学习者可以给每次所学的语言输入进行简单的分类，如将英语的名词分成"可数名词"和"不可数名词"；尤其要关注英语中的"不可数名词"，因为这类名词数量比较少，相对容易记住。在初级英语水平上可能需要记住的英语不可数名词有 money（钱）、news（新闻）、paper（纸）、time（时间）、water（水）等。但与此同时，英语中还有一些名词既可以是可数名词也可以是不可数名词，取决于它们具体使用的语境和意义。例如：paper 在用作"纸"这一意思时为不可数名词，而用作"报纸、试卷或论文"等意思时则为可数名词，因此，这需要学习者予以分类并给予特别的关注。

再比如，当遇到英语动词时，初级英语学习者需要将它们分成"及物动词"（即动词要后接宾语）和"不及物动词"（即动词不需要后接宾语）；前者如 begin（开始）、buy（买）、give（给）、speak（说）、study（学习）、teach（教）等，后者如 come（来）、go（去）、stay（停留）等。在及物动词中，学习者还需要区分"单及物动词"（即动词需要后接一个宾语）和"双及物动词"（即动词需要后接两个宾语）；前者如 begin，speak，study 等，后者如 give，teach 等。此外，一些英语动词既可以用作"及物动词"，也可以用作"不及物动词"，如 begin，speak，study 等。少量英语动词甚至可以用作"不及物动词"、"单及物动词"和"双及物动词"，如 buy，teach 等。

初级英语学习者将所学的语言输入进行其他分类的做法还可以包括语音分类，如将 bake（烤）、cake（蛋糕）、make（制造）、take（拿走）、wake（叫醒）等这些含有相同的 -ake 发音的词分为一类；语义关系分类，如按照同义词（allow/

permit（允许））、反义词（buy/sell（买 / 卖））等分类；整体与部分关系分类，如 year（年）与 spring（春季）、summer（夏季）、autumn（秋季）和 winter（冬季）是时间上的整体与部分关系，body（人体）与 head（头）、arm（手臂）和 leg（腿）等是人体结构上的整体与部分关系等；词性分类，如按照名词、动词、形容词、副词等分类；搭配关系分类，如分为动词与介词 / 名词 / 副词搭配、形容词与名词 / 介词搭配等；句型分类，如分为陈述句、疑问句、倒装句、系动词句式、It be ＋形容词＋ that 句式等。如果英语学习者能够在学习中做到给所学的语言输入进行合理的分类就一定会提高自己的学习效率。

对于中、高级英语学习者而言，由于他们已经掌握了一定的英语知识，所以，他们需要在自己已有的语言知识基础上，不断地给所学的语言输入或建立新的范畴类型，或根据新的语言输入对原有的范畴类型进行调整和补充。例如：一个中、高级英语学习者通常应该掌握了以下三个句子。

[2]（a）Would you **give** this letter to your teacher?（把这封信交给你的老师好吗？）

（b）Would you **pa**ss me the salt?（把盐递给我好吗？）

（c）Would you **hand** this ticket to the man at the door?（把这张票交给门口那个人好吗？）

例 [2] 中的动词 give（给）、pass（传递）和 hand（转交）都表示"物体从一人转移至另一人"，因而可构成一个范畴类型。

如果在需要学习的语言输入中遇到新的类似动词时就可以将其归并到此类。例如：

[3]（a）He **slipped** the waiter ￡5 to get them a good table.（他偷偷塞给男服务生 5 英镑以便为他们安排一个好桌位。）

（b）Several gifts were **bestowed** on the royal visitors.（好几样礼物赠给了皇室宾客。）

（c）The university **conferred** an honorary degree on the visiting President.（这所大学给来访的总统授予了名誉学位。）

（d）In her will she **bequeathed** the car to her sister.（她在遗嘱中把汽车遗赠给了妹妹。）

例 [3] 中的动词 slip（悄悄地塞给）、bestow（赠给）、confer（授予）和 bequeath（遗

赠）也都可以表示"物体从一人转移至另一人"，所以，它们应该与例 [2] 中的 give（给）、pass（传递）和 hand（转交）归为一类。

实际上，在学习者学过的英语动词中还有 award（授予）、grant（准予）、present（献上）和 leave（遗赠）等几个动词也可以表达类似的意思，因此，这几个动词也应该与此类合并，如例 [4] 所示：

[4]（a）He's been **awarded** the Nobel Prize for literature.（他已被授予诺贝尔文学奖。）

（b）She was finally **granted** an exit visa.（她终于获得了出境签证。）

（c）A little girl **presented** a basket of flowers to the President's wife.（一位少女给总统夫人献上花篮。）

（d）He **left** the house to his eldest son in his will.（他在遗嘱中把房子遗赠给了长子。）

范畴化还涉及三个层次：上位层次、基本层次和下位层次。这三个层次对第二语言习得的启示作用主要体现在语义和语言结构两个层面上。

在语义层面上，许多词汇之间表现出上下义关系。能够表示上下义关系的词汇如 furniture（家具）与 table（饭桌）、chair（椅子）、bed（床）等，或 animal（动物）与 cat（猫）、dog（狗）、horse（马）等。它们之间的关系是前者为后者的上位范畴，在语义上体现为上下义关系，即前者的意义包含了后者的意义。对第二语言学习者而言，词汇之间所表现出的这种上下义关系可以帮助他们将所学词汇进行有效的分类，以便更好地学习和记忆。再比如，move（移动）与 walk（走）、run（跑）、swim（游泳）和 fly（飞行）等，vehicle（机动车辆）与 bus（公交车）、car（小汽车）、lorry（卡车）和 van（小货车）等。英语中可以表示这种语义关系的词汇还有许多。只要学习者善于发现和归类，学习效果就一定能够提高。

除了可以帮助词汇学习外，词汇之间的上下义关系还会有助于英语学习者解决阅读中可能会遇到的生词问题。例如：

[5] By far the most common **snake** in Britain is the **adder**. In Scotland, in fact, there are no other **snakes** at all. The **adder** is also the only British **snake** with a poisonous bite.（在英国最最常见的蛇是蝰蛇。事实上，苏格兰是根本没有蛇的。蝰蛇是英国唯一有毒的蛇。）

例 [5] 中的 snake（蛇）相对于 adder（蝰蛇）是上义词，而后者是下义词。这种上下义关系清楚地告诉我们：我们不认识的词 adder 是一种蛇。尽管我们不知道其确切的名称，但这不影响我们对这段文字的理解。再比如，

[6] The dog's major contribution, however, has been to medical research. … Open-heart surgery has been made possible largely because of the dog. But his sacrifice has repaid his own species as well by safeguarding it from **rabies**, **distemper**, and other **diseases**.（然而，狗的贡献主要是对医学研究……开心外科手术之所以成为可能主要是因为狗。但他的牺牲也是对同类的一种报答：使同类免遭狂犬病、犬瘟热病以及其他疾病的侵袭。）

例 [6] 中的 disease（疾病）与 rabies（狂犬病）和 distemper（犬瘟热病）构成了上下义关系，因为前者的意义包含了后者的意义。所以，英语学习者在阅读时可以通过这种上下义关系从词组 other diseases（其他疾病）来推断 rabies 和 distemper 的大概意义，即它们也属于狗容易得的疾病，只是不能确切地知道疾病的名称。

词汇之间的上下义关系还可以帮助英语学习者在语言使用时避免重复使用同一个词汇而使语言表达显得比较单调乏味。例如：

[7] Because he howls or whines in the presence of impending death, the **dog** was once thought to have supernatural powers and believed to be capable of seeing gods and ghosts invisible to man. Actually, the basis for these beliefs lies in the **hound's** sensitivity to people's feelings and his superior hearing ability and sense of smell, which enable him to detect signs hidden from human observation.（因为狗在面临即将发生的死亡时会发出嚎叫或哀鸣，所以人们曾一度认为狗具有超自然的能力，并相信狗是能够看见人类所看不到的鬼神。实际上，支撑这些信念的基础是狗对人类情感的敏感以及他高超的听觉和嗅觉能力。正是有了这样的能力狗才能察觉到那些人类所观察不到的迹象。）

例 [7] 的两个句子分别使用了 dog（狗）和 hound（猎狗）这两个不同的词，但它们不是表示两只不同类型的狗，而是表示同一类动物，即狗。这是因为 hound 属于 dog 的下位范畴，与其构成上下义关系。在这个例子中，作者只是用了一个下义词（即 hound）来回指前面的上义次（即 dog），目的是避免重复。在接下来的描写中，作者还可以使用 dog 的上位范畴，即 animal（动物）来回指 dog，以进一步丰富语言的

表达形式，避免单调的重复。由此可见，掌握这样的知识实际上是第二语言学习者语言应用能力的一种体现。

在语言结构层面上，范畴化的层次主要体现为句子的基本结构和句子的拓展结构。句子的基本结构是以及物动词和不及物动词为中心的一般简单句。例如：

[8] SVA（主语＋动词＋状语）

He drinks heavily.（他酗酒。）

[9] SVO（主语＋动词＋宾语）

I can't believe my eyes!（我简直不能相信自己的眼睛！）

句子的拓展结构是指将基本结构中的某个成分拓展为一个从句而得到的复杂结构。例如：

[10] SVAclause（主语＋动词＋状语从句）

He drinks whenever he has the money.（他一有钱就喝酒。）

[11] SVOclause（主语＋动词＋宾语从句）

I can't believe that he has done such a wonderful job.（我无法相信他干得如此出色。）

[12] SclauseVOA（主语从句＋动词＋宾语＋状语）

That he came so early surprised every one of us.（他来得如此早令我们大家都很吃惊。）

以上给出的几个例句只是想说明这样一个道理，即语言的发展一般是遵从由简单到复杂这样的变化规律，而这样的发展规律同样也适应于语言学习。事实上，英语的句法结构要远比这里给出的几个例句复杂。因此，这就需要英语学习者在学习时务必注意基本句子结构的学习；同时，他们还需要弄清楚复杂句子结构是如何从基本句子结构拓展而来，从而逐步了解乃至掌握英语句法结构的一般变化规律。此外，英语学习者还需要不断地积累这样的基本句子结构和复杂句子结构，并通过不断的英语口笔头交际练习来巩固自己的英语句法知识，以便真正提高英语语言水平。

11.3.2 辐射范畴对第二语言习得的启示

外部世界范畴结构的辐射性在语言中主要体现为辐射性的语义网络，这样的语义网络是围绕一个原型或核心意义建构的，即非核心或边缘意义是围绕某一原型意义向外展开的。Lee（2001: 53）认为，辐射性是多种语言范畴和概念范畴的特点，而且是最常见的一种范畴结构。对第二语言学习者而言，尽可能掌握所学语言中的各种语言和语义上的辐射性特征对学好这一语言无疑是非常有益的。

就英语而言，语言和语义上的辐射性特征可以体现在各个层面上。在语音层面上，一个语音的重读和不同的弱读可以构成一个辐射范畴。例如：功能词 to 重读时发 [tu:]，弱读时发 [tu] 或 [tə]。在语言交际时功能词的重读和弱读一般不会产生语义变化。但是，如果重读和弱读是发生在实词上则有可能产生特殊的语义对比效果。例如：

　　[13]（a）Money is not the most important thing to me.（钱对我而言不是最重要的。）

　　　　（b）**Money** is not the most important thing to me.（**钱**对我而言不是最重要的。）

[13a] 和 [13b] 在词序和用词上完全相同，唯一不同之处是句首的 money（钱）在 [13b] 中为突显成分，说话时要予以强调，因而会产生强烈的对比含义（即钱对我不重要，但时间或健康等对我很重要）；而 money 在 [13a] 中没有突显，因而说话时就不会予以强调。所以，此句只是一种观点的自然表达，不会产生任何语义变化。

另外，英语中清浊音对立（如 [p] 和 [b]、[t] 和 [d] 等）可以出现在词首、词中和词尾。就分布范围而言，词首为原型，词中次之，词尾为边缘。因此，清浊音对立也构成了一种辐射范畴。例如：词首表示 [p] 和 [b] 对立的例词如 pea（豌豆）/bee（蜜蜂）、pay（工资）/bay（海湾）、pat（轻拍）/bat（球拍）等；词中表示 [p] 和 [b] 对立的例词如 depart（离开）/embark（上船）、empathy（同感）/embassy（大使馆）、repel（击退）/rebel（反叛）等；词尾表示 [p] 和 [b] 对立的例词如 cap（帽子）/cab（出租车）、hop（单脚跳）/hob（煤气炉上的搁架）、tap（水龙头）/tab（标签）等。汉语只有词首清浊音对立，没有其他位置上的清浊音对立。所以，对我国英语学习者而言，要发位于词尾的清浊音对立中的浊音就比较困难；许多中国英语学习者是不加以区分的，而是将浊音发成清音，如将词尾的 [d]、[g]、[v]、[z] 等发成它们各自所对应的清音，即 [t]、[k]、[f] 和 [s]。

在语法层面上，英语词类和句法结构中也存在着中心和非中心范畴。就词类而言，英语形容词的原型成员根据 Crystal（1987: 92）的观点应具备五个定义特征：

　　（1）可出现在系动词 be 的后面，如 He's sad（他悲伤）；

　　（2）可出现在冠词与名词之间，如 a sad day（悲伤的一天）；

　　（3）可出现在 very 之后，如 very sad（非常悲伤）；

　　（4）可出现在比较级和最高级中，如 sadder（更悲伤的）和 saddest（最悲伤的）；

　　（5）可后接 -ly，构成副词，如 sadly（悲伤地）。

显然，能够满足以上五个定义特征的形容词就是中心形容词。但是，并非所有形容词都属于中心成员。有些只能满足其中的四个，如 old（老的）就不能满足最后一个条件；有些只能满足其中的三个，如 top（顶级的）就不能用于后两种情况；而有些形容词可能只用于其中的一种场合，如 asleep（睡着的）只能用于系动词 be 的后面。由此可见，英语形容词类中的不同成员构成了一个辐射范畴。对第二语言学习者来说，他们在学习英语词类（如形容词）时必须要对这种辐射性现象予以足够的关注，尽可能掌握每个成员的不同使用场合。只有这样才能提高语言的应用能力。

英语句法结构中同样存在着这样的辐射性现象：原型结构位于中心，次原型结构和非原型结构从中心逐渐向外辐射，如英语被动结构所示：

[14]（a）The car **is repaired by** John.（这辆车是由 John 修理的。）

（b）His finger **got/was trapped** in the door.（他的手指被门夹住了。）

（c）I am going to **have my hair cut**.（我准备理发去。）

（d）**It is said that** he refused.（据说他拒绝了。）

（e）**I am tired** now.（我现在累了。）

英语被动式的原型结构是，主语（原主动句的受事）＋ be ＋动词 -en ＋ by ＋宾语（原主动句的施事），如 [14a] 所示；但在语言交际时，人们经常不用 by 短语，而直接使用 get done 或 be done 这一被动式的次原型结构，如 [14b] 所示；而 have something/somebody done 与 It be done that 则是两个习语被动结构，因而成为被动式的非原型结构，分别如 [14c] 和 [14d] 所示；[14e] 是被动式的最边缘结构，因为它表示的是动词所产生的结果，即一种心理状态，基本上失去了动词的被动含义。换言之，[14e] 中的 tired（疲倦的）已被形容词化了。英语中类似的词还有 confused（迷惑不解的）、embarrassed（尴尬的）、interested（感兴趣的）、surprised（惊讶的）等。但需要指出的是，这类词的动词形式仍然可用于被动式的原型和次原型结构之中。所以，英语学习者需要做的不仅仅是学会和掌握这类被动结构的原形成员和次原型成员，而且还要关注和学习那些非原型成员和边缘成员，从而做到真正习得一个语言范畴结构。

在语义层面上，次中心意义和边缘意义是围绕中心意义建构的，从而形成辐射性的语义网络。这种语义的辐射性不仅体现在黏着词素、自由词素（主要为多义词）上，而且还会反映在语法范畴中。

在黏着词素方面，我们来看一下 Lee（2001: 54-55）所分析的英语后缀形式 -able 这个例子。-able 接在动词之后，构成形容词，意为"可……的"。这一意义是该形

式的核心意义。但与此同时，这一后缀因可以接在不同的动词之后而会产生一个由
"可……的"这一中心意义向外辐射的语义网络。例如：

[15]（a）This cushion cover is washable.（这个坐垫套是可以洗的。）

（b）This book is very readable.（这本书很值得读。）

（c）This home-made milk is dtinkable.（这种国产牛奶可以安全饮用。）

（d）This bill is now payable.（这张账单应现在付清。）

（e）House prices in Sydney and London are comparable.（悉尼和伦敦的房价
相当。）

在例 [15] 的 5 个句子中，[15a] 中的 washable 使用了 -able 的中心意义，即意为"可
洗的"；[15b] 中的 readable 如果表示"可读的"似乎意义不大，因为任何一本书都
是可以读的，关键是看读这本书有无意义、有无价值；同理，[15c] 中的 dtinkable 如
果表示"可饮用的"同样不甚合理，因为牛奶一般都可饮用，关键是看饮用后是否安全。
至于 [15d] 中的 payable 如果解读为"可支付的"，虽然可以理解，但根据 Lee（2001：
55）的观点，能否支付只有付款人自己知道，而收款人是不知道的。所以，此句中
的 payable 还是解释为"应支付的"更为合适。最后一句中的 comparable 如果作"可
比较的"解释，就毫无意义了，因为任何两样东西都是可以进行比较的。Lee（2001：
54）认为，当我们比较两个事物时，关键是看两者之间的相似程度。因此，就 [15e]
而言，关键是看两地的房价是否相当。

英语后缀 -able 与不同动词结合所产生的这种辐射性语义是相关动词及其关联的
语义框架与该后缀共同作用的结果。这给第二语言习得的启示是，英语学习者不能
只是简单地记住一个语言单位的基本意义，而是要在交际环境中根据不同的语境和
语义框架去分析和理解这个语言单位的确切意义。换言之，第二语言学习者必须要
认识到，语义不是固定不变的。

多义现象是英语中最典型的辐射范畴。一个词的多义是从这个词的中心意义开
始并通过隐喻和转喻等认知方式向外辐射，从而形成这个词的语义网络。以英语
hand（手）为例：

[16]（a）She had a gun in her hand.（她手拿一支枪。）

（b）This watch has no second hand.（这块表没有秒针。）

（c）He wrote in a neat hand.（他写字笔迹工整。）

（d）Tell me if you need a hand.（如需帮助请告诉我。）

（e）Let's give the singer a big hand.（让我们为这位歌手鼓掌。）

[16a] 中的 hand 意为"手"，是该词的核心意义。其他例句中的 hand 之意是从这一核心意义引申出来的，分别使用了隐喻和转喻两种认知方式。[16b] 使用的是隐喻方式，将人"手"引申到手表的"指针"；而 [16c]、[16d] 和 [16e] 则使用了转喻方式，将人"手"分别引申到手写的"字迹"、手提供的"帮助"和手与手互拍所表示的"鼓掌"。一词多义是英语中最常见的语言现象。对第二语言学习者而言，是否能够掌握所学语言中足够数量的多义词是衡量其词汇知识乃至语言水平的一个重要标志。然而，根据 Littlemore（2009: 48）的研究发现，在美国大学就读的高级英语水平的外国学生在多义词的使用上只能集中于这些词的本义，而不会或很少使用多义词的比喻意义。这给我国英语学习者的启示是，他们应当重视多义词的学习和应用，并尽可能多地记住多义词中的比喻意义，因为这些意义往往都是通过隐喻和转喻等认知方式引申出来的，一般体现为习惯表达式，如 give somebody a hand（帮助某人）、give somebody a big hand（为某人鼓掌）等。

英语语法范畴也会显示出辐射性的语义网络，如英语过去时的原型意义是表示某个事件是在当前说话时间之前发生的。但是，英语过去时还可以用于表示"违实"（counterfactuality）或"礼貌"（politeness）。例如：

[17]（a）John didn't like Mary.（John 原来就不喜欢 Mary。）

（b）If John liked Mary, he would help her.（如果 John 喜欢 Mary，他就会帮助她。）

（c）I could do it tomorrow if you like.（如果您不介意，我明天做这件事。）

（d）It is time we left.（该是我们离开的时候了。）

（e）I wondered if you would help me?（请您帮我一下忙好吗？）

[17a] 用了过去时，表示过去发生的情况，这是过去时的原型意义。但 [17b]、[17c] 和 [17d] 中的过去时却并不表示过去，而是表示一种违实情况，即与说话时的情景相反。具体而言，[17b] 表示与现在的事实（即"John 现在不喜欢 Mary"）相反；[17c] 则表示将来可能会发生的一种假设情景；而 [17d] 同样表示将来可能会发生的一个假设场景。至于 [17e]，此句与过去毫不相干，只表示礼貌和客气。实际上，英语表达式 I wondered if... 或 I was wondering if... 可以当作习语来记，表示说话人礼貌地提出请求。

Littlemore（2009: 48）通过对密歇根大学英语口语语料库的研究发现：母语者和非母语英语学习者之间的一个重要差别是前者更多地使用非原型意义和边缘意义；

而后者则更多地使用原型意义，很少使用非原型意义。由此不难看出英语学习者应该努力的方向，即关注和加强非原型范畴成员或非原型意义的学习和应用。只有这样做，他们才能不断地丰富自己的语言知识，提高自己的语言应用能力。

11.4　结　语

范畴理论区分古典范畴理论和新范畴理论（即原型理论）。前者持绝对化观点，即范畴与范畴之间界线明确：非此即彼；同时范畴成员之间地位平等，没有高低之分。后者持相对化观点，即范畴与范畴之间界线模糊，范畴成员之间地位并不平等，一些成员属于原型成员，而其他成员要么属于非原型成员，要么属于边缘成员，总体呈家族相似性。根据新范畴理论，范畴化遵循两条原则：认知经济原则和感知的世界结构原则；前者指人这样的生命体总是试图以最少的认知努力和资源获取最多的信息，而后者指我们周围的世界是一个相互关联的组织结构。范畴化有三个层次：上位层次、基本层次和下位层次；其中基本层次属于原型范畴，反映了范畴成员之间最大的家族相似性，是人类给物质世界范畴化的基础。范畴化的上位层次和下位层次可以说是在基本层次基础上进行的再范畴化，而辐射范畴可以说是在基本层次基础上进行的次范畴化。

原型理论认为，语言是人类对外部世界进行范畴化以及范畴化结果的反映。因此，语言中的范畴化以及辐射范畴对第二语言习得具有重要的启示作用。根据 Sapir-Whorf 假说，不同的语言反映了人们对外部世界可能会予以不同范畴化，因而范畴化的跨语言异同点对第二语言学习者会产生不小的影响。但无论如何，语言学习者在学习第二语言时需要关注所学语言在语音、形态、句法、语义和语篇等各方面的不同的范畴化方式，如英语对事物一般进行单复数的范畴化，而汉语则多用"本、根、件、枚、群、条、窝、张、只"等量词对事物进行范畴化。只有这样做才能提高第二语言学习的成效。此外，第二语言学习者还需要对所学的语言输入进行合理的分类或归类，以便于更好地记忆和学习。与此同时，"大脑中的材料归类得越清楚，越有条理，需要用的时候，越容易回忆出来"（文秋芳 1996：150）。

第 12 章　隐喻理论与第二语言习得

12.1　引　言

隐喻（metaphor）涉及比喻性语言（figurative language）的使用以便对两个看似不相干的对象或范畴进行一种比拟（comparison），而这种比拟是基于两者之间所感知的相似性（perceived resemblance）。两个范畴之间的感知相似性是通过一种图式性（schematic）形式（即"A 是 B"）隐性地表达出来。换言之，A 和 B 之间的相似性不是建立在两者之间外在的物理特征上，而是基于两者之间内在的基本属性或特征，因而理解时需要听者通过感知予以抽象出来。例如：

[1] He is a lion.（他是一只狮子 / 他勇猛如狮。）

例 [1] 将 He（他）比作 lion（狮子）。两者显然不具有外在相似的物理特征，因此，比拟的基础一定是他们之间内在的基本属性；狮子以"凶猛"著称，所以，他一定具有与"凶猛"相关联的"勇敢"这一性格。

隐喻是语言中的一种普遍现象。因此，隐喻对我们人类而言意义非凡。Knowles 和 Moon（2006: 3-4）认为，隐喻的意义主要体现在两个方面。第一个方面是词汇，隐喻是词义（尤其是新的词义）形成的基本手段。概念和意义都是通过隐喻而词汇化的（lexicalized），即用词汇来表达的。例如：

[2] The failure has **hurt** him deeply.（这次失败令他很受伤。）

例 [2] 中的 hurt 原本意为"（肉体上）伤害"，而此句用的是它的隐喻意义，即"（心理或情感上）伤害"。

第二个方面是语篇，隐喻在语篇中的使用会尽显其表达力和解释力，尤其是隐喻用来描写一个不为我们所熟悉的现象时会帮助我们更好地理解它。例如：

[3] Scientists believe stress may suppress development of T-cells, the white blood cells which help to **fight off invading** micro-organisms.（科学家认为，压力会抑制 T

细胞的生长，这些白血球有助于击退入侵的微生物。）

例 [3] 通过使用 fight off（击退）和 invading（入侵的）这类表示战争隐喻的词语使我们对人体中白细胞抵御细菌感染的复杂过程有了一个清晰的认识。

隐喻的重要性还体现在其悠久的研究历史，这可以追溯至两千多年前的古希腊哲学家 Aristotle。以 Aristotle 为代表的传统隐喻理论将隐喻视为一种语言的修辞手段，只是用以增强口笔头语言的表达效果。这一传统的隐喻观直至 20 世纪 70 年代末才发生了根本性的转变，而标志这一转折点的正是 Lakoff 和 Johnson（1980）合著的力作 *Metaphors We Live By*（《我们赖以生存的隐喻》）。本章将重点概述 Lakoff 和 Johnson 提出的新的隐喻理论，即"概念隐喻理论"（Conceptual Metaphor Theory），同时探讨隐喻理论对第二语言习得的启示作用。

12.2　Lakoff 和 Johnson 的概念隐喻理论

概念隐喻理论是在 20 世纪 80 年代初期认知语言学刚开始兴起之时，由 Lakoff 和 Johnson 共同提出的一种可谓是全新的隐喻理论，完全打上了认知的烙印，标志着它与传统的隐喻理论有着根本性的区别。本节将从隐喻的本质、隐喻的运行机制和隐喻的种类三个方面对概念隐喻理论予以简要概述。

12.2.1　隐喻的本质

认知语言学框架下的概念隐喻理论将隐喻定义为一种涉及不同概念域之间映射（mappings）或对应（correspondences）的概念投射（projection）形式。所谓概念域是指我们生活中各种关联体验的比较复杂的知识表征，这样的知识表征既包括基本要素方面的知识，也包括细节方面的知识，如"旅行"这一概念域所涉及的知识表征大致包括旅行者、旅行路线、交通工具、旅行目的地、途中遇到的各种困难等等。概念域分为源域（source domain）和目标域（target domain）。通常情况下，源域相对客观和具体，如"旅行"、"金钱"等；而目标域则相对主观和抽象，如"爱情"、"时间"等。隐喻定义中的映射就是在源域和目标域之间建立一组概念上的对应关系或联系。

通过以上分析我们可以看出，这种跨概念域（即在源域和目标域之间）的映射实际上就是概念隐喻（conceptual metaphor）。在概念隐喻理论中，概念隐喻是由两个概念域（即源域和目标域）组成，其表征式为"目标域是源域"。例如：LOVE IS A JOURNEY（爱情是旅行）。这里我们需要区分概念隐喻和语言隐喻（linguistic metaphor），后者 Kövecses（2010: 4）又称作"隐喻语言表达式"（metaphorical linguistic expressions）。Littlemore（2009: 97）认为，概念隐喻是深深内嵌在我们潜意识中的认知结构；而语言隐喻属于表层语言现象，指所有来自于描写和理解抽象目标域所使用的更具体并属于源域语言的词语或语言表达式。简言之，所有可以实现概念隐喻的常规语言表达式都属于语言隐喻。以概念隐喻 LOVE IS A JOURNEY（爱情是旅行）为例：所有可以用于描写和解释这一概念隐喻的语言表达式都是语言隐喻。例如：

[4]（a）Look **how far we've come**.（看我们一路走来多不容易。）

（b）We're **at a crossroads.**（我们的关系正处于十字路口。）

（c）We'll just have to **go our separate ways**.（我们只好各走各的路。）

（d）We're **stuck**.（我们的关系陷入了困境。）

（e）It's been **a long, bumpy road**.（这是一条漫长而又坎坷不平的路。）

（f）This relationship is **a dead-end street.**（这一关系已走进死胡同。）

（g）Our marriage is **on the rocks.**（我们的婚姻触礁了。）

例 [4] 选取的 7 个例句（Lakoff & Johnson 1980: 44-45）都在说明概念隐喻 LOVE IS A JOURNEY，每个句子中的黑体部分都属于隐喻语言表达式，它们都来自源域 JOURNEY（旅行），用以说明和阐释目标域 LOVE（爱情）。通过这些用以描写源域"旅行"的具体而又富有形象的语言隐喻，我们就可以更加深刻地理解相对抽象而又复杂的目标域"爱情"。

至此，我们对隐喻或概念隐喻的本质基本上已经有了一个比较清晰的认识，即隐喻不仅仅是一种语言修辞手段，通过跨概念域的映射隐喻更是我们概念系统中概念结构组织和建构的一种有效方式。正因为隐喻的这种认知性，Lakoff 和 Johnson（1980: 3）才做出了"我们平常赖以思维和行动的概念系统本质上也是隐喻的"这一论断。换言之，隐喻不仅是语言不可或缺的，更是我们思维和行动所不可或缺的。

概念隐喻除了其认知性外还具有系统性（systematicity）。Lakoff 和 Johnson（1980: 7）指出，因为概念隐喻具有系统性，所以我们谈论它时所使用的语言也具有系统性。以概念隐喻 ARGUMENT IS WAR（辩论是战争）为例：当我们以战争方式来认识辩论时的战斗性质，我们需要从源域"战争"的词汇中选取一些相关的语言表达式来描述目标域"辩论"。例如：

[5]（a）Your claims are **indefensible.**（你的论点是无法辩护 / 站不住脚的。）

（b）He **attacked every weak point** in my argument.（他攻击了我辩论中的每个弱点。）

（c）His criticisms are **right on the target**.（他的批评直指要害。）

（d）If you use that **strategy**, your **opponent** will **wipe** you **out**.（如果你采用这一战略，你的对手一定会把你驳得体无完肤。）

（e）I've never **won** an argument with him.（与他辩论我从未赢过。）

例 [5] 的 5 个句子中的黑体部分加上 conflict of opinion（观点的冲突），defend a position（捍卫立场；保卫阵地），gain ground（夺取阵地；取得优势），lose ground（丢失阵地；丧失优势），new line of attack（新的攻击线）等语言表达式就成为我们谈论辩论的战斗属性的一种系统方式。在 Lakoff 和 Johnson 看来，有一部分战争概念是可以用来对辩论这一概念的特征进行部分描述，而语言自然也不例外。因此，语言中的许多隐喻表达式就与概念隐喻系统地联系在一起。显然，这里的系统性体现为一个概念隐喻可由众多隐喻语言形式表达。

概念隐喻的另一种系统性体现为多个概念隐喻共同作用，相互补充，从而构成一个更大的隐喻系统。以英语"事件结构隐喻"（event structure metaphor）为例：它是由多个不同的概念隐喻组成，事件结构隐喻将事件的不同方面作为其目标域。这些不同方面包括产生变化的原因、变化本身、行动、行动的目的等；事件的这些不同方面将根据场所（location）、力量（force）和运动（motion）等具体概念予以隐喻性的理解。（Kövecses 2010: 163）事件结构隐喻具体如表 12.1 所示。

表 12.1　事件结构隐喻（根据 Evans & Green 2006: 300）

概念隐喻	英语例句	汉语翻译
变化是运动	Things went from bad to worse.	形势日趋恶化。
原因是力量	The hit sent the crowd into a frenzy.	这一击令观众疯狂。
行动是自我推进运动	We're moving forward with this project.	我们正在推进该项目。
目标是目的地	We've finally reached the end of the task.	我们最终完成了任务。
手段是路径	She went from fat to thin through an intensive exercise program.	她通过高强度健身计划完成了瘦身。
困难是前进的障碍	It's been uphill all the way on this project.	该项目一直困难重重。
事件是运动的物体	Things are going smoothly in the firm.	公司的事务进展顺利。
长远目标活动是旅行	The government is without direction.	政府治国没有了方向。

根据 Lakoff 和 Johnson（1980: 9）的观点，概念隐喻的系统性还表现为概念隐喻之间的蕴涵（entailment）关系，而这种蕴涵关系是建立在次范畴化的基础之上。例如：在 TIME IS MONEY（时间是金钱）、TIME IS A LIMITED RESOURCE（时间是有限资源）、TIME IS A VALUABLE COMMODITY（时间是珍贵商品）这三个概念隐喻中，由于金钱一般属于有限资源，而有限资源自然就是珍贵商品，所以，TIME IS MONEY 就蕴涵 TIME IS A LIMITED RESOURCE，而后者自然也就蕴涵 TIME IS A VALUABLE COMMODITY。

最后要谈论的一点是概念隐喻的体验基础（experiential basis）。概念隐喻理论认为，隐喻是以我们的身体体验为基础的。有大量的语言证据表明许多隐喻性思维都是产生于我们在这个世界上的身体体验。（Gibbs 1999: 44）例如：我们对概念隐喻 ANGER IS HEATED FLUID IN A CONTAINER（愤怒是容器中加热的液体）理解的关键就是根据我们身体对"容纳"（containment）的体验。人们对身体容纳的动觉体验（kinesthetic experiences）包括人体进出浴缸、房间、交通工具、建筑物等场合，以及人体作为容器、物质进出身体的体验。这种身体容纳体验最重要的一点是，人体作为容器充满着液体，如胃液、血液和汗液等。人们在压力下通常会切身感受到体液温度的上升。这样，这些反复出现的不同身体体验就会产生一个人体体验完形（experiential gestalt），叫作人体容器的"意象图式"（image schema）。

意象图式是人们通过感觉运动（sensorimotor）活动对自己日常与周围世界相互作用时所发生的各种身体体验进行概念表征的结果。意象图式具有自身的内部结构并通过隐喻细化（metaphorical elaboration）为理解更抽象的目标域提供支撑。（Gibbs 1999: 45）就"愤怒是容器中加热的液体"这一概念隐喻而言，它将人体容器这个意象图式作为自己的源域，并将这个意象图式的结构直接映射至目标域"愤怒"，从而产生了许多有趣的推理。据此，当愤怒强度增加，容器中的液体就会上升，如 [6a] 所示；当愤怒继续增强，容器中的强热就会产生蒸汽和压力，分别如 [6b] 和 [6c] 所示；而当压力过高，容器就会爆炸，此时，愤怒也会升至极点，如（6d）所示：

[6]（a）His pent-up anger welled up inside of him.（他心中压抑的愤怒在上升 / 怒火中烧。）

（b）Jim's just blowing off steam.（Jim 正在发泄心中的怒气。）

（c）He was bursting with anger.（他气得肺都快要炸了。）

（d）She blew up at me.（她向我大发雷霆。）

12.2.2　隐喻的运行机制

在概念隐喻理论中，隐喻涉及两个概念域之间的跨域映射。这种"映射一般由源域向目标域进行，因此具有单向性的特点。映射同时具有系统性特点，即源域的结构系统性地映射到目标域中"（束定芳 2002：101）。一般情况下，源域代表的是较为具体且更为我们熟悉的概念，而目标域代表的则是更为抽象且不大为我们熟悉的概念。因此，隐喻的这种跨域映射意味着我们需要根据较为具体的源域来建构更为抽象的目标域的意义。

跨域映射通常发生在长期记忆中，是我们概念系统形成的主要方式之一，也是我们思维不可或缺的基本工具。正是因为有了这样的跨域映射我们才能根据一个域来理解另外一个域，或根据一个域来谈论另外一个域。例如：

[7] Love is a journey.（爱情是旅行。）

例 [7] 包含了"爱情是旅行"这个概念隐喻，其中源域是较为具体的"旅行"，而目标域则是较为抽象的"爱情"。根据隐喻的跨域映射，我们可以用"旅行"域来思维和谈论"爱情"域。在此过程中，前者的结构将会系统性地映射到后者的结构中。具体映射如图 12.1 所示。

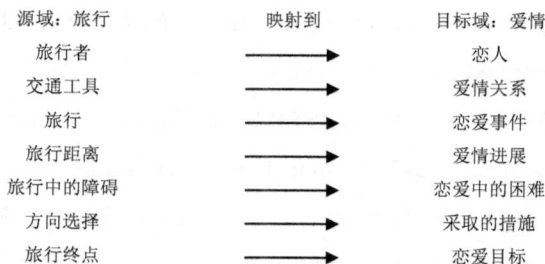

源域：旅行	映射到	目标域：爱情
旅行者	⟶	恋人
交通工具	⟶	爱情关系
旅行	⟶	恋爱事件
旅行距离	⟶	爱情进展
旅行中的障碍	⟶	恋爱中的困难
方向选择	⟶	采取的措施
旅行终点	⟶	恋爱目标

图 12.1　"爱情是旅行"的跨域映射（根据 Evans 2007: 137）

为了确保隐喻这种由源域向目标域的系统性跨域映射，Lakoff（1990，1993）提出了一条旨在制约可能会发生的不相容映射的原则，名曰"不变原则"（the Invariance Principle）。该原则规定："隐喻映射须以一种不违反目标域内在结构的方式保持源域的认知结构（即意象图式结构）不变。"（Lakoff 1993: 215）这意味着在跨域映射过程中意象图式结构必须保持一致。例如：如果源域是个容器图式结构，容器的内部须映射到目标域的内部，外部须映射到目标域的外部，边境须映射到目标域的边境；如果是路径图式，源域的源点将映射到目标域的源点，源域的目标将映射到目标域的目标，源域的射体将映射到目标域的射体（Lakoff ibid），如此等等。

以上的跨域隐喻映射和不变原则的制约作用明确地告诉我们，在概念隐喻理论框架下，隐喻的意义取决于源域的意义和意象图式结构，这是因为目标域的意义和意象图式结构是从源域系统性地承继而来。尽管如此，不变原则也只是一个相对概念。虽然源域的意象图式结构被系统性地转移到了目标域中，并成为后者意象图式结构的一部分，但这并不意味着源域中的所有结构特征都可以毫无保留地映射到目标域中。最典型的例子就是隐喻映射中的"突显"（highlighting）和"隐藏"（hiding）。所谓"突显"是指将源域特征选择性地映射到目标域中，而"隐藏"是指抑制源域其他特征的映射。（Knowles & Moon 2006: 33）究其原因主要是因为源域和目标域之间有时存在着多重映射关系，如一个目标域可能会与多个源域关联或多个目标域只与一个源域关联。这样，不同的概念隐喻就会在映射过程中突显不同的特征而同时隐藏其他一些特征。例如：

[7] AN ARGUMENT IS A JOURNEY（辩论是旅行）（Lakoff & Johnson 1980: 90）

（a）Do you **follow** my argument?（你明白我的论点吗？）

（b）We will **proceed** in a **step-by-step** fashion.（我们将一步步地陈述我方论点。）

（c）He's **gone off in the wrong direction**.（他的辩论已偏题。）

（d）We've **arrived at** a disturbing conclusion.（我们做出了一个让人不安的结论。）

[8] AN ARGUMENT IS A CONTAINER（辩论是容器）（Lakoff & Johnson 1980: 92）

（a）That argument **has holes in** it.（那个论点有漏洞。）

（b）I'm tired of your **empty** arguments.（我厌倦了你们空洞的论点。）

（c）I still haven't gotten to the **core** of his argument.（我仍然不明白他的核心论点。）

（d）Your argument **won't hold water**.（你的论点站不住脚。）

[9] AN ARGUMENT IS A BUILDING（辩论是建筑物）（Lakoff & Johnson 1980: 98-99）

（a）We've got a **foundation** for the argument.（我们的论点已有了基础。）

（b）You should **support** your argument with **solid** facts.（你应该以确凿的事实来支撑你的论点。）

（c）He's trying to **buttress** his argument with a lot of irrelevant facts.（他试图用

许多不相干的事实来支撑自己的论点。）

（d）I **demolished** his argument.（我驳倒了他的论点。）

通过例 [7]、[8]、[9] 和前面的例 [5] 这四个概念隐喻及其例句我们不难看出，它们的目标域相同，都是"辩论"，但源域不同，分别是"战争"、"旅行"、"容器"和"建筑物"。这样，在由源域向目标域的跨域映射过程中，目标域"辩论"将会根据不同的源域进行选择性的映射。因此，得以映射的源域结构特征自然被突显出来，而隐藏的自然是那些未得到映射的源域结构特征。根据此分析，概念隐喻"辩论是战争"突显的是辩论的冲突、胜负等特征；"辩论是旅行"突显的是目标和为实现目标而做的努力；"辩论是容器"突显的是辩论的内容和形式；"辩论是建筑物"突显的是辩论的结构和强度。（Knowles & Moon 2006: 34）隐喻可以突显或隐藏一个概念或概念域的这种功能表明：概念隐喻结构具有一定的"偏向性"（partial nature），Evans 和 Green（2006: 304）将其称为"视角化"（perspectivisation）。

12.2.3 隐喻的种类

概念隐喻理论认为，隐喻是我们思维、行动和认知世界的基本工具，是我们建构有关自然世界的概念系统不可或缺的认知工具。根据这些认知功能，概念隐喻可以划分为三大类：结构隐喻（Structural Metaphors）、本体隐喻（Ontological Metaphors）和方位隐喻（Orientational Metaphors）。

结构隐喻指"一个概念是根据另外一个概念作隐喻建构的"（Lakoff & Johnson 1980: 14）。在此类隐喻中，源域为目标域提供了较为丰富的知识框架。换言之，结构隐喻的认知功能是通过源域向目标域的跨域映射为说话者谈论和听者理解目标域概念提供了一个比较充足的知识基础。前面列举的"爱情是旅行"、"辩论是战争"等概念隐喻都属于结构隐喻。下面再举一个概念隐喻的例子予以说明。

[10] TIME IS MONEY（时间是金钱）（Lakoff & Johnson 1980: 7-8）

（a）You're **wasting** my time.（你这是在浪费我的时间。）

（b）This gadget will **save** you hours.（这个小玩意儿会替你省却不少时间。）

（c）How do you **spend** your time these days?（近来你是如何打发时间的？）

（d）I've **invested** a lot of time in her.（我在她身上投入了大量的时间。）

（e）You're **running out of** time.（你的时间快用完了。）

（f）You need to **budget** your time.（你需要计划好你的时间。）

（g）He's living on **borrowed** time.（他活的时间比预期的长。）

（h）You don't **use** your time **profitably**.（你没有用好你的时间。）

我们知道，金钱是有价值的，也是有限的，因而十分宝贵。"时间是金钱"这一概念隐喻将时间比作金钱，这表明时间与金钱一样有价值，也很有限，因而十分宝贵。例如：我们的工资通常是按照时间单位计算和支付的。因此，在谈论时间时我们就会按照谈论金钱的方式来使用我们的语言。例 [10] 中的 8 个谈论时间的句子都使用了原来我们用以谈论金钱的词语：[10a] 谈论时间可以"浪费"（waste），[10b]谈论时间可以"节省下来"（save），[10c] 谈论时间可以"花掉"（spend），[10d]谈论时间可以用作"投资"（invest），[10e] 谈论时间与金钱和其他物资一样也可以"用尽"（run out of），[10f] 谈论时间可以像财政预算那样进行"预算安排"（budget）；而 [10g] 中的 borrow（借）和 [10h] 中的 profitably（有利可图地）原来是用于"借钱"或"赚钱"等场合；当它们用于谈论时间时，借来的时间比喻"活得比预期时间长"，而使用时间可能获得的利润则比作"时间用得对己有利"。由此可见，"时间是金钱"所包含的各种结构隐喻表明：在日常生活中人们一般通过金钱来认知时间以体现时间和金钱一样的宝贵。

本体隐喻指我们将模糊或抽象的事物、体验和过程当作有形的或具体的实体、事物、事件等去认识和谈论。"一旦我们能够将自己的体验识别为有形实体时，我们就可以对其进行指称、范畴化、归类和量化，以便进而予以推理。"（Lakoff & Johnson 1980: 25）换言之，本体隐喻，即我们将事件、活动、情感、思想等看作实体的方式，是建立在我们对有形物体（尤其是人体）的体验基础之上的。以价格上涨的体验为例：价格上涨可以通过"通货膨胀"（inflation）隐喻性地看作一个实体，因为这使我们有了一种指称该体验的方式。（Lakoff & Johnson 1980: 26）例如：

[11]（a）**Inflation** is lowering our standard of living.（通货膨胀降低了我们的生活水平。）

（b）If there is much more **inflation**, we'll never survive.（若通货膨胀扩大，我们就无法生存。）

（c）We need to **combat inflation**.（我们需要与通货膨胀作斗争。）

（d）**Inflation** is taking its toll at the checkout counter.（通货膨胀正损害着消费者的购买力。）

（e）Buying land is the best way of **dealing with inflation**.（买地是应对通货膨胀的最佳方法。）

在 Lakoff 和 Johnson 看来，像例 [11] 这样将通货膨胀视作一种实体就使我们能够去指称它，量化它，识别它的特征，视它为起因，对它采取行动，甚至有助于我们更好地认识它。

本体隐喻的这类用法还有很多，概括起来主要有：指称，如 [12] 所示；量化，如 [13] 所示；识别特征，如 [14] 所示；识别起因，如 [15] 所示；设定目标并采取行动，如 [16] 所示 (Lakoff & Johnson 1980: 26-27)。

[12]（a）That was **a beautiful catch.**（这球接得真漂亮。）

（b）The **honor of our country** is at stake in this war.（我国的威望将毁于这场战争。）

[13]（a）It will take **a lot of patience** to finish this book.（读完这本书需要很多耐心。）

（b）There is **so much hatred** in this world.（这个世界上仇恨如此之多。）

[14]（a）The **ugly side of his personality** comes out under pressure.（压力之下他的丑陋性格暴露无遗。）

（b）I can't keep up with the **pace of modern life**.（我无法跟上现代生活的节奏。）

[15]（a）He did it **out of anger**.（他出于愤怒才为之。）

（b）**Internal dissension** cost them the pennant.（内讧使他们丢掉了锦标。）

[16]（a）He went to New York to **seek fame and fortune**.（他上纽约去追逐名利。）

（b）I'm changing my way of life so that I can **find true happiness.**（我在改变自己的生活方式以便能够找到真正的幸福。）

Lakoff 和 Johnson（1980: 33）还将"拟人"（personification）归为本体隐喻。所谓"拟人"是指将人类的属性和特征赋予人类之外的东西。拟人是将我们人类自身当作源域，因此，当人的属性被映射到目标域时，我们自然就能更好地认识和理解目标域，如例 [17] 所示：

[17]（a）This **fact argues** against the standard theories.（这一事实反驳了标准理论。）

（b）**Life has cheated** me.（生活欺骗了我。）

（c）**Inflation is eating up** our profits.（通货膨胀在吞噬我们的利润。）

（d）**Cancer** finally **caught up with** him.（他最后患上了癌症。）

　　方位隐喻不是根据一个概念来建构另外一个概念，而是指一个完整的概念系统内概念之间的组织建构（Lakoff & Johnson 1980: 14），即方位隐喻的认知功能是在概念系统内将一组目标域概念统一起来。（Kövecses 2010：40）大多数方位隐喻都涉及上 - 下、里 - 外、前 - 后、中心 - 边缘等空间方位，这是因为这类概念是人类在客观环境中最原始和最基本的身体感知经验。根据空间方位上的这种最基本的身体感知经验，我们可以将幸福、健康、意识、数量、社会地位、美德等抽象概念投射到具体的方位概念上，从而形成许许多多用方位类词语来表达抽象概念的语言结构。例如：以下概念隐喻及其隐喻语言表达式都是根据上 - 下这一空间方位概念建构起来的。（Lakoff & Johnson 1980: 15-17）

[18] HAPPY IS UP；SAD IS DOWN（幸福向上，悲伤向下）

　　（a）I'm feeling **up**.（我感到很开心。）

　　（b）My spirits **sank**.（我的情绪变得很低落。）

　　（c）You're in **high** spirits.（你情绪高涨。）

　　（d）He's really **low** these days.（他近来真的很郁闷。）

[19] CONSCIOUS IS UP；UNCONSCIOUS IS DOWN（有意识向上，无意识向下）

　　（a）I'm **up** already.（我已经起床了。）

　　（b）He **fell** asleep.（他睡着了。）

　　（c）He **rises** early in the morning.（他早上起得早。）

　　（d）He **sank** into a coma.（他陷入昏迷之中。）

[20] HEALTH IS UP；SICKNESS IS DOWN（健康向上，疾病向下）

　　（a）He's at the **peak** of health.（他身体极其健康。）

　　（b）He came **down** with the flu.（他患上了流感。）

　　（c）He's in **top** shape.（他身体状况极佳。）

　　（d）His health is **declining**.（他的健康状况正在下降。）

[21] MORE IS UP；LESS IS DOWN（多向上，少向下）

　　（a）The number of books printed each year keeps going **up**.（印书量在逐年上升。）

　　（b）The number of errors he made is incredibly **low**.（他犯的错误极其少。）

　　（c）My income **rose** last year.（我的收入去年增加了。）

（d）His income **fell** last year.（他的收入去年下降了。）

[22] HIGH STATUS IS UP；LOW STATUS IS DOWN（地位高向上，地位低向下）

（a）She'll rise to the top.（她将会升入管理高层。）

（b）She fell in status.（她的地位下降了。）

（c）He's at the peak of his career.（他正处于职业的顶峰。）

（d）He's at the bottom of the social hierarchy.（他处于社会底层。）

[23] VIRTUE IS UP；DEPRAVITY IS DOWN（美德向上，堕落向下）

（a）He is **high**-minded.（他品格高尚。）

（b）That was a **low-down** thing to do.（那件事情做得很卑鄙。）

（c）She is an **upstanding** citizen.（她是一个正直的公民。）

（d）He **fell** into the abyss of depravity.（他跌入了道德败坏的深渊。）

根据 Lakoff 和 Johnson（1980: 14）的观点，方位隐喻不是任意的，而是建立在我们身体和文化经验基础之上的。例 [18] 的身体经验基础是，伴随悲伤和沮丧的典型姿势是身体弯垂，而伴随心情好情绪高的姿势一般是身体挺立；例 [19] 的身体经验基础是人睡觉时要躺下，而不睡觉时则要站 / 坐立；例 [20] 的身体经验基础是，生病时要卧躺下来，反之则活力四射；例 [21] 的身体经验基础是，如果给一个容器或货堆添加物质时，其平面就上升，反之则下降；例 [22] 的社会物质基础是，社会权利大则地位高，反之则地位低；例 [23] 的物质文化基础是，向上方向常伴随积极评价，而向下方向则常伴随消极评价。（Kövecses 2010: 40）因此，美德行为将赢得积极评价，而卑鄙行为则定会受到消极评价。由此可见，"人类大多数隐喻概念参照方位概念组建，这并非偶然，而是有其物质的、社会的、文化的经验为基础"（赵艳芳 2000：109）。

12.3　隐喻理论对第二语言习得的启示

根据 Littlemore 和 Low（2006: 268）的观点，隐喻的认知研究已有三十多年，许多学者（如 Boers 2000；Cameron & Deignan 2006；Low 1988 等）认为隐喻的研究发现对第二语言教和学具有重要的启示意义，但这样的应用研究却始终未能取得重要的进展。究其原因可能是多方面的：我们可能难以找到一个系统的方法去教授隐喻；或者词汇教学不与隐喻结合也可以进行；或者隐喻属于深奥的文学语言范畴，只为少数人使用，所以也就没有必要让大多数学习者去学习；或者语言测试很少或根本不涉及隐喻的使用能力。为此，Littlemore 和 Low 提出学习者的交际能力还应包括"隐喻能力"（metaphoric competence），即隐喻的知识和使用能力。

Littlemore（2009）的研究发现：高级英语学习者往往坚持使用词汇的基本意义而回避使用词汇的隐喻意义。Littlemore 给出了两种可能的解释：一是学习者注意不到语言输入中的隐喻使用，因为这些隐喻用法可能不很突显；二是隐喻意义已存在于这些英语学习者的被动词汇中，但还没有进入到他们的积极词汇中，因为他们缺乏应用这些隐喻意义的信心。此外，Holme（2004：155）也指出，高级英语学习者的错误大多数是词汇错误，其中许多涉及隐喻意义的误用。由此可见，在第二语言习得中语言教师有必要帮助英语学习者提高他们的隐喻使用能力。

Lakoff 和 Johnson（1980）早就指出，隐喻是我们日常语言中的一个普遍现象，是我们思维的一种基本方式。因此，母语者的隐喻思维就决定着他们的语言中一定会充满着隐喻使用。对于志在学好第二语言的习得者而言，要做到像英语母语者那样的隐喻思维并能够恰当地使用大量的英语隐喻并非一朝一夕就能做到的易事；他们必须在平时的语言学习中密切关注和不断积累英语隐喻方面的语言知识，并能够在日常语言交际中敢于大胆地予以使用，以便逐步提高自己的英语应用能力（包括英语隐喻的应用能力）。

既然研究表明隐喻是第二语言英语学习者的困难之一，所以，仅仅依靠学习者自己关注隐喻学习肯定是不够的。语言教师必须帮助他们认识隐喻的本质，即隐喻语言往往体现出两个语义的表层冲突但深层相似；隐喻理解时一般涉及跨域映射，即根据一个具体域的概念来解释一个抽象域的概念。同时，语言教师还要尽力做到循序渐进、一步步讲解隐喻的由来，帮助学习者建构语言的隐喻联系，以便加深他们对语言的理解，提高他们的语言记忆能力。（Boers 2000）以英语介词 in（在……之内）为例：Niemeier（2005: 106-107）认为，英语介词因其相对抽象而比较难学，所以用概念隐喻的方式来讲解介词就会使这一抽象的概念变得相对具体易学。

英语介词 in 一般有三层意义：空间意义、时间意义和抽象意义，其中空间意义因为是人类最原始体验的直接结果而成为基本意义，其余两个意义则为隐喻意义。在空间上，in 具有三维性，因为它表示（一个物体）"包围"（enclose）（另一物体），如 the fly **in** the soup（汤中的苍蝇）、the burglar **in** the house（房子里的盗贼）

等；在时间上，**in** 保留了空间概念上的"包围"意义，这时 **in** 将一段时间视作一个包含了某些事件的容器，如 **in** 2014（在 2014 年）、**in** the morning（在上午）；在抽象层面上，in 仍然保留了空间上的"包围"意义，如 [24] 所示：[24a] 表示我们的车被交通阻塞所包围，而 [24b] 则表示对马的兴趣使我一直待在该话题之内，仿佛被它所包围。

[24]（a）We were stuck **in** the traffic jam.（我们陷入交通拥堵中。）

（b）I am interested **in** horses.（我对马感兴趣。）

除介词外，英语短语动词、习语、时体情态、固定搭配和多义现象等都可能会涉及概念隐喻；以英语多义词 stand（站立）为例（Gibbs 1999: 35），它由本义和多个隐喻意义组成。

[25]（a）We **stand** to sing the national anthem.（我们起立，唱国歌。）

（b）Ray **stands** 6 feet 5 inches tall.（Ray 身高 6 英尺 5 英寸。）

（c）The clock **stands** on the mantel.（钟放在壁炉架上。）

（d）I can't **stand** the job I have.（我无法忍受我现有的工作。）

（e）I don't want to **stand** in your way.（我不想妨碍你。）

（f）The law still **stands**.（这条法律仍然有效。）

例 [25] 中的前两句使用的是 stand 的基本意义（即"站立"），尽管 [25b] 表示人"站立时所具有的高度"（这一意义似乎已经有了一点引申）；[25c] 虽然还有"站立"之义，但表示"站立"的不是人而是物（即钟），已经属于拟人用法（属于本体隐喻范畴）。Stand 在例 [25] 中的后三句都属于隐喻用法：在 [25d] 中 stand 表示"忍受"，忍受不了自然就会"站立不住"（can't stand）；[25e] 中的 stand 表示"妨碍"，因为我是"站在你的道上"；而 [25f] 中的 stand 表示"保持有效"，这句用了概念隐喻"活着向上，死亡向下"（LIFE IS UP；DEATH IS DOWN）。因为这条法律还能"站立"，它自然就没有失效。由此可见，隐喻是多义产生的主要理据。

Niemeier（2005: 104-105）认为，隐喻是认识语言工作机制的一种方法，也是了解语言如何变化、意义如何产生和引申的一种方法。此外，隐喻也总是涉及文化知识。所以，语言教师从隐喻视角向语言学习者解释相对复杂而抽象的语言意义（如以上对介词和多义词的语义解释），无疑会增强他们对跨文化差异的意识，同时对他们建构语言原则和思维原则也大有帮助。这种隐喻教学对第二语言英语学习者的积极作用也得到了一些实证研究的支持。

Kövecses 和 Szabó（1996）对 30 名匈牙利英语学习者习得英语带 up 或 down 的短语动词的情况进行了实证研究。研究分实验组和控制组，每组各 15 名英语学习者。实验组运用了"多向上，少向下"、"幸福向上，悲伤向下"等概念隐喻来讲解英语短语动词，而控制组则直接采用母语翻译来学习英语短语动词；之后从教学时使用过的英语短语动词中随机选取 10 个作为填空测试对象，同时测试还包括 10 个未在教学时间段中出现的英语短语动词。结果显示：实验组的表现高出控制组 9%；而在教学时未使用的 10 个英语短语动词的测试上，实验组的表现甚至要高出控制组 25%。这表明概念隐喻提高了学习者对英语短语动词的意识，对他们习得这类短语动词起到了积极的作用。

在另外一个实证研究中，Boers（2000）通过"可视向外 / 向上"（VISIBLE IS OUT/UP）等概念隐喻对法国英语学习者习得英语带 out 或 up 的短语动词（如 find out、look up 等）的情况进行了研究。结果同样显示：接受了概念隐喻解释的实验组的表现在随后的测试中远好于未接受概念隐喻解释的控制组。然而，与 Kövecses 和 Szabó 的研究结果不同的是，在对教学时未使用的 10 个英语短语动词的测试上，实验组的表现与控制组的表现没有显示出明显的差异。这表明实验组关于所学的英语短语动词的隐喻知识并未得到"迁移"（transfer）。

以上两项实证研究的结果至少可以说明，短期内这种针对性的隐喻教学对第二语言相关方面的习得是有促进作用的，但是否具有长期效应可能还需要进一步的实证研究证实。

许多学者（如 Lakoff & Johnson 1980；Lantolf 1999；Niemeier 2005；Shore 1996 等）认为，隐喻与文化有着密切的联系。这意味着具有普遍性的概念隐喻不会成为学习困难，而因语言和文化而异的概念隐喻则可能会成为学习者的障碍。因此，不论是语言教师还是语言学习者都需要对这些因语言和文化而异的隐喻予以特别的关注。例如：汉语和英语对"头"（head）都有相同的概念隐喻"头是某物的前部或顶端"，但这两种语言中则存在着一些不同的语言表达形式，如汉语可以说"车头"（nose of car）、"船头"（nose of boat）、"眉头"（tip of eyebrow）、"山头"（hilltop）等，而英语显然不能这么说。（Littlemore 2009: 98-99）

此外，隐喻也大量存在于习语中。在此方面，汉语和英语也会因为文化的原因而出现许多相同和不同的语言表达形式。汉语和英语中相同的语言表达形式如，丢脸（lose face）、拉长脸（pull a long face）、老手（old hand）、食言（eat one's words）、泼凉水（pour cold water）、浑水摸鱼（fish in troubled waters）、后脑勺上长眼（have eyes in the back of one's head）、在某人伤口上撒盐（rub salt into someone's wound）等；而不同的语言表达形式如，新手（green hand）、挥金如土（spend money like water，但汉语也有"花钱如流水"的说法）、火上浇油（add fuel to the flames）、昙花一现（a flash in the pan）、了如指掌（know like the back of one's hand）、把某人吃穷（eat someone out of house and home）、像热锅上的蚂蚁（like a cat on hot bricks），如此等等。这些因文化而异的隐喻性习语是中国英语学习者学习时必须要特别留意的，否则他们就会犯 Littlemore 和 Low（2006）所称的"文化迁移"（cultural transfer）错误。例如：一位母语为汉语的高级英语学习者在写一篇有关小说《德伯家的苔丝》的小论文中就犯了一个文化迁移错误。（Littlemore & Low 2006: 275）这位学习者将 Tess 无法逃脱 Alec 的掌控写成 She is unable to run away from his **palm**。此句用 palm（手掌）来表示"权利范围"，借用的是汉语中孙悟空跳不出如来佛掌心这一文化故事，而英语则通常使用 hand（手）来表示"权利"。因此，学习者的这句话应改成 She is unable to escape his **hand/clutches**。

12.4　结　　语

隐喻是基于两个概念范畴之间所感知的相似性。传统的隐喻研究注重隐喻的修辞功能，即隐喻是提高语言表达效果的一个重要手段；而以 Lakoff 和 Johnson 为代表的概念隐喻理论研究则突出隐喻的认知功能，即隐喻是我们组织和建构概念结构的主要工具之一。在 Lakoff 和 Johnson（1980）看来，我们的概念系统是隐喻的，因此，我们的日常活动也就离不开隐喻思维。概念隐喻理论认为，这种隐喻思维是一种跨域映射过程，即我们一般是根据相对具体的源域来理解相对抽象和复杂的目标域（这主要针对结构隐喻和本体隐喻而言，而方位隐喻则主要根据空间意象图式来组织和理解概念）。

与此同时，Lakoff 和 Johnson（1980）指出，我们的概念隐喻不是任意的，而是有理据的；这种理据就是我们的物质和文化基础。这表明我们从小到大所生长的社会文化环境对我们隐喻思维的形成以及日常语言隐喻的使用有着决定性的影响。正是因为隐喻和隐喻思维的这种文化性，Lantolf（1999: 42）建议将隐喻和隐喻思维纳入到"第二文化习得"（second culture acquisition）的范畴来加以研究。

对第二语言习得而言，隐喻理论的启示作用主要体现在两个方面：一是要培养第二语言学习者的隐喻思维；二是要增强第二语言学习者对隐喻的跨文化差异的意识。要实现这两个目标，第二语言学习者和语言教师恐怕只能从所学语言中的语言隐喻或隐喻语言着手；而在这一过程中语言教师可能要比语言学习者发挥更大的作用，这是因为，一方面学习者的第二语言水平可能还不足以保证他们能够发现很多的语言隐喻；另一方面学习者的隐喻思维因已经深深打上了母语的烙印而难以改变。总之，培养第二语言学习者的隐喻思维并同时增强他们对隐喻的跨文化差异的意识可能会是一个艰难而又漫长的过程。

第 13 章　认知语法与第二语言习得

13.1　引　　言

认知语法（Cognitive Grammar）是认知语言学的基石和重要组成部分，由 Langacker 于 20 世纪 80 年代创立。经过近三十年的发展，认知语法已经成为一个比较成熟的语言学理论，并在现代语言学界产生着越来越重要的影响。Langacker（1991）认为，语言系统是由三个结构组成，即语义结构、音位结构和符号结构；符号结构存在于语义结构和音位结构之间的关系中。两个较小的符号结构可以组并成一个较大的符号结构，而较大的符号结构可以组并成更大的符号结构，通过这样不断的组并就可以形成任何复杂程度的符号组合体（symbolic assemblies）。由此可知，任何语言表达式都是语义结构和音位结构的结合，包括词素、单词、短语和句子，甚至也包括语篇。认知语法正是根据语义结构和音位结构之间的符号关系来分析和阐释语言表达式的一种全新的语言学理论。

本章将首先简要概述 Langacker 的认知语法，涉及认知语法的分析框架、基本思想观点和主要概念介绍，然后我们将就认知语法对第二语言习得的启示作用予以讨论。

13.2　认知语法概述

如同其他语言学理论那样，认知语法拥有自己的分析框架，提出了许多独到的思想观点，并创造了无数个新概念。本节将对认知语法的分析框架、主要思想观点和基本概念做一简介。

13.2.1　分析框架

如 13.1 节所述，认知语法正是根据语义结构和音位结构之间的符号关系来分析和阐释语言表达式的。所谓音位结构是指语言表达式的物质表现形式，即语音媒介

（vehicle）；语义结构就是语言表达式的意义。认知语法关注的语义结构内容包括命题内容（即传统语义学所指的语义真假值）、说话人的概念化内容、语用意义和百科知识等。根据 Taylor（2002）的观点，认知语法处理人类语言的复杂现象时主要依据三大类符号关系：图式—示例关系（schema-instance relation），从属关系（part-of relation）和相似关系（similarity relation）。这三种关系可以说是认知语法的分析框架。

第一种关系指语言单位之间存在着明示程度标示不同的关系。明示程度标示高的语言单位是明示程度标示低的语言单位的示例；反之，明示程度标示低的语言单位是明示程度标示高的语言单位的图式。这种图式—示例关系适用于音位单位、语义单位和符号单位。就音位单位而言，音位与音位变体之间的关系是图式—示例关系，音位是图式而音位变体为其示例。同理，音位单位 [SYLLABLE]（[音节]）为图式，而音位单位 [buk]（[shu/ 书]）是其示例。语义单位之间的图式—示例关系如，语义单位 [狗] 是图式，而语义单位 [卷毛狮子狗] 是其示例。符号单位之间的图式—示例关系有：语言表达式 tree（树）是抽象符号单位 [NOUN]（[名词]）的示例，而抽象符号单位 [及物动词小句] 是语言表达式"猫吃鼠"的图式。

第二种关系存在于任何能够显示内部复杂程度的语言结构中。例如：前面提到的音位单位 [buk] 是音位单位 [SYLLABLE] 的示例；然而，[buk] 有自己的内部结构，分别为三个子单位 [b]、[u] 和 [k]，每个都是更复杂单位 [buk] 的组成部分。这种部分与整体的关系同样适用于音位结构、语义结构和符号结构。例如：过去式动词形式 moved 在语义层面上分别将 [MOVE]（[移动]）和 [PAST TENSE]（[过去式]）两个成分概念组并起来；在音位层面上复合形式 [mu:vd] 分别由 [mu:v] 和 [d] 两部分组成；最后，复合符号单位（符号单位为音位结构和语义结构的常规组合体）则分别由两个成分符号单位组成。由此可以看出，一个复合表达式的产生是通过其各个成分组合而成。

第三种关系是将那些标示不同甚至冲突的单位联结起来。例如：family tree（家谱图）和 tree（树）分属于不同的实体，但实际上我们可以感知到两者之间是有相似性的，因为 tree 不仅可以指植物学意义上的"树"，而且也可以指遗传网络，即家谱图。由此可知，相似关系是语言单位（音位单位、语义单位或符号单位）延伸的主要途径。更为重要的是，相似关系还能让我们处理那些非常规的（即不为语言系统所允准的）语言现象。例如：一个字的发音出现了偏误，但只要偏误不离谱，我们一般仍能够听辨出来这个字。语义层面上一般也是如此。如果听者确实不能在一个新表达式和一个常规表达式之间建立相似关系，那么这个新表达式就可能会不符合语法或没有意义。

以上是对图式—示例关系、从属关系和相似关系的简要论述，从中我们不难看出这一貌似简单的分析框架涵盖了所有结构与结构之间的关系、结构内部的组织关系以及所谓边缘化的语言现象，从而使我们对认知语法的目标可以窥豹一斑：认知语法试图通过这样的分析来建立一个层次分明的语言认知网络系统。

13.2.2　主要思想观点

作为认知语言学的一个重要组成部分，认知语法自然也是以挑战和反对 Chomsky 的语言学思想权威为自己的指导思想和指导原则的。在这一原则框架下，认知语法也提出了许多独到的思想观点，这些思想观点都贯穿于 Langacker（1987，1991，1999，2008a，2009）在不同时期出版的著述中。这里我们将其进行梳理并概括如下。

首先，语法不是一个自主的形式系统，而是一个复杂且又抽象的符号系统。这个系统是语义成分、音位成分和连接这两个成分的符号关系的图式组合体（schematic assemblies）。这些组合体是从语言使用中抽象而来，并作为认知常规（cognitive routines）固化在个人心智中的图式表征。由此展开，我们的语言知识不是一个句法生成机制，而是我们所掌握的全部符号单位。我们可以用这些单位来对语言使用事件（usage event）进行范畴化，但它们的形成是依靠对反复出现的特征强化之后再加以图式化的结果。由此可知，我们的语言知识就是以这样的方式抽象出来的图式化的语言符号单位。

其次，语法是有意义的。语法的意义性体现在：①语法的组构成分（如词汇）是有意义的。从这个意义上说，语法和词汇没有本质的区别。实际上，在认知语法中词汇、形态和句法构成了一个有意义的符号结构统一体，差异只是存在于不同的参数上。②语法允许我们建构复杂表达式（如短语、从句和句子等）的更精细意义并予以符号化。换言之，语法是各种语义结构的常规符号化（conventional symbolization）。由此可知，语法不仅具有意义属性而且也具有符号属性。从跨语言的角度看，语义结构不具有普遍性，而多半是语言特有的。因此，语法意义的研究是揭示语义结构组织的直接途径。

第三，语法是认知不可分割的一部分，是我们认识认知结构和功能的重要途径。语法的认知性具体表现为：①语法是有意义的，而意义是个认知现象，因此语法必须作为认知现象加以研究。②语法之所以产生是因为我们具有许多一般的认知能力，如范畴化、抽象、推理、概括等认知能力。例如：前面提到的语言知识就是语言使用者通过范畴化和图式化等认知能力从语言使用中抽象而来。因此，我们可以说认知语法又是以使用为基础的（usage-based），而语法研究可以揭示人的认知奥秘。

第四，语法（结构）反映了人类的基本体验，如运动、感知、行动等。这就是说，人类在世界中的活动或与世界的相互作用一般都要在语法（结构）中得到反映。例如：描写语法的语义结构组织的典型概念有施事、受事、工具、目标、体验者、运动者等，它们都是以人类体验为基础的。就连语法组织的核心概念，如主语、宾语、名词、动词等，也都建立在人类与世界的相互作用之上。

最后，语法是一个有结构的心理网络（mental network）。这个网络是由某个言语社团所允准的全部符号单位或符号组合体组成。这些单位可能会多种多样且十分复杂，但具有整体家族相似性。网络的连接点是大大小小的语义单位、音位单位或符号单位形成的结构图式。它们通常聚集在原型周围，并通过细化（elaboration）和拓展（extension）等这样的范畴化关系联结起来。网络中的高一级图式是一节点，并拥有自己的子图式，子图式又有自己的子图式，如此等等。为限制语言形式任意进入该网络，Langacker还提出了"内容要求"（content requirement）。该要求规定凡准许进入网络的成员必须属于表达式的语义单位、音位单位和符号单位，符合允准结构的图式化关系和符合允准结构的范畴化关系。

13.2.3　基本概念介绍

任何新理论的诞生往往都需要新术语来描写和阐释，因而会产生大量的新概念，认知语法当然也不例外。Langacker在其不同时期的著述中使用了许许多多的新术语来为描写和阐释自己的认知语法服务，即便是那些与以前理论所用的相同术语也可能会有不同的含义。限于篇幅，这里我们只选择一些基本概念来介绍，以加深我们对认知语法的理解和认识。

13.2.3.1　符号单位（symbolic unit）

在认知语法中，一个单位是母语者完全掌握并能够自如运用、无须关注其内部结构和组织的一个结构。（Langacker 1987: 57）语言的基本语音是单位，而音节、单词、短语、从句和句子等也具有单位身份（unit status）。除了不同大小的音位结构单位外，单位还包括语义单位，即固定的概念。这样看来，语义结构和音位结构之间的符号关系也获得了单位身份，即符号单位。在认知语法中，符号单位代表的是词汇结构和语法结构，因而这就解释了为什么认知语法认为词汇和语法是一个有意义的符号统一体。词素因其不可再分而成为语法中最简单的符号单位。基本的符号单位可以组并成越来越大的符号结构，而这些更大的符号结构本身也常常是母语者作为单位所掌握的。因此，语法就是一个庞大的常规表达式库。（Langacker 1987: 58）

13.2.3.2　配价关系（valence relations）

当两个或两个以上符号结构组并成更大的语言表达式时，这些结构之间就存在着语法配价关系。配价关系较为复杂，Langacker（1987）用了整整一章的篇幅详细阐释了配价关系。限于篇幅，这里只做简要介绍。配价关系涉及四个因子，它们是对应（correspondence）、侧重确定（profile determinancy）、概念 / 音位上的自主和附属（conceptual/phonological autonomy and dependence）和成分组构（constituency）。

第一个因子是对应。组并语言表达式的配价关系取决于共享成分，即两个成分结构只有共享一些子结构才能结合起来构成复合表达式。这种共享的子结构之间的关系就叫作对应。对应存在于语义极和音位极。以语义极的对应为例：英语句子 Your football is under the table（你的橄榄球在饭桌下面）中的 [UNDER]（[在……下面]）和 [THE-TABLE]（[这张饭桌]）都含有"方向空间"（oriented space）；正是这种共有的语义成分才使 under the table 结合起来。各成分的子结构之间的对应是配价关系中的一个固定不变的特征。

第二个因子是侧重确定。这是指配价关系中根据各成分结构的侧重来确定复合结构的侧重。再以 under the table 为例：[UNDER]（[在……下面]）侧重的是静态关系，而 [THE-TABLE]（[这张饭桌]）侧重的东西对应的是该关系中的界标（landmark）。那么，整个复合结构 [UNDER-THE-TABLE]（[在饭桌下]）的侧重该如何确定呢？虽然没有一个简单可行的规则予以解答，但 Langacker（1987）认为，通常情况下，一个复合结构的侧重在配价关系中会直接承继（inherit）其组构成分中某个成分的侧重。如果是一个关系述义（relational predication）的侧重与一个名词性述义的侧重结合的话，那么前者的侧重将会压倒后者的侧重而被确定下来。所以，[UNDER-THE-

TABLE]（[在饭桌下]）的侧重应该与 [UNDER]（[在……下面]）的侧重吻合。

第三个因子是自主和附属。这一因子涉及概念结构或音位结构上自主成分和附属成分的区分。从音位结构看，元音是自主成分辅音为附属成分，因为前者可以独立成为一个语言单位而后者则不能。从语义结构看，一个附属结构往往需预设另一结构并依靠它来充分实现概念化。因此，任何表示关系的概念都属于附属成分，因为它的充分概念化需要涉及与这种关系相关的一些实体。例如：对追赶过程的充分概念化就必须要涉及追赶者和被追赶的对象。与表示关系的概念相比，那些表示有形物体的概念（如树木、动物等）则属于自主成分，因为它们一般不会激活与某种关系相关的概念。由此可见，这种区分对语法结构的解释具有重要的指导意义。

最后一个因子是成分组构。这是指成分结构依次组并形成越来越大的复合结构。这一因子涉及我们对多层次等级组织的认知处理。就语法组织而言，在一个层次上成分组并形成一个复合结构，而在另一更高层次上该复合结构则只是一个组构成分，须与其他组构成分结合，形成更大的复合结构，如此等等。例如：复合结构 the football under the table（饭桌下的橄榄球）就是多层次依次组并各成分结构而成的。首先，将成分 the 和 table 组合形成 the table 这一复合结构；然后，将 under 与 the table 合并形成 under the table 这一复合结构；最后，将 the football 与 under the table 组并，构成 the football under the table 这一更大的复合结构。

需要指出的是，配价关系中的四个因子每个都包含了多种可能性，且每种可能性的地位也不尽相同。然而，每个因子都有一种典型或基本的配置（configuration）。对应的典型配置是将高度突显成分（如一个述义的侧重和另一述义的射体或主界标）联结起来。就侧重确定而言，典型配置是复合结构承继其组构成分中某个成分的侧重。在自主和附属这一因子上，基本配置是表示关系概念的为附属述义，而侧重所对应的射体或主界标则为自主述义。最后是成分组构的基本配置：成分结构依次组并形成越来越复杂结构的顺序通常是按照两元方式进行的，即在每个层次上都只能是两个成分组并成一个复合结构。

13.2.3.3　图式性（schematicity）

Langacker（1987: 68）将图式性定义为"一个分类等级中上位节点与下位节点之间的关系"。例如：[TREE]（[树]）这一概念与 [OAK]（[橡树]）这一概念之间就存在着图式关系。Langacker 将上位结构（如"树"）称作图式、下位结构（如"橡树"）

叫作示例。如同前面我们讨论图式—示例关系时所指出的那样，图式性这一概念表示明示程度（levels of specificity），即对事物描写的详细程度（fineness of detail）。相对于示例较为具体明确而言，图式则为抽象，因为图式所提供的信息少，可供选择的余地广。另外，图式性可分为充分图式性和部分图式性，取决于图式和示例在具体特征上是否完全吻合。

在认知语法中，词汇和语法都属于符号组合体（symbolic assemblies），即符号单位。换言之，认知语法认为词汇和语法是不可分割的，是一个有意义的符号组合统一体。但这并不意味着词汇和语法没有区分，而区分的关键就是图式性（或明示度）。一般而言，如果符号组合体十分具体，则可视为词汇；反之，如果符号组合体为图式性的则可视作语法。实际上，认知语法将语法约简为图式性符号组合体。传统意义上的语法规则在认知语法中体现为图式形式，即一组示例中固有的全部共同特征固化而成的抽象模板。

然而，这样的抽象图式也是有程度高低之分的。有些语言表达式会产生低程度的图式性，如 hit X in the back（打 X 的背部），kick X in the leg（踢 X 的腿）等；这些表达式就支撑了图式性程度高的语言表达式，如 Vs X in the Nb（击打 X 的某个身体部位），其中 Vs 表示击打类动词（verbs of strike），如 hit、kick、strike 等，Nb 表示身体部位类名词（nouns of body parts），如 back、face、stomach 等；同样，这一表达式仍可支撑图式性程度更高的符号表达式：Vc X P the Nb，其中 Vc 表示接触类动词（verbs of contact），如 grasp、kiss、seize 等，P 表示介词，如 by、in、on 等。图式性程度越高的符号表达式所提供的信息也就越少，因此，在语言使用中语言的选择余地也就越大，反之则不然。例如：P ＋ NP（介词＋名词短语）这一图式性程度极高的符号表达式就可以由无数个语言表达式来实现，因为 P 包含了语言中的所有介词，NP 也是代表了语言中的所有名词短语，因此，只要符合言语社团的语言规约（convention），P 和 NP 的任何语言选择都是允准的。但是，如果将介词 P 明确体现出来，如 on ＋ NP，那么体现该图式的语言表达式数目将会大大减少。由此可知，图式性这一概念在认知语法中起着重要的解释作用。

13.2.3.4　焦点调整（focal adjustments）

Langacker（1987）认为，语言表达式涉及心理场景（conceived situation），但是，仅仅通过描写心理场景是不能充分表述表达式的意义；这是因为表达式的意义会因表达式所指场景中的实体变化而变化。因此，在描写一个场景时，我们可以使用不同的语言表达式或语法结构来将注意力聚焦在场景中的不同实体上。例如：英语表达式 the lamp on the table（饭桌上的灯）、the table with the lamp on it（上面放着灯的饭桌）和 The lamp is on the table（灯在饭桌上）分别突显的是同一场景中的"灯"、"饭桌"和"它们之间的方位关系"，从而产生了不同的意象（image）效果。这种通过不同的语言表达式来聚焦同一场景中的不同实体的方式就叫作焦点调整。焦点调整是语言使用者以不同的方式识解（construe）同一基本场景的能力，即语言使用者可以通过意象交替来建构同一基本场景。同时，我们也必须看到，关于同一场景的不同意象反映了本质上不同的心理体验。因此，一个语言表达式所反映出的意象也就构成了该表达式意义的一个重要组成部分。焦点调整包含三大参数：选择（selection）、视角（perspective）和抽象（abstraction）。

第一个参数是选择。选择指语言使用者确定一个场景的哪些方面予以关注并加以描写。我们知道一个事物具有多种属性，如形状、大小、颜色、材料、功能等。一个场景也会涉及我们经验的方方面面。在认知语法中这些有关属性和经验范围之类的知识统称为"域"（domain）。很显然，域属于认知范畴，因此又叫认知域。在语言使用中，语言表达式一般总会涉及不同认知域的选择。例如：

[1]（a）The tree is quite close to the garage.（树离车库很近。）

（b）It's already close to Christmas.（已经快到圣诞节了。）

（c）That paint is close to the blue we want for the dining room.（那种油漆接近我们餐厅想要粉刷的蓝色。）

（d）Steve and his sister are very close to one another.（Steve 和他妹妹的关系很亲。）

例 [1] 中的 4 个句子（Langacker 1987: 117）分别选择了不同的认知域：[1a] 选择的是空间域，[1b] 选择的是时间域，[1c] 选择的是颜色域，而 [1d] 选择的是情感域。赵艳芳（2000）指出，一个述义需要选择一定的相关认知域。因此，选择的另一方面是述义的基体（base），即相关认知域的覆盖范围。如果基体的某一部分成为关注的焦点就会被突显出来而成为侧重（profile）。基体包含的结构更大，是理解语言单位侧重的必要部分。侧重是更大语言单位所突显的一个子结构。没有基体，侧重也就失去意义。说明基体和侧重关系的最典型的例子是英语单词 hypotenuse（直角三角形的斜边）。要理解该单词的意义就必须在直角三角形这一基体之上，否则斜边就变成了一条直线。

　　第二个参数是视角。视角指观察某个场景所取的位置，而所取的位置不同会影响场景参与者的相对突显度。Langacker（1987）指出，视角这一维度较为复杂，涉及多个相关问题。首先是前景 / 背景组织（figure/ground organization）。在一个场景中最突出的部分为前景，其余部分是背景；前景是一个场景的中心，而背景是围绕中心组织的。例如：在蓝天和白云组成的画面中一般情况下白云是前景蓝天为背景，起着衬托白云的作用，因为白云可以移动而蓝天则保持不动。所以，英语表达式是 white clouds against the blue sky，而不是 the blue sky against white clouds。其次是视点（viewpoint）。视点指从不同的侧面（如上下、左右等）观察一个物体。在观察一个多参与者组成的场景时，每个参与者的位置都会影响其突显度。例如：英语主动句 Max ate all the tomato soup（Max 喝掉了所有的西红柿汤）和被动句 All the tomato soup was eaten by Max（所有的西红柿汤都被 Max 喝掉了）的区别是，因为视点的变化，参与者的突显度也发生了改变：主动句突显的是施动者 Max，而被动句突显的是次要参与者 all the tomato soup。第三是指示关系（deixis）。指示关系表达式在其述义范围内一般对背景中的成分总是有所指的。在实际语言使用中大多数语言表达式都具有一定的指示性。例如：当说话人使用 this broken pencil（这根断铅笔）时，短语中的指示词 this 至少包含了两层含义：确定性（definiteness）（相对于说话人和听话人而言）和临近关系（proximity）（相对于说话人而言）。最后一个问题是主观性 / 客观性（subjectivity/objectivity）。这是指在指示关系述义中对背景成分识解的客观程度。例如：一个母亲对自己的孩子说 Don't lie to your mother!（别对你妈妈撒谎！）这位母亲是通过心理转换（mental transfer）机制实现了高度的客观性，因为这里的心理转换涉及说话人以别人孩子的家长身份在对自己孩子说话，因此 your mother（你的母亲）实际指说话人自己。

　　第三个参数是抽象。抽象是焦点调整的最后一个参数，指图式（相对于示例）的抽象程度，即对事物描写的明示程度。这一概念相当于前面讨论过的图式性概念。一个图式如果提供的信息少、选择余地大，那么这样的图式即为抽象。例如：用 tall 来描写一个人的个头高则为抽象描写，因为我们完全可以再明确地描写这个人个头的具体高度，如说 about six feet five inches tall（约 6 英尺 5 英寸高）。由此可知，如同图式性有程度高低之分一样，语言表达式的抽象性也是有程度高低之分的。

最后我们要讨论的概念是射体—界标组织（trajector-landmark organization）。Langacker（1987）认为，几乎在每种关系述义（relational predication）中得以侧重的参与者之间都存在着非对称突显现象，其中一个最为突显的参与者称作射体（trajector），而关系述义中的其余突显成分则为界标（landmarks），因为它们是定位射体的参照点。射体具有特殊身份，是关系侧重中的前景，而界标则为关系侧重中的背景。实际上，射体—界标非对称是前景—背景组织的一种具体表现形式。从侧重的关系成分中关系述义选择一个作为前景并以其他成分为背景或参照点予以识解。例如：There's a mailbox across the street（街对面有只邮筒）。该句中射体为"邮筒"，界标是"街"，参照点（即第二个界标）为说话人所处的位置；这样的识解是通过介词 across（在……对面）的关系述义完成的，即介词 across 从说话人所处的位置出发，以"街"为界标，将射体"邮筒"定位在了"街"的对面。

射体—界标非对称虽然是关系述义的根本属性，但关系述义对射体和界标的选择不是绝对的，而是相对的，有时候甚至是颠倒的。就相对性而言，两个关系义项（relational predicate）除了射体和界标的指派有别外可能完全相同。例如：[ABOVE]（[在……之上]）和 [BELOW]（[在……之下]）这两个关系义项的唯一区别是表达式 X is above Y（X 在 Y 之上）将 Y 作为参照点（即界标）来定位 X，而表达式 Y is below X（Y 在 X 之下）是将 X 作为参照点来定位 Y。就射体—界标颠倒（trajector-landmark reversal）而言，有些英语语法现象所表明的侧重关系中出现射体和界标交换了位置，即射体成为界标或界标变成了射体。例如：一般情况下，语法功能主语和宾语反映了射体—界标组织；主语之所以为射体是因为典型的主语是动态的，而宾语之所以为界标是因为典型的宾语为静态的，如英语主动句 The car hit the tree（汽车撞上了树）所示。然而，与主动结构中施动者（the car）为射体、受事（the tree）为界标相反，在被动结构（即 The tree was hit by the car/ 树被汽车撞了）中受事（the tree）成为射体、施动者（the car）则变成了界标。

射体—界标组织是关系述义固有的内在结构，其本质体现为一种内在关系，无须用语言明确显示出来。这与传统的主语—宾语组织不同，因为传统的主语和宾语必须体现在句子中。例如：英语动词 read（阅读）既可以作及物动词（后接宾语），也可以作不及物动词（不后接宾语）。然而，从射体—界标组织角度来看，不论

read 作及物动词还是作不及物动词，都不改变其关系侧重，即射体和界标的关系。换言之，主语和宾语是关系述义中射体和界标的具体表现形式；即便动词的宾语不出现，也不影响我们对其关系述义中界标的识解。正如 Langacker（1987: 237）所指出的那样，"每个关系述义都有一个界标作为其侧重的组成部分，不论这个界标是否由语言表达式明确体现出来"。

13.3 认知语法对第二语言习得的启示

认知语法虽是一个发展颇为成熟的语言学理论，但由于理论性极强，它在第二语言习得中的应用研究至今尚未有多少进展。因此，本节只是探试性地提出我们的一点想法，主要从符号单位、识解和语法的意义性三个方面探讨认知语法对第二语言习得的启示作用。

13.3.1 符号单位对第二语言习得的启示

符号单位是认知语法的最基本单位，是语义结构和音位结构结合而成的符号组合体。认知语法对符号单位或符号结构的这种定义向我们明确无误地揭示了语言单位和结构的本质：这就是任何语言单位和结构都是音、形、义的结合体。认知语法虽然是一个理论性极强的语言学流派，但其基本概念和思想常常都是以语言使用为基础的。例如：认知语法认为，说话人所掌握的语言结构知识是从使用事件中抽象而来。同时，音形义的结合不言而喻也是以语言使用为基础这一思想的真实体现。由此可见，认知语法的基本概念和思想完全符合语言是人类交际的工具这一根本原则。从这个意义上说，符号单位将音、形、义统一起来，充分体现了语言的交际功能。

既然语言是交际工具，而实现交际功能的语言单位是音、形、义的结合，那么对第二语言学习者而言，他们在第二语言学习时务必做到音形义同时并重，不能偏废。只有这样他们才有可能掌握所学的语言并能真正用于交际。然而，实际情况是，中国的非外语专业的外语学习者在学习外语时根本做不到音形义同时并重；他们中的大多数人（想出国深造的学生除外）学习外语的方式不外乎是课堂上专心听讲，认真记笔记，认为听懂了老师的讲解，明白了课文的意思，做做课文后面的练习，考试能有个好的成绩，这就是外语学习；他们不太关注外语是用来说的。在课堂上，轮到用外语回答问题或做外语口语练习时，他们要么长话短说，要么颤颤巍巍不敢说，要么干脆闭口不说，一副能躲就躲得过且过的架势。课后他们一般不看外语书，即便有时间看书他们也只是做无声阅读，或为了考试做一些习题，记记单词，很少大声朗读外语，也很少听外语录音或广播，更谈不上开口说外语。一言以蔽之，他们学的就是哑巴外语。这样的学习方式怎么谈得上学好外语？难怪中国的外语教学长期被诟病为"费时低效"。

那么，如何改变学习者的哑巴外语和外语教学的"费时低效"这种局面呢？除了从宏观和微观上进行外语教学改革之外，教学的主体——教师和学生（尤其是学生）必须要承担起自己的责任：改变观念，牢记语言的交际功能，从最基本的语言单位学习时就要做到音形义同时并重，同时看、听、说一起练。就学习者个人而言，像传统的大声朗读和听录音跟读等都是注重音形义相结合的好方法。试想一下，一个人如果多年学习外语但从来没有开口读过或说过外语，又怎么能够做到流利地说外语呢？当然，学习者个人还有许多其他的选择，如结对练习会话、参加英语角等活动。这些都取决于学习者是否愿意付出时间和精力。作为教师，课堂教学也应尽量做到音形义同时并重，并围绕音形义相结合的理念丰富课堂活动，多让学生开口说外语。这样，经过师生双方长期的共同努力，外语教学才能结出丰硕的果实。

13.3.2　识解对第二语言习得的启示

识解（construal）是认知语法的一个重要概念。根据 Evans 和 Green（2006: 536）的观点，识解指语言使用者如何给一个概念表征式包装（package）并通过语言赋码呈现出来，而这又将影响听者大脑中的概念表征式。简言之，识解就是说话人以某种特定的方式，即选择一种特定的焦点调整，对一个场景进行的语言组织。识解的存在意味着，人们对同一个场景或事件可能会有不同的认识和描写，不可能存在一个纯客观的描写方式。因此，语言表达式的意义一定会具有某种识解方式。根据 Langacker（2008b）的观点，识解主要包含三个维度：明示度（specificity）、突显度（prominence/salience）和视角（perspective）。

明示度指对事物描写的详细程度。在英语的词汇和语法中都有反映不同明示度的词汇等级和语法结构。例如：反映不同明示度的词汇等级有 thing ＞ creature ＞ animal ＞ dog ＞ poodle（事物＞生物＞动物＞狗＞卷毛狮子狗）和 do ＞ act ＞ move ＞ run ＞ sprint（做＞行动＞移动＞跑＞冲刺跑）等。反映不同明示度的语法结构如在前面讨论图式性时所提到的动词结构等级：

接触类动词结构 Vc X P the Nb（碰到 X 的某个身体部位）＞击打类动词结构 Vs X in the Nb（击打 X 的某个身体部位）＞动词 hit 的抽象结构 hit X P the Nb（打 X 的某个身体部位）＞动词 hit 的相对具体结构 hit X in the back（打 X 的背部）＞动词 hit 的具体结构 hit him in the back（打他的背部）

在以上各等级中，最前面的为最抽象，而最后面的为最具体。在这些等级中通常有一个基本层次，如词汇等级中的 dog 和 run，语法结构等级中的 hit X in the back。一般情况下，这一层次是识解的出发点，语言使用者可由此向上或向下进行拓展。此外，通过增加修饰语的方式也可以进行更加细致的描写来达到明示度的提高。由此可知，明示度是语言应用能力的一个重要标志，第二语言学习者在语言学习期间应当注重这种能力的培养。

突显度是识解的第二个维度，指语言结构所表现出来的各种非对称现象。（Langacker 2008a：66）突显度有好多种，但最重要的两种是关系成员的侧重（profiling）和焦点突显（focal prominence）。一个表达式的侧重就是该表达式的所指，即作为表达式的意义基础所唤起的一系列概念内容中的指示物。例如：英语单词 roof（房顶）唤起的建筑物侧重是盖在其顶部的那部分结构。第二种突显度，即焦点突显，是侧重关系中的成员被赋予的突显度，通常分为主焦点成员（即射体）和次焦点成员（即界标）。例如：表达式 The lamp is on the table（灯在饭桌上）中的介词 on 所侧重的关系是射体（灯）与界标（饭桌）的表面接触，同时，射体受界标的支撑。

识解的第三个维度是视角。它指观察一个场景的位置或人们如何看待一个事物／事件。视角也是一个多维度概念，其中之一涉及局部视角和全局视角的对比。例如：

[2]（a）This road is winding through the mountains.（这条路正蜿蜒穿过群山。）

（b）This road winds through the mountains.（这条路蜿蜒穿过群山。）

这两个句子所使用的词汇完全相同，唯一的区别出现在谓语动词上；[2a] 使用了现在进行时，而 [2b] 使用的是一般现在时。正因为如此，前一个句子反映的是局部视角，而后一个句子反映的则是全局视角。原因是，第一句的现在进行时表示说话人身在其中，正行走在这条盘山路上，这样从人的视角给这条道路强加了一个会移动（如 is winding 所示）的识解。实际上，这条道路是不会移动的。第二句的一般现在时表示了一个千古不变的事实，同时，说话人是能够看到这条道路的全貌，即从全局视角（如查看地图时）说的这句话，但动词 winds 仍然表明是人给这条道路强加了一个会移动的识解，因为道路本身是不会移动的。

通过以上几种识解方式我们可以看出，语言的意义不是存在于我们所描写的客观场景中，而是在很大程度上依赖我们对所描写场景的心理建构。这表明语言的不同识解方式是能够产生不同的心理建构。例如：run across the field 和 run through the field 都表示"从这块田地跑过"，但两个短语的识解方式（即心理建构）是不同的。第一个短语使用的介词 across 突显的是结果；而第二个短语使用了介词 through 突显的是过程，并产生了丰富的意象，如田里庄稼长得高大、跑的过程比较艰辛等。因此，第二语言学习者在学习一门新语言时，必须注意积累有关所学语言中的不同识解方式方面的知识。同时，他们还必须进行跨语言的对比分析，因为不同的语言之间存在着许多不同的识解方式。以英汉两种语言为例：英语和汉语之间的许多不同之处都可以视为识解方式的不同。如英国公园中的告示牌会提醒游客 Keep off the grass，意思是"避让草坪"；而我国公园内的告示牌一般写着"不要进入草坪"或"不要踩踏草坪"等。这样的告示语言包含着非常不好的心理建构，即我国游客一般会肆意进入草坪、踩踏绿草。此外，英语和汉语在定语和状语的位置上也是存在差别的。在汉语中这些修饰语的位置一律放在被修饰成分的左边，而这些修饰语在英语中则一般放在被修饰成分的右边（作定语或状语的词汇除外）。这些差异都是中国英语学习者需要特别关注的。

13.3.3　语法的意义性对第二语言习得的启示

认知语法认为，语法不仅是一个符号结构系统而且也是一个意义结构系统。因此，一个结构图式也是一个语义组构模式，因为这个图式说明了结构成分的意义是如何组合并形成图式的整体意义。这表明语法结构的意义实际上存在于其概念化（conceptualization）中，即体现在人的心理建构过程（即 13.3.2 小节所讨论的识解方式）中。所以，一个表达式的意义不是存在于它的组构成分（即词汇）中（这不等于否定词汇对语义建构的作用），而是存在于我们的心理建构过程中。例如：the roof of the house 和 the roof on the house 这两个表达式似乎都可以表示"房子的屋顶"，但它们的意义建构是不同的。第一个表达式中的 of 表示部分与整体的关系，即根据我们的生活常识知识屋顶是房子固有的一部分；而第二个表达式用的是 on，突显房子对屋顶的支撑作用，因此，这个屋顶有可能不是这座房子的唯一屋顶，甚至还有可能是别的房子的屋顶被飓风刮到了这座房子上。由此可见，第一个表达式中的 of

属于典型用法，而第二个表达式中的 on 属于非典型用法，与其在表达式 the lamp on the table（饭桌上的灯）中的典型用法形成了对照。这是因为典型用法的 on 连接的两个物体不是同类物体，而非典型用法的 on 所连接的 roof 和 house 属于同类物体。

当一个语法结构的组构成分完全相同，但因部分成分的先后顺序不同，该结构的语法意义建构会受到其信息组织方式的影响。例如：

[3]（a）The cookies are in the pantry, on the bottom shelf, in a plastic container.（甜饼干放在储藏室里，在食品架底层，在一个塑料盒中。）

（b）The cookies are in a plastic container, on the bottom shelf, in the pantry.（甜饼干放在一个塑料盒中，在食品架底层，位于储藏室内。）

以上两个句子使用了完全相同的方位短语来描写完全相同的空间结构，但因为三个方位短语置放的顺序正好颠倒，所以这就产生了强烈的语义对比，具体体现为完全相反的心理存取方式。[3a] 产生的心理存取路径是由远到近，就像镜头在逐步推近一样；而 [3b] 产生的心理存取路径正好相反，由近到远，犹如镜头逐步拉远之感。

根据认知语法，语法成分通常不是单义而是多义的。多义的产生是因为意义建构始于典型意义，并由此出发进行相关的想象拓展。以英语所有格 's 为例：Tom's house（Tom 的房子）的语义建构是通过 Tom 这个参照点来判断 house 的相关属性。典型的语义判断是，Tom's house 指 Tom 现在所居住的房子。但是，缺少具体的语言语境，所有格会产生许多可能的相关意义建构，如 Tom 所拥有的房子，或出租的房子，或在建的房子，或想要买 / 卖的房子，或自己设计的房子，如此等等。很显然，这说明语法成分是多义的，这种多义性主要体现为典型意义和许多相关的非典型意义。

通过以上几个例证的讨论和分析我们可以清楚地看到，认知语法对语法意义性的聚焦有效地揭示了语言结构背后意义形成的动因。（Achard 2008）众所周知，在语言教学中语法教学通常是很枯燥的。如果语言教师能够从语义角度来讲解枯燥乏味的语法概念和语法结构的话，那么，这一定会激发学生对语法学习的兴趣，同时也会加深他们对语法知识的记忆，有利于提高语言学习的质量。认知语法认为，语法就是概念化（Croft & Cruse 2004：1），即意义的心理建构，而心理建构意义就是通过语言单位激活和调动我们的认知资源并进行合理的组织、推理、分析和整合，最终完成意义建构。因此，语法学习是认知学习，是认知能力的培养。换言之，培养学生的意义建构能力也是外语教学的一项重要任务。

13.4 结　　语

认知语法是认知语言学的一个重要组成部分，其主要思想与认知语言学所倡导的思想基本一致。认知语法反对 Chomsky 的生成句法和天赋的语言器官，强调语法的认知性和语义性，重视语言、认知和外部世界的相互作用。Langacker（1987，1991，2008a）认为，认知语法具有心理现实性（psychological reality），这是因为认知语法强调语法的使用基础，即构成语法的符号单位是从具体的使用事件中抽象而来。母语者的语言能力正是这种语法知识的具体体现。因此，语法可以说是一个言语社团语言使用的常规符号化之结果。

Langacker（2008b: 66）指出，语言学家给语言教学所能提供的是他们对语言结构和语言一般特征的真知灼见。认知语法正是体现着 Langacker 真知灼见的一种语言学理论。这些真知灼见，如本章讨论的符号单位、焦点调整、射体—界标组织、识解、语法的意义性以及词汇语法的统一性等概念和思想无疑对第二语言习得具有明显的启示作用。此外，认知语法所倡导的以使用为基础的原则也对第二语言教学具有重要的借鉴意义。正如 Langacker（2008b: 84）所指出的那样，要想流利说一门语言就需要掌握无数个代表常规说事方式的语言单位。母语者之所以能够说一口流利的语言就是因为他们能够掌控一个庞大的常规语言单位 / 模式库。所以，第二语言学习者也必须掌握足够多的语言单位以便能够进行熟练的语言交际。但需要提醒的是，鉴于认知语法是建立在抽象的认知理论和概念分析的基础之上，其在第二语言教学中的应用对象最好是以高级英语学习者为宜。

第 14 章　构式语法与第二语言习得

14.1　引　　言

构式语法（construction grammars）是一组认知语法研究理论，主要包括 Fillmore（1988）与 Kay 和 Fillmore（1999）的构式语法（Construction Grammar）、Goldberg（1995，2006）的构式语法（Construction Grammar）、Croft（2001）的激进构式语法（Radical Construction Grammar）以及 Bergen 和 Chang（2005）的体验性构式语法（Embodied Construction Grammar）。这些不同的构式语法理论虽然都认为构式（construction）是语法的基本单位，但它们的侧重点还是有很大的区别。

Fillmore 和 Kay 的构式语法主要关注语言中那些复杂的习语构式，如 let alone（更不用说）、throw in the towel（认输）等构式，因为这些构式的意义是无法从其组构成分预测到的，因而可能会作为整体存储在记忆中。Goldberg 的构式语法关注点从习语构式延伸到常用句子的动词论元构式（verb argument construction），如及物构式（transitive construction）、双及物构式（ditransitive construction）、意动构式（conative construction）、路径构式（way construction）等单句构式。Croft 的激进构式语法从跨语言视角探讨语言的结构特征，并试图从跨语言的语法多样性出发建立跨语言的语法模式以充分解释语言类型上的差异。与以上三种语法理论不同，Bergen 和 Chang 的体验性构式语法重点探讨的是人们对语言构式的在线处理，尤其是在语言理解过程中语言构式与体验性认知如何关联。

本章讨论的是 Goldberg 的构式语法，主要涉及构式语法的一些基本概念和思想，同时我们将就构式语法对第二语言习得的启示做一初步探讨。

14.2　构式语法的基本概念和思想

Goldberg 的构式语法可以说是从 Fillmore（1988）的构式语法理论和 Lakoff（1987）

有关 there- 构式的研究发展而来，并将研究范围从习语构式扩大至一切有意义和有规律可循的构式。构式语法的基本概念当属构式。构式这一概念具有悠久的历史，也是各种语法理论不可回避的一个概念。

在构式语法中，构式是指形式和意义结合的常规语言单位。形式为语言中的常规语音序列，如 [kæt]（英语单词 cat（猫）的发音）；意义指与某个形式常规结合的心理表征的词汇概念。这样与 [kæt] 常规结合的词汇概念 [CAT]（[猫]）是全世界的人都熟悉的一种家养小宠物。因此，语言单位 cat 就是一个构式。Goldberg（1995: 4）指出，一个语言单位若要成为构式，其形式或意义就一定不能从其组构成分或业已存在的其他构式预测到，只有这样该语言单位才具有构式的身份。因此，词素因其缺少组构成分而无法预测到其形式或意义便成为构式。同理，一个复合词、短语或句子如果其形式或意义的某个方面无法通过其组构成分预测到也称为构式。由此可见，构式语法也与认知语法一样并不严格区分词汇和语法，而是将它们看作是一个词汇—语法统一体（lexico-grammar continuum）。尽管如此，Goldberg 的构式语法主要关注点还是集中在常用句级（sentence-level）构式，即动词论元构式。

构式语法在分析动词论元构式时通常会涉及一些除构式外的其他基本概念，其中包括论元角色（argument role）、论元结构（argument structure）、参与者角色（participant role）、构式侧重（constructional profiling）、融合（fusion）和承继联系（inheritance links）等。下面将逐一讨论这些概念。

论元角色指与动词论元构式相关联的一个语义空位。论元角色实际体现为更一般性的（相对于更具体的参与者角色而言）语义角色，主要包括施事（agent）、受事（patient）等。根据语义角色，一个构式将在语义上分成述义词（predicate）和论元（argument）。述义词是一个构式的语义中心，表达的是构式所描写的行动、事件、关系等。一个典型的述义词就是构式的动词，根据表述的不同语义，一个述义词必须要接一定数目的论元才能使一个构式意义完整。这样，一个述义词所需要的一定数目的论元就形成一个构式的论元结构。一般来说，不同的动词会与不同数目的论元结合从而形成不同的动词论元构式。例如：英语不及物动词通常只需要一个论元，如 John died（John 去世了）这个句子中动词 die（去世）要求一个论元，即句子中下划线部分 John。英语及物动词一般需要两三个论元。例如：在 I like music（我喜欢音乐）这个句子中动词 like 要求有两个论元，分别为下划线部分的 I（我）和 music（音乐)；而在 I gave him a book (我给他一本书)这个句子中动词 give (给)有三个论元，分别是 I (我)、him (他)和 a book (一本书)。

相对于表达更一般性语义关系的论元角色，参与者角色是更具体的框架角色，一定程度上反映了动词的具体选择限制，因此可看成论元角色的示例。所谓参与者角色是指一个动词所编码的空位，这些空位决定什么类别的参与者可以与该动词结合。由于一个动词的语义通常会涉及一个语义框架，所以，语义框架实际上决定着与该动词结合的参与者。例如：英语动词 buy (买)涉及的语义框架为商品买卖，因此，该语义框架就决定着与动词 buy 相关联的参与者角色：BUYER (购买者)、SELLER (出售者)和 GOODS (商品)。在实际语言使用中，这三种参与者角色并不一定同时出现；而出现在交际话语中，即用语言表达出来的参与者角色就获得所谓的词汇侧重 (lexical profiling)。例如：George bought some champagne (George 买了一些香槟酒)这一构式只词汇侧重了与动词 buy (买)相关联的两个参与者角色，分别为购买者 (George)和商品 (一些香槟酒)，而另一参与者角色"出售者"并未出现在句中。由此可见，参与者角色是否得到词汇侧重可用以分析构式间的语义差别。

与动词决定参与者角色的词汇侧重不同，构式侧重顾名思义是由构式来决定，具体指构式的一个论元角色与一个核心语法关系 (即主语、直接宾语或间接宾语)的联系。构式中的其他论元角色可能会选择性地出现，并表征为介词短语。这种论元角色通常对应的不是核心语法关系，而是旁格宾语 (oblique object)。例如：The thief opened the window with the crowbar (小偷用铁撬棍打开了窗户)这一构式包含了三个论元角色，分别是"施事" (the thief/ 小偷)、"受事" (the window/ 窗户)和"工具" (the crowbar/ 铁撬棍)，其中论元角色"施事"和"受事"分别对应核心语法关系"主语"和"宾语"，因而获得构式侧重；而论元角色"工具"则因对应旁格宾语 (即表征为介词短语 with the crowbar)而未得到构式侧重。

融合简言之是指一个动词的参与者角色与一个构式的论元角色整合的过程。那么，哪一个参与者角色与哪一个论元角色可以整合呢？为回答这一问题，Goldberg (1995: 50)提出了两条原则：语义一致原则 (the Semantic Coherence Principle)和对应原则 (the Correspondence Principle)。语义一致原则指出，只有语义相吻合的角色才能融合。那何谓语义吻合？两个角色中若其中一个角色是另一个角色的示例即为语义吻合。例如：在 George kicked Lily her slippers（George 将拖鞋踢给 Lily）这一双及物构式中，动词 kick（踢）的语义框架中参与者角色 KICKER（踢者）与构式中的"施事"角色在语义上相吻合，同为 George，因此这两个角色可以融合。实际上，在这个构式中参与者角色"踢者"也可以看作"施事"角色的示例。Goldberg认为，一个角色能否看作另一角色的示例将由一般范畴化原则决定。

第二条原则是对应原则，该原则规定：每个词汇侧重的参与者角色必须与构式侧重的论元角色融合。若一个动词有三个侧重的参与者角色，那么其中一个就可能要与未得到构式侧重的论元角色融合。（Goldberg 1995: 50）以英语双及物构式为例（见图 14.1），在图 14.1 中第一行表示英语双及物构式的语义结构和论元角色，即"使接收＜施事　接收者　受事＞"，这种语义结构实际上规定了哪一类英语动词可以进入该构式；该图的中间一行是符合进入英语双及物构式的动词所侧重的参与者角色，用 PRED ＜ ＞来表示虚席以待；最后一行表示英语双及物构式的句法结构，即动词前接主语后接间接宾语和直接宾语。需要指出的是，体现第二条对应原则的是图中的实竖线，它们表示英语双及物构式中哪些论元角色必须与参与者角色融合，而虚竖线则表示这些角色不一定会融合。此外，图中的箭头表示该构式的语义结构和句法结构的对应关系。

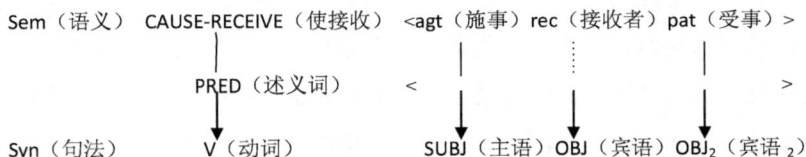

Sem（语义）　CAUSE-RECEIVE（使接收）　＜agt（施事）rec（接收者）pat（受事）＞

PRED（述义词）　　＜　　　　　　　　　　　　　　　　＞

Syn（句法）　　V（动词）　　　　SUBJ（主语）OBJ（宾语）OBJ₂（宾语₂）

图 14.1　英语双及物构式（根据 Goldberg 1995: 50）

注：Sem=Semantics; agt=agent; rec=recipient; pat=patient; PRED=PREDICATE。Syn=Syntax; V=Verb; SUBJ=SUBJECT; OBJ=OBJECT; OBJ$_2$=OBJECT$_2$。

Goldberg（1995: 51）指出，典型的英语双及物构式的语义已经十分明确，进入该构式的英语动词的意义显得有点多余，所以可看作是对该构式所指事件的信息叠加或补充。这是因为动词所侧重的三个参与者角色与该构式所侧重的三个论元角色一一对应。以英语动词 hand（交给）的双及物构式 John handed Lily the letter（John 把这封信交给了 Lily）为例（见图 14.2），图中的三个论元角色分别与动词 hand 的三个参与者角色完全对应，因此，hander（递交者）、handee（接收者）和 handed（递交物）只是用来表示动词 hand 的三个侧重的参与者角色而已。

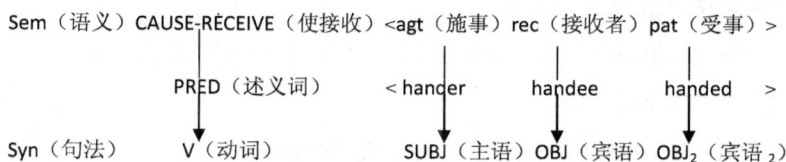

Sem（语义）CAUSE-RECEIVE（使接收）<agt（施事）rec（接收者）pat（受事）>

PRED（述义词）　　　< hander　　handee　　handed　　>

Syn（句法）　V（动词）　　SUBJ（主语）OBJ（宾语）OBJ₂（宾语₂）

图 14.2　英语动词 hand 的双及物构式（根据 Goldberg 1995: 51）

承继联系是指构式语法中构式与构式之间所存在的各种语义联系。如同认知语法，构式语法也认为构成母语者语言 / 语法知识的构式是以网络形式表征的。然而，与认知语法不同的是，构式之间的语义联系不是通过范畴化关系而是以动因（motivation）和承继（inheritance）来体现的。所谓动因是指一个构式相对于另一构式的可预测程度。这一概念的具体内容是通过"最大化动因原则"（the Principle of Maximized Motivation）来表述的。这条原则指出，若构式 A 与构式 B 在句法上关联，那么构式 A 的系统性动因程度就等于构式 A 与构式 B 在语义上的关联度。Goldberg（1995: 67）认为，这样的动因就算最大化。由此可见，动因涉及两个句法关联的构式之间的语义关联度。为了解释语言如何遵守这条原则，Goldberg（1995: 72）提出承继联系，并指出承继联系存在于构式网络之中；如果构式 B 承继于构式 A，那么构式 A 就成为构式 B 的动因。承继联系分为四种：多义联系（polysemy links）、子类联系（subpart links）、示例联系（instance links）和隐喻扩展联系（metaphorical extension links）。下面将对这四种承继联系逐一进行论述。

第一种是多义联系。多义联系是指一个构式的某个意义与其引申义之间的语义关系。这种语义关系意味着所有引申义将会承继这一核心义的句法特征。换言之，这类构式共享一个核心义，具有相似或相同的句法特征，同时又有各自不同但与核心义关联的意义。例如：英语双及物构式就涉及许多不同但又相关联的意义，而且都有一个共同的"转移"（transfer）意义：X 使 Y 接收 Z（X causes Y to receive Z）。以英语双及物构式为例：

[1]（a）X 使 Y 接收 Z（核心义）

　　　Joe gave Sally the ball.（Joe 把球给了 Sally。）

　　（b）条件满足意味着 X 使 Y 接收 Z

Joe promised Bob a car.（Joe 许诺要给 Bob 一辆车。）

（c）X 使 Y 能够接收 Z

Joe permitted Chris an apple.（Joe 允许 Chris 有只苹果。）

（d）X 使 Y 接收不到 Z

Joe refused Bob a cookie.（Joe 拒绝给 Bob 甜饼干。）

（e）X 意图使 Y 接收 Z

Joe baked Bob a cake.（Joe 为 Bob 烤了一块蛋糕。）

（f）X 采取行动使 Y 在未来接收 Z

Joe bequeathed Bob a fortune.（Joe 遗留给 Bob 一笔财产。）

以上 6 个例句清晰地展示出了英语双及物构式的多义模式：例 [1a] 的 X 使 Y 接收 Z 是此类构式的核心义，表达了物体 Z 由 X 向 Y 发生了真正转移；而其他 5 例都在此核心义的基础上产生了略显不同的引申义，但这些不同的引申义都包含了物体 Z 由 X 向 Y 转移，只是转移有一定的限制，如需要承诺、意图或遗嘱的实现来完成。

这里需要说明的是，构式语法实际上是严格限制词汇的多义性，并竭力主张构式的多义性。以上 6 个句子都有一个不同的动词，它们明显对表达不同的语义起到了重要作用，但这些不同的语义都是在双及物构式框架内得以实现的，因而属于构式的多义关联。即便是同一个动词用于不同的构式中所产生的不同意义，构式语法认为这也属于构式多义而非词汇多义。以英语动词 slice（用刀切）为例：

[2]（a）He sliced the bread.（他将面包切成片。）（及物构式）

（b）Pat sliced the carrots into the salad.（Pat 将胡萝卜一片片地切入色拉中。）（使动构式）

（c）Pat sliced Chris a piece of pie.（Pat 为 Chris 切了一块派。）（双及物构式）

（d）Emeril sliced and diced his way to stardom.（Emeril 披荆斩棘终成明星。）（路径构式）

（e）Pat sliced the box open.（Pat 用刀划开了盒子。）（结果构式）

构式语法不认为以上 5 个句子使用了动词 slice 的 5 个不同意义。相反，构式语法认为动词 slice 只有一个核心意义，即"用刀切"。这个核心意义与 5 个不同的构式相互作用，从而产生了 5 个不同的构式意义。换言之，这 5 个不同的构式同样显示多义联系。

第二种是子类联系。子类联系指两个构式之间的承继关系：一个构式是另一构式的合适子类并独立存在。例如：

[3]（a）The company flew George to London.（公司让 George 飞到伦敦。）（使动构式）

（b）George flew to London.（George 飞到伦敦。）（不及物移动构式）

[3a] 属于使动构式（caused motion construction），构式中词汇侧重的论元角色分别为"起因"（CAUSE=Lily）、"主题"（THEME=George）和"目标"（GOAL=London）。[3b] 属于不及物移动构式（intransitive motion construction），构式中词汇侧重的论元角色分别为"主题"（THEME=George）和"目标"（GOAL=London）。由此可知，[3b] 因分享了 [3a] 的三个论元角色中的两个而成为后者的合适子类，所以，连接这两个构式的是子类联系。

第三种是示例联系。示例联系相当于认知语法分析中所使用的术语"精细范畴化"（elaborative categorization）或图式性（schematicity）。两个构式之间存在示例联系的唯一条件是一个构式比另一构式信息明示度高，这样，信息明示度高的构式即为信息明示度低的构式的示例。例如：习语构式 kick the bucket（翘辫子）的示例关系表现为：

[动词短语] → [动词 宾语] → [kick 宾语] → [kick the bucket]

从该习语构式的示例关系不难看出，构式之间的示例关系最终还是通过具体词汇来实现。但是，由于构式语法突出构式意义，所以进入某个构式的词汇常常需要承继这一构式所强加给的意义。例如：英语动词 sneeze（打喷嚏）一般用作不及物动词，但当该动词进入使动构式时就会产生一个及物的使动意义，如 Sally sneezed the napkin off the table（Sally 打了个喷嚏使餐巾从饭桌上落下）所示。

第四种是隐喻扩展联系。这种联系是指两个构式之间存在着隐喻映射关系，即一些构式是通过隐喻引申从另外一些构式承继而来。Goldberg（1995: 82）认为，一些结果构式（resultative construction）与使动构式之间存在着这种隐喻扩展联系。例如：

[4]（a）George tickled her senseless.（George 逗得她乐不可支。）（结果构式）

（b）George threw her onto the sofa.（George 将她抛到了沙发上。）（使动构式）

这两个构式之间的隐喻关联解读关键是各自构式中的 [目标] 论元角色。使动构式的 [目标] 论元角色为 onto the sofa（向着沙发上），表达了实际发生的位置变化，即从 George 所在场所到一定距离外的沙发；而结果构式的 [目标] 论元角色是结果短语或形容词（短语）senseless（乐不可支的），表达的不是实际发生的位置变化，而是一种隐喻性的精神状态的变化。因此，这两个构式之间就存在着由使动构式所表达的实际发生的位置变化向结果构式所表达的精神状态变化的隐喻映射。所以，[4a]与[4b]保持着隐喻扩展联系。在 Goldberg 看来，尽管结果构式和使动构式之间存在着隐喻扩展联系，但这两种构式仍属于两种不同的语法构式。这是因为每种构式都对自己需要的动词有着不同的语义限制。

构式语法认为，我们的语言知识是由复杂的构式网络组成。在这个复杂网络中，构式与构式之间可能存在着多种不同的承继联系。构式之间的这些不同承继联系都是在母语者的日常语言交际中得到确立并固化下来。但与此同时，它们也会随着语言的发展而发生改变，或可能因新的构式出现而形成不同的承继联系。

以上讨论的虽然只是构式语法的一些基本概念，但这些概念都在一定程度上反映了 Goldberg 的语言思想。为了更好地了解构式语法，这里我们再将构式语法的一些基本思想加以梳理，具体分析讨论如下。

首先，构式语法强调构式具有意义，且构式意义是独立于构式组构成分的意义。前面提到的英语动词 sneeze（打喷嚏）的使动意义就是源于该动词与使动构式的结合而产生的，但这个动词一般情况下只用作不及物动词，不具有使动意义。同理，前面引用的动词 slice（用刀切）的 5 个不同意义也是 slice 与 5 个不同构式相互作用的结果。这里再以英语论元结构交替（argument structure alternation）为例予以说明。

[5]（a）George brought Lily some breakfast.（George 给 Lily 拿来一些早餐。）

（b）George brought some breakfast to Lily.（George 拿来一些早餐给 Lily。）

[6]（a）*George brought the table some breakfast（*George 端上饭桌一些早餐。）

（b）George brought some breakfast to the table.（George 将一些早餐端上饭桌。）

以上两对例句表明：英语双及物动词 bring（拿来）可用于两种不同的构式，即双宾语构式和介词构式。（Goldberg 1995: 8）介词构式允许接收者或为有生命或为无生命，如 [5b] 和 [6b] 所示；而双宾语构式则要求接收者必须为有生命，否则句子就变成不可接受了，如 [5a] 和 [6a] 所示（带星号的句子 [6a] 表示不合乎语法或不可接受）。构式语法认为，这种语义限制是出于构式的要求而非动词的要求。当然，构式语法并不否认动词或词汇对构式意义的贡献，因为构式语法强调词汇和语法是一个统一体。

　　构式语法的另一个基本思想体现在 Goldberg（1995: 5）专著里的一个句子中，这个句子是"Knowledge of language is knowledge"（语言知识就是知识）。这句话可以解读为 Goldberg 的语言认知观，即语言知识和其他知识一样都属于认知的一部分，都有自己的认知结构。因此，我们可以说，Goldberg 和其他认知语言学家一样也认为语言的特征直接反映人类的体验、概念组织和识解方式。实际上，Goldberg（1995: 39）明确指出，该书[1] 讨论的每个基本构式都可以看作是指人类相关的场景，如英语双及物构式所指的核心人类场景为所有权的成功转移，即某人使某人接收某物；使动构式所指的人类相关场景是，某物使某物改变位置；结果构式反映的人类场景为，发起者（instigator）引起某物改变状态；路径构式反映的人类体验是，发起者不畏困难而决意前行；如此等等。为此，Goldberg（1995: 39）提出了一条假设，名曰"场景编码假设"（Scene Encoding Hypothesis）：与基本句型相对应的构式将人类体验的基本事件类型编码为其核心意义。这一假设明确无误地表明了 Goldberg 的语言认知思想：语言的基本构式是人类基本体验的直接反映。

　　构式语法除了不严格区分词汇和语法外，也不严格区分语义和语用，因为在构式语法看来，构式的相关语用信息如焦点成分、话题性（topicality）、语域（register）等是与构式的语义信息一同表征的。（Goldberg 1995: 7）以英语使动构式为例：在 Sam frightened Bob out of the house（Sam 吓得 Bob 跑出了屋子）这类使动构式中，动词（如例句中的 frighten/ 吓唬）不需要直接宾语的所指（如例句中的 Bob）做出认知决定（Goldberg 1995: 166）。因此，像 boo（对……发嘘声）、coax（哄）、lure（引诱）等动词都可以用在此类使动构式中；如果使用的动词需要直接宾语的所指做出认知决定，那么，这样的使动构式就不成立，如例句 *Sam encouraged Bob out of the house（Sam 鼓励 Bob 去屋外）所示。由此可见，使动构式的语义和真实的体验（即语用信息）是在构式中同时得以表征的。

　　构式语法具有生成性，因为构式语法既要解释语法所允准的无数表达式，同时也要解释语法不允准的无数表达式。（Goldberg 1995: 7）Goldberg（2006: 4）进一步指出，构式语法的一些基本思想与主流生成语言学的基本思想是一致的。例如：这两种研究范式都认为语言基本上是一个认知系统，生成新的语言表达式就一定得以

---

　　[1]　指 Goldberg（1995）的专著 *Constructions: A Construction Grammar Approach to Argument Structure*。

某种方式将结构与结构组合起来，同时学习理论是必须的。

然而，构式语法在诸多方面与生成语言学截然相反。例如：构式语法认为构式是形式和意义的结合体，词汇和句法是一个统一体；而生成语言学则将语义排除在句法之外，强调句法的自主性和生成性，而词汇只属于边缘语法范围。生成语言学主张一个构式是从另外一个构式通过转换推导而来。与此相反，构式语法认为一个实际语言表达式就包含了多个不同的构式。以 Goldberg（2006: 10）所举的问句 What did Liza buy Zach?（Liza 为 Zach 买了什么？）为例：这个问句包含了最基本的构式是 what、Liza、buy、Zach 和 do，此外还有双及物构式、疑问构式、主语—助动词倒置构式、动词短语构式和名词短语构式。总之，构式语法主张构式与构式之间只要不冲突就可自由组并成实际语言表达式，并强调构式是以语言使用为基础的。

最后，我们来看一下构式语法所倚仗的构式阐释（constructional account）具有哪些优势。Goldberg（1995: 9-16）总结了构式阐释的四点优势，这些优势也在一定程度上反映了构式语法的基本思想。

第一点优势是，构式语法因突出构式意义而避免了给构式中的动词假定一些不可能的意义。例如：前面举例时提及的动词 slice 和 sneeze 的使动意义就是它们所在的使动构式赋予的。再比如，前面提及的动词 bring 用于双宾语构式时要求接收者必须为有生命而不能为无生命，这样的语义限制也是构式赋予的。

第二点优势是构式阐释避免了循环论（circularity）。如果我们假定动词直接决定一个构式需要 n 个参与者以及它们在构式中的顺序，那么我们就不得不假定，一个动词若能出现在 n 个构式中就应有 n 个意义。反之，一个动词有 n 个意义就能出现在 n 个构式中。这就是循环论。Goldberg（1995: 11）认为，如果一个动词所在的构式特征被看作是构式本身的特征而不是由该动词所决定的特征，那么循环论的问题就可以避免。

第三点优势是语义的节俭性（semantic parsimony）。如果一个动词在不同构式中所产生的细微意义差别能够通过构式本身予以解释而不是给一个动词假定一长串不同的意义，那么这样的阐释显然很经济。再以前面引用的动词 slice 用于及物构式、双及物构式、使动构式、路径构式和结果构式五个不同构式为例：相对于给动词 slice 假定五个不同的意义，只用该动词的一个基本核心意义（即"用刀切"）来解释每个构式的意义显然要节俭得多。

最后一点优势是保留了构式意义的组构性（compositionality）。传统的语义组构观认为，每个语言表达式的意义都必须取决于该表达式的直接成分的意义，以及用于组并这些直接成分的句法规则。在词汇驱动模式（lexically driven model）中，动词对句义的贡献不仅是动词所表达的内容意义，而且还包括动词对句法结构的要求。Goldberg并不否认语义的组构性，即动词或其他词汇对构式意义的贡献，正如她（1995：16）所说的那样，"一个表达式的意义是将词汇意义整合到构式意义的结果"。但她同时指出，没有必要认为是主要动词决定着构式的句法和语义。这是因为构式语法一贯主张，句级构式具有常规的图式意义，且独立于构式中的动词意义和其他词汇意义。

14.3　构式语法对第二语言习得的启示

构式语法也是认知语法框架内的一种语法理论，其主要关注点就是语法构式和构式层面上的意义，本节将从这两个方面探讨构式语法对第二语言习得的启示作用。

14.3.1　构式概念对第二语言习得的启示

通过14.2节有关构式语法的基本内容的概述我们知道，构式语法的核心概念是构式，而构式是形式和意义的结合体，是语言网络组织中的基本单位。（Goldberg & Casenhiser 2008）同时，构式是我们的认知模式在语言中的反映，这是因为人类的认知特点之一就是从各种纷杂的事物中去寻找规律或模式（pattern），而构式语法所指的构式正是人类在语言中所建构的模式。根据构式语法，我们的语言知识是由一个我们已掌握的"构式总库"（an inventory of all constructions）构成。换言之，语言知识就是构式知识。因此，对第二语言学习者而言，要掌握一门语言就必须学习这门语言的所有构式。由此可见，语言学习就是构式学习，而构式学习对第二语言习得具有重要的启示作用。

与其他认知语言学理论一样，构式语法也强调构式的形与义的对应关系。这种形义对应关系实际上也得到了儿童母语习得研究的支持。例如：Tomasello（2003）的研究发现：儿童习得母语时使用了两大认知技能来将构式的形式与意义联系起来。这两大认知技能分别是意图识别（intention reading）和型式寻找（pattern finding）。众所周知，正常情况下儿童习得母语都能成功。虽然儿童母语习得与第二语言习得不尽相同，但儿童习得母语的成功经验值得第二语言学习者的借鉴。因此，从构式学习的角度看，第二语言学习者在学习一门外语时不能只关注形式的学习（相当于型式寻找）或意义的理解（相当于意图识别），而必须要将两者有机地结合起来才能做到完整的构式学习。然而，据我们在课堂上的观察，实际情况并非如此：学生在听课时的注意力更多的还是放在课文的翻译和理解上，他们认为只要理解了课文的内容，学习就达到了目的。在他们看来，外语学习就是获取外文资料中的信息。当然，这种外语学习目的无可厚非。但这种只关注语言所表达的信息或意义而不关注自己所获取的信息或意义是如何通过语言形式表达出来的学习方法很显然是片面的，是不利于学生的外语交际能力的培养，因为外语口头或笔头交际都需要我们把要表达的意义用外语语言形式表达出来。所以，要真正做到构式学习就必须把语言形式和语言意义完全结合起来。

如前所述，Goldberg 的构式语法关注点主要是句级构式而非词级构式。此外，根据 Littlemore（2009: 163）对构式语法的理解，构式实际上还包含 Sinclair（1991: 110）提出的"习语原则"（the idiom principle），即我们遣词造句时对下一个词的选择要受限于句子的固定短语（phraseology），如 in fact、of course、take care 等固定短语。很显然，习语原则强调的是那些已固化的语言搭配或习惯表达式。当然，语言的创造力绝不只限于这些固定短语、搭配和习语，而是开放式的词语选择。然而，构式语法所聚焦的句级构式和习语构式对第二语言习得无疑具有重要的启示作用。对语言教师而言，教学的重点不要只放在词级构式上，而是要更多地注重（固定）短语、习语和句级构式的应用教学，尽量提供丰富多样的语言构式以供学生习得。对语言学习者而言，他们不要把主要精力放在词汇学习和背诵上，如果这样做，只能是背了忘，忘了又背，反复做无用功。他们应当通过各种语言输入更多地接触和使用词级以上的构式。这样学到的构式知识更容易在实际语言交际中自如地应用，因为构式语法认为我们的语法构式知识是建立在语言使用基础之上的。

14.3.2 构式意义对第二语言习得的启示

构式意义给第二语言习得的启示可以从以下三个方面来看。

首先，构式语法重视构式的认知组织，它具体体现在构式的语义结构或概念结构上。这一语义结构与传统的句法结构密切关联。例如：英语使动构式的语义结构和句法结构的对应关系可以通过下表 14.1 来显示。

表 14.1 英语使动构式的语义结构和句法结构的对应关系（根据 Littlemore 2009: 167）

英语例句	The draught	blew	the pencil	off	the table
认知术语	起因	使移动	前景	路径	背景
传统术语	主语	动词	宾语	状语	

注：The draught blew the pencil off the table.= 穿堂风吹落了饭桌上的铅笔。

从以上表格我们不难发现：传统语法所使用的术语相对比较抽象，且与构式的语义似乎没有什么联系；与此相反，认知语言学使用的术语似乎更接近使动构式的语义本质，更贴近使动构式所描写的人类实际体验。实际上，除使动构式外英语其他构式也都可以通过认知术语来反映一般的人类体验，如双及物构式使用转交者、使接收、接收者和转交物等来表示某物的所有权从一人成功转移至另一人；结果构式使用施事、使成为、受事和结果等来表示发起者引起某物改变物质状态或引起某人改变精神状态；如此等等。语言教师如果用这种更接近人类实际体验的认知描写方法来解释各种构式及其意义，那么这将会更便于语言学习者的理解和记忆。（Littlemore 2009: 166）

其次，构式语法突出构式意义并强调构式意义是独立于其组构成分的意义，如英语使动构式表达的意义是"X 使 Y 移动至 Z"或"X 使 Y 从 Z 移开"（X causes Y to move Z）。这一构式意义具有高度图式性，即该构式可由许多不同的词汇填充，凡是能够进入该构式的词汇都须表达这一构式意义。换言之，这一构式意义不会因为构式中使用了不同词汇而发生根本性的变化。例如：

[7]（a）Bob pushed his wife into the room.（Bob 将妻子推进了房间。）

（b）George threw her onto the sofa.（George 将她抛到了沙发上。）

（c）Frank kicked the dog into the bathroom.（Frank 将狗踢进了卫生间。）

（d）Pat sliced the carrots into the salad.（Pat 将胡萝卜一片片地切入色拉中。）

（e）The company flew George to London.（公司让 George 飞到伦敦。）

（f）Annie ordered Jack out of the meeting.（Annie 命令 Jack 离开会场。）

（g）Sam frightened Bob out of the house.（Sam 吓得 Bob 跑出了屋子。）

（h）Sally sneezed the napkin off the table.（Sally 打了个喷嚏使餐巾从饭桌上落下。）

（i）She squeezed her head through the neck of the jumper.（她将头挤出羊毛衫的领口。）

这里仅仅给出 9 个例句，实际上英语中还有 drive（开车送 / 驱赶 / 敲打）、help（帮助）、let（让）、load（装）、spray（喷洒）、urge（敦促）等动词都可以用于使动构式中。但无论数量多少，这一构式的基本意义保持不变。因此，教师在教学中如果能够将构式意义与可用于这一构式的动词传授给学生的话，或者学生在学习中能够用这样的方法在语言输入中去寻找这类规律和模式的话，那么外语教学势必可以产生事半功倍的效果。当然，学习者还需要注意的是，使动构式虽然整体意义保持不变，但不同的动词还是会使构式意义产生细微的变化。

最后，构式与构式之间的语义联系也对第二语言习得具有启示作用。构式语法认为，构式之间的联系是通过构式之间的语义关联实现的。一般情况下，构式之间的语义关联主要体现为四种承继联系，即多义联系、子类联系、示例联系和隐喻扩展联系（详见 14.2 节中的相关论述）。在语言的构式网络中，每一种承继联系都可能将两个或两个以上的构式联系在一起。例如：多义联系通常是由一个动词分别用于不及物构式、及物构式、双及物构式、使动构式、结果构式、路径构式等而将这些构式联系起来，如例 [8] 所示：

[8]（a）George's horse kicks.（George 的马在踢。）（不及物构式）

（b）The horse kicked me.（那匹马踢了我。）（及物构式）

（c）George kicked Lily her slippers.（George 将拖鞋踢给了 Lily。）（双及物构式）

（d）Frank kicked the dog into the bathroom.（Frank 将狗踢进了卫生间。）（使动构式）

（e）Frank kicked the door open.（Frank 将门踢开了。）（结果构式）

（f）George kicked his way out of the room.（George 踢着脚出了房间。）（路径构式）

构式语法认为，构式之间的这种多义关联是通过连接这些构式的同一个动词 kick 的基本意义（用脚踢）来完成的。这种突出构式多义性而非词汇多义性的方式将有助于英语学习者克服只背单词词义的局限性（即脱离语言交际时所使用的构式），因为构式学习不仅是儿童学习母语的主要方法，它也应当成为第二语言学习者的常规方法。

需要指出的是，英语构式之间有一种语义关联尤其值得第二语言习得的关注，这就是英语双及物构式和与格构式（dative construction）之间的语义差别。这两个构式从形式上看十分相似，因为与格构式是从双及物构式变化而来，且这种变化是通过介词完成的，故又叫作"介词构式"。它们之间的这种关系一般称为"与格交替"（dative alternation）。例如：

[9]（a）He gave her a flower.（他给了她一枝花。）（双及物构式）

（b）He gave a flower to her.（他把一枝花给了她。）（与格构式）

[10]（a）She gave him a headache.（她让他头疼。）（双及物构式）

（b）*She gave a headache to him.（*她把头疼给了他。）（与格构式）

英语动词 give（给）表达的典型意义是一个实体所有权的成功转移，即一个实体的所有权从一个人转移给了另外一个人，如例 [9] 中的两个例句所示，花的所有权已从他成功转移至她。那么，例 [10] 中的两个例句使用的是相同的动词和相同的构式，为什么 [10a] 合乎语法而 [10b] 就不合乎语法呢？根据 Lee（2001: 74-75）的观点，英语中虽然有许多动词都可以用于与格交替构式，但是，在某些情况下两个与格交替构式中只有一个听起来自然，而另外一个则显得很奇特。例如：

[11]（a）John gave the fence a new coat of paint.（John 给围栏刷上了一层新油漆。）

（b）?John gave a new coat of paint to the fence.（？ John 把一层新油漆刷上了围栏。）

[12]（a）John taught me all I know.（我所有的知识都是 John 教的。）

（b）?John taught all I know to me.（？ John 把我所有的知识教给我。）

[13]（a）Brian sent a walrus to Antarctica.（Brian 把一只海象送到南极。）

（b）?Brian sent Antarctica a walrus.（？ Brian 送到南极一只海象。）

[14]（a）He brought the wine to the table.（他拿来红酒放到饭桌上。）

（b）?He brought the table the wine.（？ 他拿到饭桌上红酒。）

以上英语例句中前面带问号的都属于不自然或者不可接受的句子。那么，为什么有些与格交替构式合乎语法而另外一些与格交替构式则变得不自然或不可接受了呢？ Lee（2001: 75）对以上 4 对例句给出的解释是，双及物构式焦点突显的是转移过程之结果；构式中的双宾语之间的关系为第一个宾语是接收者而第二个宾语是转移物，结果就是接收者拥有了转移物。与此相反，与格构式或介词构式焦点突显的是转移过程。根据这两种解释，[11a] 合乎自然是因为围栏的表面已经有了一层新油漆，

而 [11b] 不自然是因为一层新油漆成为一个可转移的物体；[12a] 合乎语法是因为我已经拥有了我所知道的一切知识，而 [12b] 不合情理是因为我所知道的一切知识变成了从一个人的头脑向另一个人头脑转移的物体。同理，[13b] 听起来很奇怪是因为南极被当作海象的接收者；[14b] 不自然是因为饭桌而不是围坐在饭桌旁的人成了接收者。由此不能看出，[10b] 不合乎语法是因为头疼被当作一个物体从一个人转移给另外一个人。

以上例证说明，构式与构式之间的语义差异是可以通过认知阐释予以分辨清楚。因此，Littlemore（2009: 175）指出，语言教师在对这些形式相似但语义不同的构式做出认知解释前，不妨先让学习者思考一下为什么这样的构式不自然或不合乎语法。很显然，这种通过认知的方式来阐释语言现象值得第二语言习得的借鉴，因为它不仅可以帮助外语学习者提高语言学习兴趣，加深他们对所学内容的理解和记忆，而且还有利于培养他们用外语思维的能力。

14.4　结　　语

本章简要地探讨了构式语法所涉及的一些基本概念和思想观点以及它们给第二语言习得的一些启示。就概念而言，我们选择性地讨论了构式、论元角色、论元结构、参与者角色、构式侧重、融合和承继联系的基本含义；而在构式语法的基本思想方面，我们主要分析了构式语法所强调的构式意义和构式的习语性、构式与构式之间的语义关联、构式对人类基本体验的反映以及语法分析采用构式阐释方法所具有的几点优势。本章的简要讨论对认识和了解构式语法的基本思想内容还是有一定的帮助作用，但若想认识构式语法的全貌感兴趣的读者最好参阅 Goldberg 分别于 1995 年和 2006 年完成的两本原著。

构式语法对第二语言习得的意义主要体现在它给语言教师和语言学习者的启示作用（当然对教材编写者也很重要）。对语言教师而言，他们必须要掌握足够多的相关构式、构式之间的各种语义关联方面的知识，并尽可能通过各种方式（如课堂讲解、各种语言输入途径等）将其传授给学生。对语言学习者而言，他们要像儿童学习母语那样，恰当地运用意图识别和型式寻找这两大认知技能去分析和处理各种可及的语言输入，更好地做到构式学习。由于语言学习者在学习第二语言时免不了要进行跨语言的构式比较，所以语言教师和语言学习者都需要有跨语言构式异同点的意识。例如：汉字"偷"和"抢"的构式是完全一样的，但在英语中这两个词的构式是有区别的，如以下两例所示：

[15]（a）那个年轻人抢走了我的手表。

　　（b）那个年轻人偷走了我的手表。

[16]（a）The young man robbed me of my watch.

　　（b）The young man stole my watch.

例 [15] 清楚地显示汉语的两个构式完全相同，而例 [16] 表明英语的两个构式则完全不同。通过跨语言比较后我们不难发现：[16b] 与汉语完全相同，而 [16a] 则与汉语完全不同。由此可见，对第二语言学习者而言，掌握跨语言的构式知识是非常必要的。一方面，跨语言的相同构式可以促进构式学习；另一方面，跨语言的不同构式会干扰构式学习。因此，第二语言学习者应该学会扬长避短，提高自己的构式学习效率。

第 15 章　回顾与展望

第二语言习得研究始于错误分析的诞生，其主要研究目标是习得过程（process）和习得结果（product）。第二语言习得研究视角广泛，但本书遵循的是语言学理论指导下的第二语言习得研究这一基本原则，重点讨论和阐述了相关语言学理论的主要思想内容及其对第二语言习得（研究）的启示或在第二语言习得研究中的应用。在这最后一章我们将对本书三个部分所讨论的内容分别予以简要回顾，同时就每个部分所涉及的相关理论及其应用研究的发展做一探试性展望。

15.1　标记理论与第二语言习得研究

标记理论是由两位布拉格学派创始人 Trubetzkoy 和 Jacobson 于 20 世纪 30 年代创立。布拉格学派视标记概念为绝对二分模式，即某一语言成分要么为有标记，要么为无标记。语言形式有 / 无标记的判定标准通常有结构、行为、频率和中和值等标准。然而，标记值不是固定不变的，而是会在共时和历时层面上发生转移，具体表现为标记度或反向转移或同向增强。从这个意义上说，Mazurkewich（1984b）和 Bardovi-Harlig（1987）依据 van Riemsdijk（1978）的跨语言频率标准和 Allen（1980）的历时标准来判定英语"介词随伴"和"介词后吊"结构的标记值是站不住脚的（详见第 3 章）。另一方面，语言使用数据告诉我们，语言标记现象不是任意的，而是有理据的。以英语有生名词为例，其三大标记特征的成因都与人类活动、社会习俗、文化观念、自然和认知倾向等"常规"密切相关。

标记理论在第二语言习得中的应用研究结果表明：标记理论对第二语言习得顺序、第二语言学习困难和母语迁移具有一定的解释力。关于习得顺序标记理论的解释是无标记形式的习得要先于有标记形式。就语言学习困难而言，L2 中那些不同于

L1 且标记度更高的区域学习时会有困难，其困难程度等于其标记程度；而 L2 中那些不同于 L1 且标记度低于 L1 的区域学习时不会有困难。至于标记理论与母语迁移的关系，相关的实证研究（如 Eckman 1977；James 1998；White 1987 等）结果表明：第二语言学习者通常会迁移母语中的无标记形式，但有时也会迁移有标记形式。

继布拉格学派之后，标记理论在不同语言学理论的影响下通过其广泛的应用得到了充实和发展。今后，标记理论及其应用研究可能会在以下四个方面得到进一步的发展：

（1）从音位、形态、句法、语义、语篇等方面深入开展个别语言内标记现象的共时和历时研究，从而建立一种语言的标记模式。在这个方面，沈家煊（1999）对汉语中的许多语言不对称现象及其标记模式进行了深入的分析和研究；Elšik（2006）也对属于印欧语系印度语支的"罗姆语"（Romani）的标记模式进行了全面而又系统的研究和探讨。

（2）在 Greenberg（1966）和 Croft（1990）等人的语言类型研究基础上，继续开展跨语言的标记模式研究，从而为语言的共性和个性研究以及建立跨语言的标记模式做出贡献。

（3）继续开展跨学科的标记模式研究，进一步夯实和完善标记理论，如结合功能语言学从形式和功能的映射关系探讨语言的标记模式；或从认知语言学视角探讨语言的标记模式，如 Schuster（2003）运用 Sperber 和 Wilson（1995）的关联理论研究语言标记现象，从而将语言的标记性与语言处理时所付出的努力关联起来。付出的努力越大，标记性就越强；反之则越弱。

（4）结合语料库开展标记理论在第二语言习得中的应用研究。由于语言学习和使用涉及人的认知，而学习者的心理标记尺度也会影响标记值的判断和使用，所以学习者的语料库是学习者语言使用情况的真实反映，可使我们对语言使用背后的认知标记性窥豹一斑。

15.2 普遍语法与第二语言习得研究

Chomsky 的普遍语法（UG）是人脑中与生俱来的语言器官，是引领儿童成功习得母语的语言习得机制。因此，UG 是人类语言和心智本质的反映，是人类共有的生物属性。UG 的思想内容非常丰富，本书只是选择性地讨论了能够体现 UG 主要思想的理论和原则，如涉及所有具体成分移位的 α 移位、关于短语结构制约的 X 杠理论、有关句子成分的语义角色指派的 θ 理论、制约词库中各词条特征向句子结构投射并规定词项的次语类化和题元信息要求必须在各表征层次上得到满足的投射原则、制约 wh- 成分从内嵌句或名词性句子补语或关系从句或主语和附接语短语中移出的邻接原则、给名词短语指派抽象格以统一解释各种不同移位的格理论、涉及主管词决定受管成分取何种抽象格并限制其移位发生位置的管辖理论以及处理名词短语分布并决定它们与其他名词短语同标条件的约束理论等。

UG 在第二语言习得中的应用研究依据的是逻辑问题，即第二语言学习者所掌握的语言知识既不能从第二语言输入中直接学到，也不能通过母语、教学或其他手段获得；而与此相关的 UG 可及性问题是第二语言习得研究的重点，具体涉及 UG 完全可及、部分可及或完全不可及。如果 UG 可及则意味着中介语语法受 UG 制约，第二语言学习者的语言水平将趋同于母语者；反之则表示中介语语法不受 UG 制约，第二语言学习者的语言水平将完全趋异于母语者。相关的 UG 原则和参数的验证研究（Belikova & White 2009；Flynn 1989；Kanno 1998；Liceras 1989；White 1989）结果表明：UG 制约中介语语法。然而，Bley-Vroman（1989），Clahsen 和 Muysken（1986），Schachter（1988，1989）等人的研究表明：中介语语法不受 UG 制约，第二语言习得与儿童母语习得根本不同（详见第 8 章）。除了可及性问题，UG 框架下的第二语言习得研究也非常关注中介语语法的初始状态到恒定状态是否受 UG 制约，主要涉及初始状态中功能范畴的特征值、参数系统是否损伤与参数重新设定、触发语和分解对中介语语法发展的促进作用、映射问题与第二语言使用中的形态多变性之关系等问题。

对 Chomsky 语言研究的未来发展我们不敢妄加推断，但从他在不同时期出版的著述中我们不难看出，Chomsky 几乎毕生都在执著地探讨人类大脑中的天赋语言器官，并始终遵循"经济原则"以期建立一个既能充分描写成人母语知识又能充分解释儿童母语习得的语言学理论。（Chomsky 2002）例如：转换生成语法因过度使用转换规则而被普遍语法所替代；当最简方案问世后，普遍语法所依仗的原则和参数系统又被最大限度地简化。语言器官只包括两个构成成分：一个是运算系统（computational system），包括移位、合并等；另一个是词库，包含词汇范畴、功能范畴以及原先的参数系统。在 Chomsky（2005）讨论语言最佳设计方案的论文中，最简方案有被进一步简化之趋势以提高运算系统的运算效率，如使用内、外部合并，弃用移位；保留复制（copy），不再使用语迹、同标等概念；句法成分在传递（transfer）至接口处并得以映射后就被"遗忘"（forgotten）以便之后的操作更加有效；如此等等。

　　就 UG 框架下第二语言习得研究的发展而言，以下一些问题可能会受到学术界的继续关注：①在中介语语法发展的不同阶段如何将母语影响与 UG 制约区分开来？②第二语言学习者在哪些方面会遇到映射困难？为什么？③语言输入的触发作用体现在哪些方面？这种触发作用对中介语语法的发展到底影响多大？④中介语语法不论是部分损伤还是整体损伤究竟意味着什么？这些问题以及许多其他问题将有待于研究者在今后开展更深入细致、更科学的探讨。此外，我国学者也会加大 UG 框架下第二语言习得研究的力度。之前，陈月红（1998）对中国英语学习者能否成功习得关系从句中移位参数的设定进行的研究、常辉（2005）对中国英语学习者有关英语定式特征组习得的探讨，以及姜琳（2009）根据约束原则对中国英语学习者习得英语反身代词的研究等已开了个好头，更多更新的研究值得期待。最后需要提及的一点是，鉴于 UG 框架下的第二语言习得研究是建立在 Chomsky 的语言学思想基础之上，所以其未来发展方向还要取决于乔氏的语言研究发展。

15.3　认知语言学与第二语言习得研究

　　认知语言学是一种全新的研究范式，摈弃了 Chomsky 的生成句法思想，突出语言的认知性、体验性和理据性，强调语义在语言研究中的中心地位。认知语言学包含的理论众多，本书只是选择性地讨论了一些代表性的理论，并就它们对第二语言习得的启示进行了探讨。

　　语言注意理论是我们对语言注意观和 Talmy 在研的语言注意系统的统称。语言注意观的本质是语言所表达的只是事件中引起人们注意的部分，这说明语言使用与注意的选择、范围和维度调整等密不可分。语言注意系统共有 8 个语言域和 50 多个注意因子，分别涉及词素特征、形态句法、语言形式的注意外指向效果、话语的音位特征、语言的所指特征、指称与其表征间的关系、概念的显性表征和时间推进模式等；它们都与不同语言成分所具有的不同突显度密切相关。由于语言注意理论强调注意或突显是通过概念内容与语言形式的结合体现在语言之中，所以第二语言学习者应在教师的帮助下尽可能学会分析语言输入中概念内容与语言形式的各种结合方式，同时增强自己对跨语言注意指向表达方式异同点的意识，这样才能更有效地学习第二语言。

原型理论是在古典客观主义范畴理论基础上发展而来的现代范畴理论，具有范畴边界的模糊性、范畴成员与原型间的家族相似性以及范畴的辐射性等特征。范畴化遵循认知经济原则和感知的世界结构原则并根据明细度和包含关系进行，从而产生范畴的基本层次、上位层次和下位层次，其中基本层次范畴因其提供的信息适中而为人们交际时常用。由于范畴化意味着清晰而有条理的分类以便更好地进行事物处理和记忆，所以第二语言学习者应努力做到给所学语言输入从语音、词汇、句法和语义等方面进行必要的归类以提高学习效率；在范畴化的层次上，词汇间的上下义关系和句子的基本结构与拓展结构之分都有助于第二语言学习质量的提高；而语言和语义上的辐射性特征将有助于第二语言学习者区分中心成员／意义与非中心成员／意义，从而丰富自己的语言知识，提高语言应用能力。

隐喻理论是以 Lakoff 和 Johnson（1980）的概念隐喻为基础，强调隐喻不再是用以增强口笔头语言表达效果的修辞手段，而是我们用以组织和建构概念结构系统的有效方式，具体表现为源域向目标域的跨域映射。概念隐喻通常是建立在我们身体体验基础之上的，因而具有明显的物质文化基础。概念隐喻根据其不同的认知功能可分为结构隐喻、本体隐喻和方位隐喻。结构隐喻需要源域成为目标域解读的参照基础；本体隐喻是我们根据身体体验对事件、活动、情感、思想等进行的实体化；而方位隐喻则要求按照人类在客观环境中的身体感知经验来建构完整的概念系统。隐喻理论对第二语言习得的启示是，培养第二语言学习者的隐喻能力（即隐喻知识及其使用能力），并将这种能力纳入到他们的交际能力衡量之中；同时还要培养第二语言学习者的隐喻思维，增强他们对隐喻的跨文化差异的意识。

Langacker 的认知语法是认知语言学的重要组成部分，其主要思想观点包括：①语法是一个复杂、抽象的符号系统；②语法是有意义的；③语法是认知不可分割的一部分；④语法结构反映人类的基本体验。认知语法是根据图式—示例关系、从属关系和相似关系来分析人类语言以建立一个层次分明的语言认知网络系统。认知语法的基本思想还体现在本书所讨论的基本概念中，如符号单位、配价关系、图式性、焦点调整、射体—界标组织等。这些概念从不同的侧面诠释了认知语法所揭示的是一个言语社团语言使用的常规符号系统。认知语法对第二语言习得的启示可体现为：

①符号单位强调以语言使用为基础的音形义结合和语言的交际功能。因此，第二语言学习者须做到音形义同时并重，并通过交际练习培养语言应用能力。②识解是语言使用者给一个概念表征式包装并通过语言赋码呈现出来，涉及明示度、突显度和视角。语言中所反映出的这些不同识解方式是语言应用能力的体现，所以第二语言学习者必须注意培养这种能力。③语法的意义性体现在人的心理建构过程中。因此，语法学习是认知能力的培养，即培养学生的意义建构能力。

Goldberg 的构式语法不同于他人的构式语法，其研究重点是句子的动词论元构式。这一研究涉及论元结构（一个述义词需要一定数目的论元而形成的构式）、论元角色（如施事、受事等语义角色）、参与者角色（语义框架中论元角色的示例）、构式侧重（构式中论元角色与主语、直接宾语或间接宾语间的关联）、融合（一个参与者角色与一个论元角色的整合）和承继联系（构式与构式间的各种语义联系）等基本概念。构式语法强调构式意义独立于构式组构成分的意义，但不否认词汇对构式意义的贡献。构式语法所突出的构式概念和构式意义对第二语言习得具有重要的启示意义。构式是形式和意义的结合体，是人类通过使用在语言中建构的模式。所以学习第二语言就是学习和掌握足够多的第二语言构式以备语言交际之需。就构式意义而言，第二语言学习者必须将学习焦点从词汇意义转向构式意义，关注构式与构式间的各种意义关联，同时进行跨语言的构式比较。只有这样才能真正做到构式学习，提高第二语言的学习效率。

作为一门独立的年轻学科，认知语言学因研究视角新颖而发展势头强劲，研究范围也非常广泛，几乎涵盖了人类语言相关的所有领域。这里我们将根据自己对认知语言学研究现状的了解从宏观上展望其未来研究的发展趋势，主要涉及以下三个方面：

（1）研究方法的发展。根据 Geeraerts（2006），过去认知语言学研究的主流方法是强调理论研究的内省法，实证方法只是在最近几年有所重视。认知语言学所突出的认知性、语言结构的语境化和以语言使用为基础三大特征将有利于实验研究、语料库研究、调查研究、定量数据分析等实证方法的使用。（Gibbs 2006，2007；Gries & Stefanowitsch 2006；Tyler 2012）实证方法研究是理论分析研究的有益补充并为理论推断提供佐证，是理论建构时必要的证伪方式，同时也是提升认知语言学研究学术水准的重要标志。

（2）认知语言学研究的两大趋势：趋同（convergence）和趋异（divergence）。Langacker（2011）认为，认知语言学研究的总体趋势为趋同而非趋异。所谓趋同是指共同兴趣的共识和不同研究思路（strands）的整合，从而达到概念统一化（conceptual unification）。例如：认知语法、构式语法、激进构式语法和体验性构式语法等都是围绕构式来研究词汇和语法的，而隐喻和语法组构等都是概念整合的具体示例。再比如，隐喻研究开始时主要是作为不同概念域间的一种映射关系，之后纳入到了心理空间框架研究，再后来隐喻研究被并入到概念合成理论的研究，而这些研究都被吸收进了认知语法中，并被认知语法视作复合矩阵（matrix）中域与域间的各种关系。趋异指因学者、理论和研究对象的不同而开展的各种不同的理论及其应用研究，如不同取向的认知语义和认知语法研究、隐喻和转喻的不同认知机制研究、构式研究和批判性语篇分析等。如果将认知语言学比作一个花园，那么认知语言学框架内的各种理论和实证研究就如同这个花园中姹紫嫣红、绚丽多姿的花卉，彰显出百花齐放、百家争鸣的繁荣景象。然而，这种多姿多彩的景象背后则是支撑认知语言学研究的永恒不变的指导思想：语言的认知性、体验性、理据性以及使用为基础的统领原则。

（3）跨学科研究的发展。认知语言学一贯注重语言、认知和交际之间的相互作用，因而必然涉及语言使用的社会文化环境，即语言的社会性；而将人的认知和社会认知与语言各层次上所发生的变异现象结合起来研究便产生了认知社会语言学。（详见 Geeraerts 2007；Kristiansen & Dirven 2008）如果说认知社会语言学突显的是社会人面对面的口头交际，那么属于书面交际形式的文学作品便成为认知语言学跨学科研究的另一目标。文学作品的产生和解读都涉及人的认知（包括虚构人物的行为、思想和情感），因此，旨在研究文学作品特点与认知关系的认知文体学（详见 Semino & Culpeper 2002）以及侧重诗歌形式及其解读的认知过程和认知结构研究的认知诗学（详见 Brône & Vandaele 2009；Gavins & Steen 2003；Stockwell 2002）便随着认知语言学的发展应运而生。显然易见，这些跨学科的拓展研究都是遵循认知语言学的基本指导思想并朝着趋异方向发展的成果。

认知语言学虽诞生于 20 世纪 80 年代，但却迟迟未能在第二语言教学中得到应用和重视（Tyler 2008），直至 21 世纪初几部相关的研究论文集（Achard & Niemeier 2004；Pütz et al. 2001a,b；Robinson & Ellis 2008）相继问世后才标志着应用认知语言学（applied cognitive linguistics）的诞生（Niemeier 2005）。

根据 Tyler（2008：457）的观点，认知语言学是当今最准确、最系统和最完整的语言模式，因而可以给各种语言现象做出精确而又明晰的解释。这说明认知语言学在第二语言教学中具有重要的应用价值。Niemeier（2005）根据研究提出，应用概念隐喻理论可以有效地促进英语词汇（如习语）和语法（如介词）教学；Cadierno（2008）、Cadierno 和 Lund（2004）等学者根据 Talmy（2000）的"移动事件"（motion event）对丹麦和西班牙两国的第二语言学习者习得英语移动类动词的情况进行了研究；Tyler（2008）立足于 Talmy（1988）提出的"力量动力学"（force dynamics）并在 Sweetser（1990）的应用基础上探讨了第二语言学习者习得英语情态动词的情况；Tyler（2012）重点讨论了认知语言学在英语情态动词、介词和句级构式中的应用并开展了相关的实证研究；如此等等。这些研究的基本指导思想是，应用认知语言学的相关理论知识来解释所学内容是可以大大促进学习者对这些语言知识的掌握，因为认知语言学强调语言的理据性和体验性并以语言使用为基础，所以据此对所学语言现象做出的解释符合第二语言学习者在日常社会生活和现实世界中的切身体验。总之，认知语言学的解释可以帮助第二语言学习者加深理解，增强记忆，提高他们对目的语的文化意识。相信此类应用研究在未来必将会得到迅速的发展。

另一方面，由于社会文化差异可能会导致跨语言的识解、范畴化、隐喻和体验方式的不同（即不同的认知方式和习惯），而且这样的差异会给第二语言学习者制造麻烦，所以，进行跨文化跨语言的对比分析可能是第二语言教学中长期必不可少的环节之一。正如 Littlemore（2009: 187）所指出的那样：不同的语言具有包装思想的不同方式，这反映了不同的民族认识世界和认知事物的不同方式。因此，学习第二语言意味着要克服因母语而养成的认知习惯，培养自己以不同的方式审视和描写事物的能力，从而做到认知灵活性，而要实现这一目标第二语言教学则需要求助于认知语言学的阐释。

参考文献

Achard, M. Teaching construal: cognitive pedagogical grammar[A]. In P. Robinson & N. Ellis (eds.). The Handbook of Cognitive Linguistics and Second Language Acquisition[C]. New York：Routledge, 2008: 432-455.

Achard, M. & S. Niemeier (eds.). Cognitive Linguistics, Second Language Acquisition and Foreign Language Teaching[C]. Berlin：Mouton de Gruyter, 2004.

Adams, M. Methodology for examining second language acquisition[A]. In E. Hatch (ed.). Second Language Acquisition：A Book of Readings[C]. Rowley，MA：Newbury House，1978：278-296.

Alatis, J. Contrastive Linguistics and Its Pedagogical Implications[M]. Washington DC：Georgetown University Press, 1968.

Allen, C. Movement and deletion in Old English[J]. Linguistic Inquiry, 1980(11): 261-323.

Allwood, J. Meaning potentials and context: some consequences for the analysis of variation in meaning[A]. In H. Cuyckens, R. Dirven & J. R. Taylor (eds.). Cognitive Approaches to Lexical Semantics[C]. Berlin：Mouton de Gruyter, 2003: 29-66.

Andrews, E. Markedness Theory: The Union of Asymmetry and Semiosis in Language[M]. Durham：Duke University Press, 1990.

Bailey, N., C. Madden & S. Krashen. Is there a natural sequence in adult second language learning?[J]. Language Learning, 1974(21): 235-243.

Baker, M. In Other Words: A Coursebook on Translation[M]. London：Routledge, 1992.

Bardovi-Harlig, K. Markedness and salience in second language acquisition[J].

Language Learning, 1987(37): 385-407.

Battistella, E. Markedness: The Evaluative Superstructure of Language[M]. Albany: SUNY Press, 1990.

Battistella, E. Jakobson and Chomsky on markedness[A]. In E. Hajičová, M. Červenka, O. Leška & P. Sgall (eds.). Prague Linguistic Circle Papers Vol. 1[C]. Amsterdam: John Benjamins, 1995: 55-72.

Beck, D. The Typology of Parts of Speech Systems: The Markedness of Adjectives[M]. New York: Routledge, 2002.

Beck, M.-L. L2 acquisition and obligatory head movement: English-speaking learners of German and the local impairment hypothesis[J]. Studies in Second Language Acquisition, 1998(20): 311-348.

Belikova, A. & L. White. Evidence for the Fundamental Difference Hypothesis or not? Island constraints revisited[J]. Studies in Second Language Acquisition, 2009(31): 199-223.

Bergen, B. & N. Chang. Embodied construction grammar in simulation-based language understanding[A]. In J.-O. Östman & M. Fried (eds.). Construction Grammars: Cognitive Grounding and Theoretical Extensions[C]. Amsterdam: John Benjamins, 2005: 147-190.

Berlin, B. & P. Kay. Basic Color Terms: Their Universality and Evolution[M]. Berkeley: University of California Press, 1969.

Birdsong, D. Ultimate attainment in second language acquisition[J]. Language, 1992(68): 706-755.

Bley-Vroman, R. What is the logical problem of foreign language learning? [A]. In S. Gass & J. Schachter (eds.). Linguistic Perspectives on Second Language Acquisition[C]. Cambridge: Cambridge University Press, 1989: 41-68.

Bley-Vroman, R. The logical problem of foreign language learning[J]. Linguistic Analysis, 1990(20): 3-49.

Bley-Vroman, R. What we have to explain in foreign language learning[J]. Behavioral and Brain Sciences, 1996(19): 718.

Bley-Vroman, R. The evolving context of the Fundamental Difference Hypothesis[J]. Studies in Second Language Acquisition, 2009(31): 175-198.

Block, D. The Social Turn in Second Language Acquisition[M]. Edinburgh: Edinburgh University Press, 2003.

Bloomfield, L. Language[M]. New York: Holt, Rinehart & Winston, 1933.

Boers, F. Metaphor awareness and vocabulary retention[J]. Applied Linguistics, 2000(21): 553-571.

Boers, F. & S. Lindstromberg. Cognitive linguistic applications in second or foreign language instruction: rationale, proposals, and evaluation[A]. In G. Kristiansen, M. Achard, R. Dirven & F. Ruiz de Mendoza Ibáñez (eds.). Cognitive Linguistics: Current Applications and Future Perspectives[C]. Berlin: Mouton de Gruyter, 2006: 305-355.

Brône, G. & J. Vandaele (eds.). Cognitive Poetics: Goals, Gains and Gaps[C]. Berlin: Mouton de Gruyter, 2009.

Butterworth, G. & E. Hatch. A Spanish-speaking adolescent's acquisition of English syntax[A]. In E. Hatch (ed.). Second Language Acquisition: A Book of Readings[C]. Rowley, MA: Newbury House, 1978: 231-245.

Cadierno,T. Learning to talk about motion in a foreign language[A]. In P. Robinson & N. Ellis (eds.). The Handbook of Cognitive Linguistics and Second Language Acquisition[C]. New York: Routledge, 2008: 239-275.

Cadierno, T. & K. Lund. Cognitive linguistics and second language acquisition: motion events in a typological framework[A]. In B. VanPatten, J. Williams, S. Rott & M. Overstreet (eds.). Form-Meaning Connections in Second Language Acquisition[C]. Mahwah, NJ: Lawrence Erlbaum, 2004: 139-154.

Cameron, L. & A. Deignan. The emergence of metaphor in discourse[J]. Applied Linguistics, 2006(27): 671-690.

Cancino, H., E. Rosansky & J. Schumann. The acquisition of English negatives and interrogatives by native Spanish speakers[A]. In E. Hatch (ed.). Second Language Acquisition: A Book of Readings[C]. Rowley, MA: Newbury House, 1978: 207-230.

Chafe, W. Discourse, Consciousness and Time[M]. Chicago: University of Chicago Press, 1994.

Chomsky, N. Syntactic Structures[M]. The Hague: Mouton, 1957.

Chomsky, N. Review of Verbal Behavior by B. F. Skinner[J]. Language, 1959(35): 26-58.

Chomsky, N. Lectures on Government and Binding[M]. Dordrecht: Foris, 1981.

Chomsky, N. Barriers [M]. Cambridge, MA: MIT Press, 1986a.

Chomsky, N. Knowledge of Language: Its Nature, Origin, and Use[M]. New York: Praeger, 1986b.

Chomsky, N. The Minimalist Program[M]. Cambridge, MA: MIT Press, 1995.

Chomsky, N. On Nature and Language[M]. Cambridge: Cambridge University Press, 2002.

Chomsky, N. Three factors in language design[J]. Linguistic Inquiry, 2005(36): 1-22.

Clahsen, H. & C. Felser. Grammatical processing in language learners[J]. Applied Psycholinguistics, 2006a(27): 3-42.

Clahsen, H. & C. Felser. Continuity and shallow structures in language processing[J]. Applied Psycholinguistics, 2006b(27): 107-126.

Clahsen, H. & U. Hong. Agreement and null subjects in German L2 development: new evidence from reaction-time experiments[J]. Second Language Research, 1995(11): 57-87.

Clahsen, H. & P. Muysken. The availability of Universal Grammar to adult and child learners: a study of the acquisition of German word order[J]. Second Language Research, 1986(2): 93-119.

Clahsen, H. & P. Muysken. The UG paradox in L2 acquisition[J]. Second Language Research, 1989(5): 1-29.

Comrie, B. Markedness, grammar, people and the world[A]. In F. Eckman, E. Moravcsik & J. Wirth (eds.). Markedness[C]. New York: Plenum Press, 1986: 85-106.

Cook, V. The analogy between first and second language learning[J]. IRAL, 1969(7): 207-216.

Cook, V. Chomsky's Universal Grammar and second language learning[J]. Applied Linguistics, 1985(6): 2-18.

Cook, V. Linguistics and Second Language Acquisition[M]. Basingstoke: Macmillan, 1993.

Cook, V. Inside Language[M]. London：Arnold, 1997.

Cook, V. & M. Newson. Chomsky's Universal Grammar: An Introduction[M]. Oxford：Blackwell, 1996.

Cooper, W. & J. Ross. Word order[A]. In R. Grossman, L. San & T. Vance (eds.). Papers from the Parasession on Functionalism[C]. Chicago：Chicago Linguistic Society, 1975: 63-111.

Corder, S. The significance of learner's errors[J]. IRAL, 1967(5): 161-170.

Croft, W. Typology and Universals[M]. Cambridge：Cambridge University Press, 1990.

Croft, W. Radical Construction Grammar: Syntactic Theory in Typological Perspective[M]. Oxford：Oxford University Press, 2001.

Croft, W. & D. Cruse. Cognitive Linguistics[M]. Cambridge：Cambridge University Press, 2004.

Crystal, D. The Cambridge Encyclopedia of Language[Z]. Cambridge：Cambridge University Press, 1987.

Crystal, D. A Dictionary of Linguistics and Phonetics (3rd edn.)[Z]. Oxford：Blackwell, 1991.

Dahl, O. Typology of sentence negation[J]. Linguistics, 1979(17): 79-106.

Degraff, M. Creolization, language change, and language acquisition: a prolegomenon[A]. In M. Degraff (ed.). Language Creation and Language Change: Creolization, Diachrony and Development[C]. Cambridge, MA：MIT Press, 1999: 1-46.

DeKeyser, R. The robustness of critical period effects in second language acquisition[J]. Studies in Second Language Acquisition, 2000(22): 499-533.

Dekydtspotter, L. Second language epistemology: take two[J]. Studies in Second Language Acquisition, 2009(31): 291-321.

Dekydtspotter, L. & R. Sprouse. Mental design and second language epistemology: adjectival restrictions of wh-quantifiers and tense in English-French interlanguage[J]. Second Language Research, 2001(17): 1-35.

Dickerson, L. Interlanguage as a system of variable rules[J]. TESOL Quarterly,

1975(9): 401-407.

Dirven, R. & F. Ruiz de Mendoza Ibáñez. Looking back at thirty years of cognitive linguistics[A]. In E. Tabakowska, M. Coinski & Ł. Wiraszka (eds.). Cognitive Linguistics in Action: From Theory to Application and Back[C]. Berlin: Mouton de Gruyter, 2010: 13-70.

Doughty, C. & M. Long (eds.). The Handbook of Second Language Acquisition[C]. Oxford: Blackwell, 2003.

Dulay, H. & M. Burt. Natural sequences in child second language acquisition[J]. Language Learning, 1974(24): 37-53.

Duskova, L. On sources of errors in foreign language learning[J]. IRAL, 1969(7): 11-36.

Eckman, F. Markedness and the contrastive analysis hypothesis[J]. Language Learning, 1977(27): 315-330.

Eckman, F. Some theoretical and pedagogical implications of the markedness differential hypothesis[J]. Studies in Second Language Acquisition, 1985(7): 289-307.

Ellis, R. Understanding Second Language Acquisition[M]. Oxford: Oxford University Press, 1985.

Ellis, R. Interlanguage variability in narrative discourse: style shifting in the use of the past tense[J]. Studies in Second Language Acquisition, 1987(9): 1-20.

Ellis, R. The Study of Second Language Acquisition[M]. Oxford: Oxford University Press, 1994.

Ellis, R. Item versus system learning: explaining free variation[J]. Applied Linguistics, 1999(20): 460-480.

Ellis, R. & G. Barkhuizen. Analysing Learner Language[M]. Oxford: Oxford University Press, 2005.

Elšik, V. Markedness and Language Change[M]. Berlin: Mouton de Gruyter, 2006.

Epstein, S., S. Flynn & G. Martohardjono. Second language acquisition: theoretical and experimental issues in contemporary research[J]. Behavioral and Brain Sciences, 1996(19): 677-714.

Eubank, L. Negation in early German-English interlanguage: more valueless features in the L2 initial state[J]. Second Language Research, 1996(12): 73-106.

Evans, V. Lexical concepts, cognitive models and meaning construction[J]. Cognitive Linguistics, 2006(17): 491-534.

Evans, V (ed.). A Glossary of Cognitive Linguistics[Z]. Edinburgh: Edinburgh University Pres, 2007.

Evans, V. How Words Mean[M]. Oxford: Oxford University Press, 2009.

Evans, V. Figurative language understanding in LCCM Theory[J]. Cognitive Linguistics, 2010(21): 601-662.

Evans, V. & M. Green. Cognitive Linguistics: An Introduction[M]. Edinburgh: Edinburgh University Press, 2006.

Fauconnier, G. & M. Turner. The Way We Think: Conceptual Blending and the Mind's Hidden Complexities[M]. New York: Basic Books, 2002.

Fillmore, C. The mechanisms of 'Construction Grammar'[J]. Berkeley Linguistics Society, 1988(14): 35-55.

Flynn, S. A universal in L2 acquisition based on a PBD typology[A]. In F. Eckman, L. Bell & D. Nelson (eds.). Universals of Second Language Acquisition[C]. Rowley, MA: Newbury House, 1984: 75-87.

Flynn, S. A Parameter-setting Model of L2 Acquisition[M]. Dordrecht: Reidel, 1987.

Flynn, S. The role of the head-initial/head-final parameter in the acquisition of English relative clauses by adult Spanish and Japanese speakers[A]. In S. Gass & J. Schachter (eds.). Linguistic Perspectives on Second Language Acquisition[C]. Cambridge: Cambridge University Press, 1989: 89-108.

Flynn, S. A Parameter-setting approach to second language acquisition[A]. In W. Ritchie & T. Bhatia (eds.). Handbook of Second Language Acquisition[C]. San Diego: Academic Press, 1996: 121-158.

Flynn, S. & G. Martohardjono. Mapping from the initial state to the final state: the separation of universal principles and language-specific principles[A]. In B. Lust, M. Suñer & J. Whitman (eds.). Syntactic Theory and First Language Acquisition: Cross-linguistic Perspectives (Vol. I)[C]. Hillsdale, NJ: Lawrence Erlbaum, 1994: 319-335.

Fries, C. Teaching and Learning English as a Foreign Language[M]. Ann Arbor:

University of Michigan Press, 1945.

Gass, S. Language transfer and universal grammatical relations[J]. Language Learning, 1979(29): 327-344.

Gass, S. & J. Ard. Second language acquisition and the ontology of language universals[A]. In W. Rutherford (ed.). Language Universals and Second Language Acquisition[C]. Amsterdam: John Benjamins, 1984: 33-68.

Gass, S. & L. Selinker. Second Language Acquisition: An Introductory Course[M]. Mahwah, NJ: Lawrence Erlbaum, 2001.

Gavins, J. & G. Steen (eds.). Cognitive Poetics in Practice[C]. London: Routledge, 2003.

Geeraerts, D. Prospects and problems of prototype theory[J]. Linguistics, 1989(27): 587-612.

Geeraerts, D. Methodology in Cognitive Linguistics[A]. In G. Kristiansen, M. Achard, R. Dirven & F. Ruiz de Mendoza Ibáñez (eds.). Cognitive Linguistics: Current Applications and Future Perspectives[C]. Berlin: Mouton de Gruyter, 2006: 21-49.

Geeraerts, D. Cognitive sociolinguistics and the sociology of Cognitive Linguistics[J]. Annual Review of Cognitive Linguistics, 2007(5): 289-305.

Geeraerts, D. & H. Cuyckens (eds.). The Oxford Handbook of Cognitive Linguistics[C]. Oxford: Oxford University Press, 2007.

Gibbs, R. W. Researching metaphor[A]. In L. Cameron & G. Low (eds.). Researching and Applying Metaphor[C]. Cambridge: Cambridge University Press, 1999: 29-47.

Gibbs, R. W. Introspection and cognitive linguistics: should we trust our own intuitions? [J]. Annual Review of Cognitive Linguistics, 2006(4): 135-151.

Gibbs, R. W. Why cognitive linguists should care more about empirical methods[A]. In M. Gonzalez-Marquez, I. Mittelberg, S. Coulson & M. Spivey (eds.). Methods in Cognitive Linguistics[C]. Amsterdam: John Benjamins, 2007: 2-18.

Givón, T. Functionalism and Grammar[M]. Amsterdam: John Benjamins, 1995.

Goldberg, A. Constructions: A Construction Grammar Approach to Argument Structure[M]. Chicago: University of Chicago Press, 1995.

Goldberg, A. Constructions at Work: The Nature of Generalization in Language[M].

Oxford：Oxford University Press, 2006.

Goldberg, A. & D. Casenhiser. Construction learning and second language acquisition[A]. In P. Robinson & N. Ellis (eds.). The Handbook of Cognitive Linguistics and Second Language Acquisition[C]. New York：Routledge, 2008: 197-215.

Goodluck, H. Language Acquisition: A Linguistic Introduction[M]. Oxford：Blackwell, 1991.

Gradman, H. Limitations of contrastive analysis predictions[J]. Working Papers in Linguistics, 1971(3): 11-15.

Greenberg, J. H. Language Universals, with Special Reference to Feature Hierarchies[M]. The Hague：Mouton, 1966.

Gregg, K. Second language acquisition theory: the case for a generative perspective[A]. In S. Gass & J. Schachter (eds.). Linguistic Perspectives on Second Language Acquisition[C]. Cambridge：Cambridge University Press, 1989: 15-40.

Gregg, K. The logical and developmental problems of second language acquisition[A]. In W. Ritchie & T. Bhatia (eds.). Handbook of Second Language Acquisition[C]. San Diego：Academic Press, 1996: 49-81.

Gries, S. Th. & A. Stefanowitsch (eds.). Corpora in Cognitive Linguistics[C]. Berlin：Mouton de Gruyter, 2006.

Haegeman, L. Introduction to Government and Binding Theory (2nd edn.)[M]. Oxford：Blackwell, 1994.

Hale, K. Can UG and L1 be distinguished in L2 acquisition?[J]. Behavioral and Brain Sciences, 1996(19): 726-728.

Hatch, E. Discourse analysis, speech acts and second language acquisition[A]. In W. Ritchie (ed.). Second Language Acquisition Research[C]. New York：Academic Press, 1978: 137-155.

Hawkins, R. Second Language Syntax: A Generative Perspective[M]. Oxford：Blackwell, 2001a.

Hawkins, R. The theoretical significance of Universal Grammar in second language acquisition[J]. Second Language Research, 2001b(17): 345-367.

Hawkins, R. & Y.-H. Chan（陈月红）. The partial availability of Universal Grammar in second language acquisition: the 'failed functional features hypothesis'[J]. Second Language Research, 1997(13): 187-226.

Heider, E (E. Rosch). "Focal" color areas and the development of color names[J]. Developmental Psychology, 1971(4): 447–455.

Heider, E (E. Rosch). Universals in color naming and memory[J]. Journal of Experimental Psychology, 1972(93): 10–20.

Holme, R. Mind, Metaphor and Language Teaching[M]. Hampshire: Palgrave Macmillan, 2004.

Holme, R. Cognitive Linguistics and Language Teaching[M]. Hampshire：Palgrave Macmillan, 2009.

Huebner, T. System and variability in interlanguage syntax[J]. Language Learning, 1985(35): 141-163.

Hyltenstam, K. The use of typological markedness conditions as predictors in second language acquisition[P]. Paper presented at the European-North American Workshop on Cross-linguistic Second Language Acquisition Research, Los Angeles, 1981.

Hyman, L. Phonology: Theory and Analysis[M]. New York：Holt, Rinehart, and Winston, 1975.

Ionin, T. & K. Wexler. Why is 'is' easier than '-s'? Acquisition of tense/agreement morphology by child second language learners of English[J]. Second Language Research, 2002(18): 95-136.

James, C. Errors in Language Learning and Use：Exploring Error Analysis[M]. Harlow, Essex：Longman, 1998.

Jiang, L（姜琳）. A referential/quantified asymmetry in the second language acquisition of English reflexives by Chinese-speaking learners[J]. Second Language Research, 2009(25): 469-491.

Johnson, J. & E. Newport. Critical period effects on universal properties of language: the status of subjacency in the acquisition of a second language[J]. Cognition, 1991(39): 215-258.

Kanno, K. The acquisition of null and overt pronominals in Japanese by English speakers[J]. Second Language Research, 1997(13): 265-287.

Kanno, K. The stability of UG principles in second language acquisition: evidence from Japanese[J]. Linguistics, 1998(36): 1125-1146.

Kay, P. & C. Fillmore. Grammatical constructions and linguistic generalizations: the What's X doing Y construction[J]. Language, 1999(75): 1–34.

Keenan, E. & B. Comrie. Noun phrase accessibility and universal grammar[J]. Linguistic Inquiry, 1977(8): 63-99.

Kellerman, E. Transfer and non-transfer: where are we now?[J]. Studies in Second Language Acquisition, 1979(2): 37-57.

Kellerman, E. Now you see it, now you don't[A]. In S. Gass & L. Selinker (eds.). Language Transfer in Language Learning [C]. Rowley, MA：Newbury House, 1983: 112-134.

Kellerman, E. Dative alternation and the analysis of data: a reply to Mazurkewich[J]. Language Learning, 1985(35): 91-101.

Knowles, M. & R. Moon. Introducing Metaphor[M]. New York：Routledge, 2006.

Kövecses, Z. Metaphor: A Practical Introduction (2nd edn.)[M]. Oxford：Oxford University Press, 2010.

Kövecses, Z. & P. Szabó. Idioms: a view from Cognitive Semantics[J]. Applied Linguistics, 1996(17): 326-355.

Krashen, S. Some issues relating to the Monitor Model[A]. In H. Brown, C. Yorio & R. Crymes (eds.). On TESOL '77[C]. Washington DC: TESOL, 1977: 144-148.

Krashen, S. Second Language Acquisition and Second Language Learning[M]. Oxford：Pergamon Press, 1981.

Krashen, S. Principle and Practice in Second Language Acquisition[M]. Oxford：Pergamon Press, 1982.

Krashen, S., V. Sferlazza, L. Feldman & A. Fathman. Adult performance on the SLOPE test: more evidence for a natural sequence in adult second language acquisition[J]. Language Learning, 1976(26): 145-151.

Kristiansen, G. & R. Dirven (eds.). Cognitive Sociolinguistics: Language Variation,

Cultural Models, Social Systems[C]. Berlin：Mouton de Gruyter, 2008.

Labov, W. Principles of Linguistic Change, Vol. I: Internal Factors[M]. Oxford：Blackwell, 1994.

Lado, R. Linguistics across Cultures[M]. Ann Arbor：University of Michigan Press, 1957.

Lakoff, G. Women, Fire and Dangerous Things: What Categories Reveal about the Mind[M]. Chicago：University of Chicago Press, 1987.

Lakoff, G. The invariance hypothesis[J]. Cognitive Linguistics, 1990(1): 39-74.

Lakoff, G. The contemporary theory of metaphor[A], In A. Ortony (ed.). Metaphor and Thought (2nd edn)[C]. Cambridge：Cambridge University Press, 1993: 202–251.

Lakoff, G. & M. Johnson. Metaphors We Live By[M]. Chicago：University of Chicago Press, 1980.

Lakoff, G. & M. Johnson. Philosophy in the Flesh[M]. New York：Basic Books, 1999.

Lambrecht, K. Information Structure and Sentence Form: Topic, Focus and the Mental Representations of Discourse Referents[M]. Cambridge：Cambridge University Press, 1994.

Langacker, R. W. Foundations of Cognitive Grammar (Vol. I)[M]. Stanford: Stanford University Press, 1987.

Langacker, R. W. Foundations of Cognitive Grammar (Vol. II)[M]. Stanford：Stanford University Press, 1991.

Langacker, R. W. Grammar and Conceptualization[M]. Berlin：Mouton de Gruyter, 1999.

Langacker, R. W. Cognitive Grammar: A Baisc Introduction[M]. Oxford：Oxford University Press, 2008a.

Langacker, R. W. Cognitive Grammar as a basis for language instruction[A]. In P. Robinson & N. Ellis (eds.). The Handbook of Cognitive Linguistics and Second Language Acquisition[C]. New York：Routledge, 2008b: 66-88.

Langacker, R. W. Investigations in Cognitive Grammar[M]. Berlin：Mouton de Gruyter, 2009.

Langacker, R. W. Convergence in cognitive linguistics[A]. In M. Brdar, S. Th. Gries & M. Fuchs (eds.). Cognitive Linguistics: Convergence and Expansion[C]. Amsterdam：John Benjamins, 2011: 9-16.

Lantolf, J. Second culture acquisition: cognitive considerations[A]. In E. Hinkel (ed.). Culture in Second Language Teaching and Learning[C]. Cambridge：Cambridge University Press, 1999: 28-46.

Lantolf, J (ed.). Sociocultural Theory and Second Language Learning[C]. Oxford：Oxford University Press, 2000.

Lantolf, J. & S. Thorne. Sociocultural Theory and the Genesis of Second Language Development[M]. Oxford：Oxford University Press, 2006.

Larsen-Freeman, D. The acquisition of grammatical morphemes by adult ESL students[J]. TESOL Quarterly, 1975(9): 409-430.

Larsen-Freeman, D. An explanation for the morpheme acquisition order of second language learners[J]. Language Learning, 1976(26): 125-134.

Larsen-Freeman, D. and M. Long. An Introduction to Second Language Acquisition Research[M]. London：Longman, 1991.

Lasnik, H. & N. Sobin. The who/whom puzzle: on the preservation of an archaic feature[J]. Natural Language and Linguistic Theory, 2000(18): 343-371.

Lee, D. Cognitive Linguistics: An Introduction[M]. Oxford: Oxford University Press, 2001.

Liceras, J. On some properties of the "pro-drop" parameter: looking for missing subjects in non-native Spanish[A]. In S. Gass & J. Schachter (eds.). Linguistic Perspectives on Second Language Acquisition[C]. Cambridge：Cambridge University Press, 1989: 109-133.

Lightfoot, D. How to Set Parameters: Arguments from Language Change[M]. Cambridge, MA：MIT Press, 1991.

Littlemore, J. Applying Cognitive Linguistics to Second Language Learning and Teaching[M]. London：Palgrave Macmillan, 2009.

Littlemore, J. & G. Low. Metaphoric competence, second language learning, and communicative language ability[J]. Applied Linguistics, 2006(27): 268-294.

Low, G. On teaching metaphor[J]. Applied Linguistics, 1988(9): 125-147.

Lyons, J. Semantics[M]. Cambridge：Cambridge University Press, 1977.

Martohardjono, G. Wh-movement in the Acquisition of a Second Language: A Cross-linguistic Study of Three Languages with and without Overt Movement[D]. Unpublished

PhD dissertation, Cornell University, Ithaca, New York, 1993.

Mazurkewich, I. The acquisition of dative alternation by second language learners and linguistic theory[J]. Language Learning, 1984a(34): 91-109.

Mazurkewich, I. Dative questions and markedness[A]. In F. Eckman, L. Bell & D. Nelson (eds.). Universals of Second Language Acquisition[C]. Rowley, MA: Newbury House, 1984b: 119-131.

McCawley, J. The Syntactic Phenomena of English[M]. Chicago: University of Chicago Press, 1988.

McLaughlin, B. Theories of Second Language Learning[M]. London: Arnold, 1987.

Milon, J. The development of negation in English by a second language learner[J]. TESOL Quarterly, 1974(8): 137-143.

Mitchell, R. & F. Myles. Second Language Learning Theories[M]. London: Arnold, 2004.

Montrul, S. Reexamining the Fundamental Difference Hypothesis: what can early bilinguals tell us?[J]. Studies in Second Language Acquisition, 2009(31): 225-257.

Montrul, S. & R. Slabakova. Competence similarities between native and near-native speakers: an investigation of the preterite and imperfect contrast in Spanish[J]. Studies in Second Language Acquisition, 2003(25): 351-398.

Newmeyer, F. Language Form and Language Function[M]. Cambridge, MA: MIT Press, 1998.

Niemeier, S. Applied Cognitive Linguistics and newer trends in foreign language teaching methodology[A]. In A. Tyler, M. Takada, Y. Kim & D. Marinova (eds.). Language in Use: Cognitive and Discourse Perspectives on Language and Language Learning[C]. Washington, DC: Georgetown University Press, 2005: 100-111.

Odlin, T. Language Transfer [M]. Cambridge: Cambridge University Press, 1989.

Platzack, C. The initial hypothesis of syntax: a minimalist perspective on language acquisition and attrition[A]. In H. Clahsen (ed.). Generative Perspectives on Language Acquisition: Empirical Findings, Theoretical Considerations, Cross-linguistic Comparisons[C]. Amsterdam: John Benjamins, 1996: 369-414.

Pütz, M., S. Niemeier & R. Dirven (eds.). Applied Cognitive Linguistics I: Theory and

Language Acquisition[C]. Berlin：Mouton de Gruyter, 2001a.

Pütz, M., S. Niemeier & R. Dirven (eds.). Applied Cognitive Linguistics II: Language Pedagogy[C]. Berlin：Mouton de Gruyter, 2001b.

Quirk, R., S. Greenbaum, G. Leech & J. Svartvik. A Comprehensive Grammar of the English Language[M]. London：Longman, 1985.

Radden, G. & K.U. Panther (eds.). Studies in Linguistic Motivations[C]. Berlin：Mouton de Gruyter, 2004.

Radford, A. Syntax: A Minimalist Introduction[M]. Cambridge：Cambridge University Press, 1997.

Richards, J. A non-contrastive approach to error analysis[J]. English Language Teaching, 1971(25): 204-219.

Richards, J. J. Platt & H. Platt. Longman Dictionary of Language Teaching & Applied Linguistics (2nd edn.)[Z]. Essex：Longman, 1992.

Ritchie, W. The right roof constraint in adult-acquired language[A]. In W. Ritchie (ed.). Second Language Acquisition Research: Issues and Implications[C]. New York：Academic Press, 1978: 33-63.

Ritchie, W. & T. Bhatia (eds.). Handbook of Second Language Acquisition[C]. San Diego：Academic Press, 1996.

Robinson, P. & N. Ellis (eds.). The Handbook of Cognitive Linguistics and Second Language Acquisition[C]. New York：Routledge, 2008.

Rosch, E. On the internal structure of perceptual and semantic categories[A]. In T. E. Moore (ed.). Cognitive Development and the Acquisition of Language[C]. New York：Academic Press, 1973: 111-144.

Rosch, E. Cognitive representations of semantic categories[J]. Journal of Experimental Psychology, General, 1975(104): 192-233.

Rosch, E. Principles of categorization[A]. In E. Rosch & B. B. Lloyd (eds.). Cognition and Categorization[C]. Hillsdale：Lawrence Erlbaum, 1978: 27-48.

Schachter, J. An error in Error Analysis[J]. Language Learning, 1974(24): 205-214.

Schachter, J. Second language acquisition and its relationship to Universal

Grammar[J]. Applied Linguistics, 1988(9): 219-235.

Schachter, J. Testing a proposed universal[A]. In S. Gass & J. Schachter (eds.). Linguistic Perspectives on Second Language Acquisition[C]. Cambridge: Cambridge University Press, 1989: 73-88.

Schachter, J. On the issue of completeness in second language acquisition[J]. Second Language Research, 1990(6): 93-124.

Schachter, J. Maturation and the issue of Universal Grammar in L2 acquisition[A]. In W. Ritchie & T. Bhatia (eds.). Handbook of Second Language Acquisition[C]. San Diego: Academic Press, 1996: 159-193.

Schmid, H.-J. & S. Handl (eds.). Cognitive Foundations of Linguistic Usage Patterns[C]. Berlin: Mouton de Gruyter, 2010.

Schmidt, M. Coordinate structures and language universals in interlanguage[J]. Language Learning, 1980(30): 397-416.

Schmidt, R. Sociolinguistic variability and language transfer in phonology[J]. Working Papers on Bilingualism, 1977(12): 79-95.

Schmidt, R. The role of consciousness in second language learning[J]. Applied Linguistics, 1990(11): 129-158.

Schmidt, R. Consciousness and foreign language learning: a tutorial on the role of attention and awareness in learning[A]. In R. Schmidt (ed.). Attention and Awareness in Foreign Language Learning[C]. Honolulu: University of Hawaii Press, 1995: 1-63.

Schmidt, R. Attention[A]. In P. Robinson (ed.). Cognition and Second Language Instruction[C]. 北京: 世界图书出版公司, 2007: 3-32.

Schuster, P. Relevance Theory Meets Markedness[M]. Frankfurt am Main: Peter Lang, 2003.

Schwartz, B. Testing between UG-based and problem-solving models of L2 acquisition: developmental sequence data[J]. Language Acquisition, 1992(2): 1-19.

Schwartz, B. & R. Sprouse. L2 cognitive states and the full transfer/full access hypothesis[J]. Second Language Research, 1996(12): 40-72.

Schwartz, B. & R. Sprouse. When syntactic theories evolve: consequences for L2 acquisition research[A]. In J. Archibald (ed.). Second Language Acquisition and Linguistic Theory[C]. Malden, MA：Blackwell, 2000: 156-186.

Scollon, R. & S. Scollon. Intercultural Communication: A Discourse Approach[M]. Oxford：Blackwell, 1995.

Seliger, H. & E. Shohamy. Second Language Research Methods[M]. Oxford：Oxford University Press, 1989.

Selinker, L. Interlanguage[J]. IRAL, 1972(10): 209-230.

Semino, E. & J. Culpeper (eds.). Cognitive Stylistics: Language and Cognition in Text Analysis[C]. Amsterdam：John Benjamins, 2002.

Shore, B. Culture in Mind: Cognition, Culture, and the Problem of Meaning[M]. Oxford：Oxford University Press, 1996.

Sinclair, J. Corpus, Concordance, Collocation[M]. Oxford: Oxford University Press, 1991.

Skehan, P. A Cognitive Approach to Language Learning[M]. Oxford：Oxford University Press, 1998.

Skinner, B. Verbal Behavior[M]. New York：Appleton-Century-Crofts, 1957.

Slabakova, R. L1 transfer revisited: the L2 acquisition of telicity marking in English by Spanish and Bulgarian native speakers[J]. Linguistics, 2000(38): 739-770.

Slabakova, R. L2 fundamentals[J]. Studies in Second Language Acquisition, 2009(31): 155-173.

Sorace, A. Incomplete and divergent representations of unaccusativity in non-native grammars of Italian[J]. Second Language Research, 1993(9): 22-48.

Sperber, D. & D. Wilson. Relevance: Communication and Cognition[M]. Oxford：Blackwell, 1995.

Spolsky, B. Conditions for Second Language Learning[M]. Oxford：Oxford University Press, 1989.

Stern, H. Fundamental Concepts of Language Teaching[M]. Oxford：Oxford University Press, 1983.

Stockwell, P. Cognitive Poetics: An Introduction[M]. London：Routledge, 2002.

Stowell, T. Origins of Phrase Structure[D]. Unpublished PhD dissertation, MIT,

Canbridge, MA, 1981.

Swain, M. The output hypothesis and beyond: mediating acquisition through collaborative dialogue[A]. In J. Lantolf (ed.). Sociocultural Theory and Second Language Learning[C]. Oxford：Oxford University Press, 2000: 97-114.

Sweetser, E. From Etymology to Pragmatics: Metaphorical and Cultural Aspects of Semantic Structure[M]. Cambridge：Cambridge University Press, 1990.

Takami, K. Preposition Stranding: From Syntactic to Functional Analyses[M]. Berlin: Mouton de Gruyter, 1992.

Talmy, L. Force dynamics in language and cognition[J]. Cognitive Science, 1988(12): 49-100.

Talmy, L. Toward a Cognitive Semantics (2 Vols.)[M]. Cambridge, MA：MIT Press, 2000.

Talmy, L. Attention phenomena[A]. In D. Geeraerts & H. Cuyckens (eds.). The Oxford Handbook of Cognitive Linguistics[C]. Oxford：Oxford University Press, 2007: 264-293.

Talmy, L. Aspects of attention in language[A]. In P. Robinson & N. Ellis (eds.). The Handbook of Cognitive Linguistics and Second Language Acquisition[C]. London：Routledge, 2008: 27-38.

Tarone, E. Systematicity and attention in interlanguage[J]. Language Learning, 1982(32): 69-82.

Tarone, E. On the variability of interlanguage systems[J]. Applied Linguistics, 1983(4): 142-163.

Tarone, E. Variability in interlanguage use: a study of style shifting in morphology and syntax[J]. Language Learning, 1985(35): 373-403.

Tarone, E. Variation and cognition: the impact of social factors on interlanguage constructions[P]. Paper presented at the Second Language Research Forum, Tucson, Arizona, 1996.

Taylor, J. R. Linguistic Categorization: Prototypes in Linguistic Theory[M]. 北京：外语教学与研究出版社，2001.

Taylor, J. R. Cognitive Grammar[M]. Oxford：Oxford University Press, 2002.

Taylor, J. R. Polysemy and the lexicon[A]. In G. Kristiansen, M. Achard, R. Dirven &

F. Ruiz de Mendoza Ibáñez (eds.). Cognitive Linguistics: Current Applications and Future Perspectives[C]. Berlin: Mouton de Gruyter, 2006: 51-80.

Thomas, M. Universal Grammar and the interpretation of reflexives in a second language[J]. Language, 1991(67): 211-239.

Thomas, M. Universal Grammar and Second Language Acquisition: A History[M]. London: Routledge, 2004.

Thornborrow, J. & S. Wareing. Patterns in Language: Stylistics for Students of Language and Literature[M]. London: Routledge, 1998.

Tomasello, M. Constructing a Language: A Usage-based Theory of Language Acquisition[M]. Cambridge, MA: Harvard University Press, 2003.

Tomlin, R. Basic Word Order: Functional Principles[M]. London: Croom Helm, 1986.

Tomlin, R. Focal attention, voice, and word order: an experimental cross-linguistic study[A]. In P. Downing & M. Noonan (eds.). Word Order in Discourse[C]. Amsterdam: John Benjamins, 1995: 517–554.

Townsend, D. & T. Bever. Sentence Comprehension: The Integration of Habits and Rules[M]. Cambridge, MA: MIT Press, 2001.

Trask, R. Historical Linguistics[M]. London: Arnold, 1996.

Tremblay, P. & R. Gardner. Expanding the motivation construct in language learning[J]. The Modern Language Journal, 1995(79): 505-518.

Tsimpli, I. & M. Dimitrakopoulou. The interpretability hypothesis: evidence from wh-interrogatives in second language acquisition[J]. Second Language Research, 2007(23): 215-242.

Tyler, A. Cognitive Linguistics and second language instruction[A]. In P. Robinson & N. Ellis (eds.). The Handbook of Cognitive Linguistics and Second Language Acquisition[C]. New York: Routledge, 2008: 456-488.

Tyler, A. Cognitive Linguistics and Second Language Learning: Theoretical Basics and Experimental Evidence[M]. New York: Routledge, 2012.

Ullman, M. The declarative/procedural model of lexicon and grammar[J]. Journal of Psycholinguistic Research, 2001a(30): 37-69.

Ullman, M. A neurocognitive perspective on language: the declarative/procedural model[J]. Nature Reviews Neuroscience, 2001b(2): 717-726.

Ullman, M. The declarative/procedural model and the shallow structure hypothesis[J]. Applied Psycholinguistics, 2006(27): 97-105.

Ungerer, F. & H.-J. Schmid. An Introduction to Cognitive Linguistics[M]. 北京：外语教学与研究出版社，2001.

Vainikka, A. & M. Young-Scholten. Gradual development of L2 phrase structure[J]. Second Language Research, 1996a(12): 7-39.

Vainikka, A. & M. Young-Scholten. The early stages in adult L2 syntax: additional evidence from Romance speakers[J]. Second Language Research, 1996b(12): 140-176.

Vainikka, A. & M. Young-Scholten. Morphosyntactic triggers in adult SLA[A]. In M.-L. Beck (ed.). Morphology and Its Interfaces in Second Language Knowledge[C]. Amsterdam：John Benjamins, 1998: 89-113.

VanPatten, B. Evaluating the role of consciousness in second language acquisition: terms, linguistic features and research methodology[J]. AILA Review, 1994(11): 27-36.

Van Riemsdijk, H. A Case Study in Syntactic Markedness[M]. Lisse：Peter de Ridder Press, 1978.

White, L. Markedness and parameter setting: some implications for a theory of adult second language acquisition[A]. In F. Eckman, E. Moravcsik & J. Wirth (eds.). Markedness[C]. New York：Plenum Press, 1986a: 309-327.

White, L. Implications of parametric variation for adult second language acquisition: an investigation of the pro-drop parameter[A]. In V. Cook (ed.). Experimental Approaches to Second Language Acquisition[C]. Oxford：Pergamon Press, 1986b: 55-72.

White, L. Markedness and second language acquisition: the question of transfer[J]. Studies in Second Language Acquisition, 1987(9): 261-286.

White, L. Universal Grammar and Second Language Acquisition[M]. Amsterdam：John Benjamins, 1989.

White, L. The verb-movement parameter in second language acquisition[J]. Language Acquisition, 1990/1991(1): 337-360.

White, L. Adverb placement in second language acquisition: some effects of positive and negative evidence in the classroom[J]. Second Language Research, 1991(7): 133-161.

White, L. Long and short verb movement in second language acquisition[J]. Canadian Journal of Linguistics, 1992(37): 273-286.

White, L. Universal Grammar and Second Language Acquisition: current trends and new directions[A]. In W. Ritchie & T. Bhatia (eds.). Handbook of Second Language Acquisition[C]. San Diego: Academic Press, 1996: 85-120.

White, L. Second language acquisition: from initial to final state[A]. In J. Archibald (ed.). Second Language Acquisition and Linguistic Theory[C]. Malden, MA: Blackwell, 2000: 130-155.

White, L. Second Language Acquisition and Universal Grammar[M]. Cambridge: Cambridge University Press, 2003.

White, L. & F. Genesee. How native is near native? The issue of ultimate attainment in adult second language acquisition[J]. Second Language Research, 1996(12): 238-265.

White, L. & A. Juffs. Constraints on wh-movement in two different contexts of non-native language acquisition: competence and processing[A]. In S. Flynn, G. Martohardjono & W. O'Neil (eds.). The Generative Study of Second Language Acquisition[C]. Mahwah, NJ: Erlbaum, 1998: 111-129.

Witkowski, S. & C. Brown. Marking reversals and cultural importance. Language, 1983(59): 569-582.

Wittgenstein, L. Philosophical Investigations[M]. Translated by G. Anscombe. Oxford: Blackwell, 1958.

Wode, H. The L1 vs L2 acquisition of English negation[J]. Working Papers on Bilingualism, 1978(15): 37-57.

Wode, H. Some theoretical implications of L2 acquisition research and the grammar of interlanguages[A]. In A. Davies, C. Criper & A. Howatt (eds.). Interlanguage[C]. Edinburgh: Edinburgh University Press, 1984: 162-181.

Yuan, B（袁博平）. Interpretation of binding and orientation of the Chinese reflexive ziji by English and Japanese speakers[J]. Second Language Research, 1998(14): 324-340.

Yuan, B（袁博平）. The status of thematic verbs in the second language acquisition of Chinese[J]. Second Language Research, 2001(17): 248-272.

Zobl, H. The formal and developmental selectivity of L1 influence on L2 acquisition[J]. Language Learning, 1980(30): 43-57.

Zobl, H. Markedness and the projection problem[J]. Language Learning, 1983(33): 293-313.

常辉 . 屈折词缀的缺失与中介语语法的损伤 [J]. 现代外语， 2005(1): 61-71.

陈月红 . 中国学生对英语关系从句的习得 [J]. 外语教学与研究，1998(4): 11-16.

陈治安、文旭 . 导读 [A]//F. Ungerer & H.-J. Schmid. 认知语言学入门 [M]. 北京：外语教学与研究出版社， 2001: F23-F32 页 .

桂诗春 . 应用语言学 [M]. 长沙：湖南教育出版社， 1988.

桂诗春 . 认知与外语学习 [J]. 外语教学与研究， 1992(4): 2-9.

蒋祖康 . 第二语言习得研究 [M]. 北京：外语教学与研究出版社，1999.

克里斯特尔 . 现代语言学词典 [Z]. 沈家煊译 . 北京：商务印书馆，2000.

蓝纯 . 导读 [A]// J. R. Taylor. 语言的范畴化：语言学理论中的类典型 [M]. 北京：外语教学与研究出版社，2001: F24-F39.

刘建伟、蔡金亭 . 从英语进行体的习得看标记理论的意义 [J]. 外语教学与研究，2006(1): 44-49.

陆谷孙 . 英汉大词典（缩印本）[Z]. 上海：上海译文出版社，1996.

沈家煊 . 类型学中的标记模式 [J]. 外语教学与研究，1997(1): 1-10.

沈家煊 . 不对称和标记论 [M]. 南昌：江西教育出版社，1999.

束定芳 . 论隐喻的运作机制 [J]. 外语教学与研究，2002(2): 98-106.

唐承贤 . 差错分析综述 [J]. 外语教学与研究，1997(2): 46-50.

唐承贤 . 从会话结构到会话能力 [J]. 江苏外语教学研究，2001(2): 38-42.

唐承贤 . 标记理论探析 [J]. 外语研究，2003a(4): 17-20.

唐承贤 . 第二语言习得中的母语迁移研究述评 [J]. 解放军外国语学院学报，2003b(5): 37-42.

唐承贤 . 母语迁移与英语定语从句的汉译 [J]. 江苏外语教学研究，2004(1): 64-68.

唐承贤 . 标记理论在第二语言习得研究中的应用 [J]. 语言与翻译，2005(2): 61-65.

唐承贤.《第二语言习得与普遍语法》述评 [J]. 当代语言学，2007a(2): 182-187.

唐承贤. 英语有生名词的标记分析与诠释 [J]. 上海理工大学学报（社科版），2007b(4): 58-62.

唐承贤. 论英语中 pied piping 和 preposition stranding 的标记值判定 [J]. 南京航空航天大学学报（社科版），2010(4): 71-75.

唐承贤.《第二语言习得研究》"根本性区别假说"专刊介绍 [J]. 当代语言学，2012(4): 422-426.

王铭玉. 语言符号的标记性及其在反义词偶中的体现 [J]. 外语学刊，2004(3): 1-10.

王寅. 认知语言学的哲学基础：体验哲学 [J]. 外语教学与研究，2002(2): 82-89.

文秋芳. 英语学习策略论 [M]. 上海：上海外语教育出版社，1996.

文秋芳、王立非. 第二语言习得研究方法 35 年：回顾与思考 [J]. 外国语，2004(4): 18-25.

文旭. 认知语言学的研究目标、原则和方法 [J]. 外语教学与研究，2002(2): 90-97.

夏征农 / 辞海编辑委员会. 辞海 [Z]. 上海：上海辞书出版社，1999.

张建理. 标记性和反义词 [J]. 外国语，1999(3): 29-34.

赵艳芳. 认知语言学概论 [M]. 上海：上海外语教育出版社，2000.